U0940578

南京统计年鉴

STATISTICAL YEARBOOK OF NANJING

2016

南　京　市　统　计　局
国家统计局南京调查队　　编

图书在版编目（C I P）数据

南京统计年鉴. 2016 / 南京市统计局, 国家统计局南京调查队编. -- 北京 : 中国统计出版社, 2016.8
ISBN 978-7-5037-7886-5

Ⅰ. ①南… Ⅱ. ①南… ②国… Ⅲ. ①统计资料 - 南京市 - 2016 - 年鉴 Ⅳ. ①C832.531-54

中国版本图书馆CIP数据核字（2016）第184306号

南京统计年鉴 - 2016

作　　者	南京市统计局 国家统计局南京调查队
责任编辑	陈越月
装帧设计	钱　勇
出版发行	中国统计出版社
地　　址	北京市丰台区西三环南路甲6号 邮编 100073
电　　话	邮购（010）63376909　书店（010）68783171
网　　址	http://csp.stats.gov.cn
印　　刷	南京凯德印刷有限公司
经　　销	新华书店
开　　本	890 × 1240 毫米　1/16
字　　数	613千字
印　　张	27
印　　数	1-1000册
版　　别	2016年8月第1版
版　　次	2016年8月第1次印刷
定　　价	380.00元

本书附同版本CD-ROM一张，光盘内容以书面文字为准。
如有印装差错，由本社发行部调换。

《南京统计年鉴》(2016)编委会和编辑人员

编辑委员会

编　辑　部

编 者 说 明

一、《南京统计年鉴》(2016)以大量的统计数据，全面、系统地反映了2015年南京经济和社会等各方面的发展情况，是一本数据信息密集、内容广泛的资料性工具书。

二、全书内容分为18个篇目，即：1.综合；2.国民经济核算；3.人口和就业；4.人民生活；5.价格指数；6.农业；7.工业和能源；8.交通运输和邮电通迅业；9.固定资产投资和建筑业；10.批发和零售业、住宿和餐饮业；11.对外经济贸易和旅游业；12.财政、金融和保险；13.科技和教育；14.文化、卫生和体育；15.司法、社会福利与其他社会活动；16.城市建设与环境保护；17.分区社会经济；18.附录。为便于读者正确地使用资料，各篇目还附有主要统计指标解释。

三、"分区社会经济"中由我局统计的经济类指标为评价口径。即在分区统计中，根据我市实际，扬子石化、金陵石化、南钢、南汽、苏宁、苏果等少数生产经营规模和影响特别大的部省属单位，以及海关、邮政、电信、供电、大型金融(银行、证券、保险)部门，因业务垂直领导、经营活动跨地区、财务统一核算等因素，相关数据不宜或难以按区进行划分，故在各区GDP核算和相关专业统计中未包括，由市统计局直接统计。

从2009年起，浦口区包含高新技术开发区的数据、栖霞区包含新港经济开发区的数据、六合区包括南京化学工业园的数据。

为了全面反映分区经济发展的整体情况，从2009年开始，在原有的按评价口径计算分区地区生产总值数据的基础上，增加按在地口径计算的分区地区生产总值数据。

四、本年鉴国民经济行业分类启用新标准(GB/T 4754-2011)。

五、为避免读者使用年鉴发生理解歧义，本年鉴对来自部门统计的数据尽量说明数据来源和取得范围。

六、本年鉴部分数据合计数或相对数由于单位取舍不同产生的计算误差均未作机械调整。

七、读者在使用统计资料时，凡与本年鉴有出入的，均以本年鉴为准。

八、本年鉴中符号使用说明："-"或"空格"表示数据不详或无该项数据；

"#"表示其中的主要项；

"*"表示另有注解。

九、《南京统计年鉴》公开出版以来，受到社会各界的关注和支持，对年鉴的内容和编辑工作提出了许多宝贵的意见，对此，我们深表谢意。欢迎读者继续对年鉴的不足之处给予批评指正，帮助我们进一步提高编辑水平，以期更好地为广大读者服务。

《南京统计年鉴》编辑部

2016年8月

南京市户籍人口总数示意图

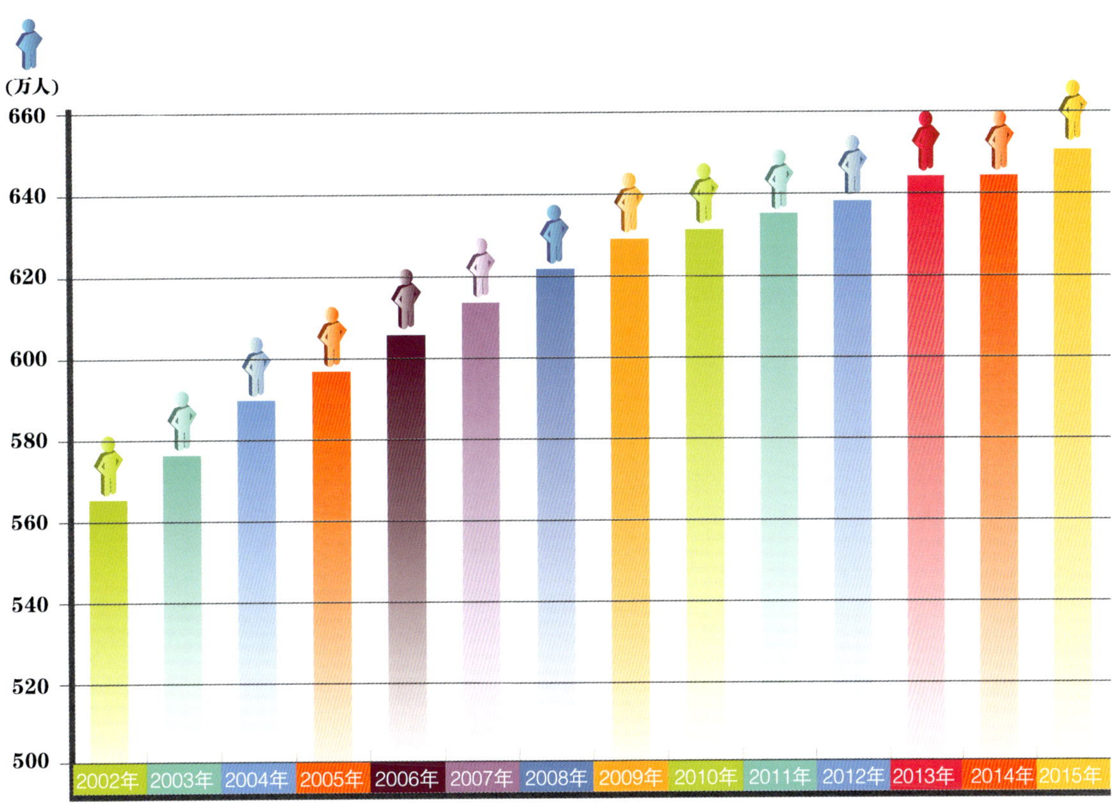

南京市人均地区生产总值（按户籍人口计算）示意图

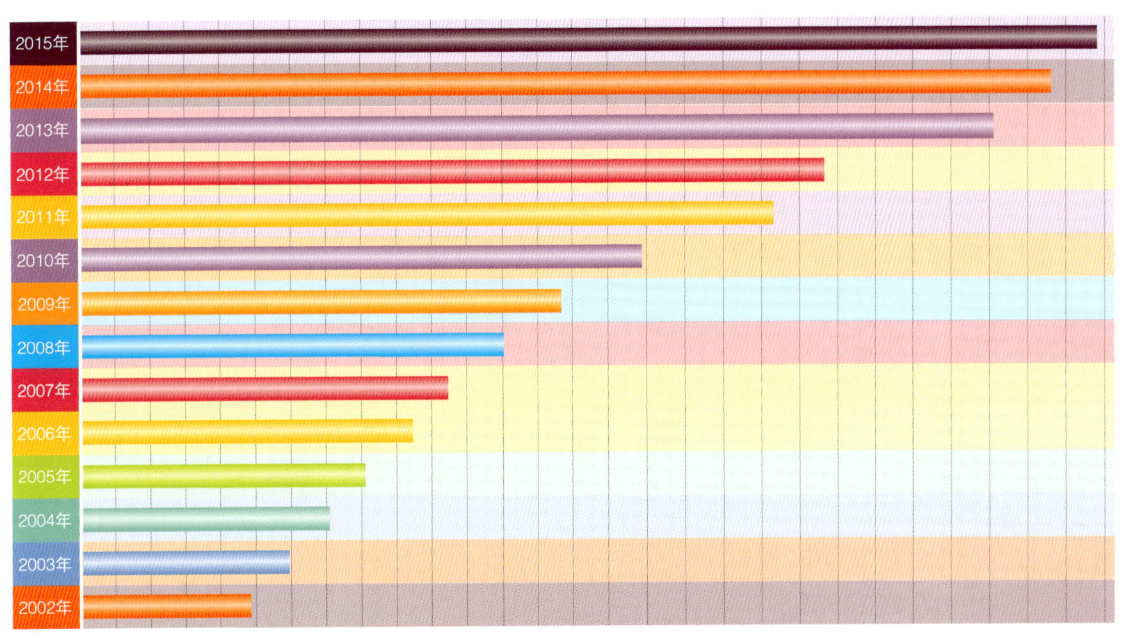

南京市地区生产总值示意图

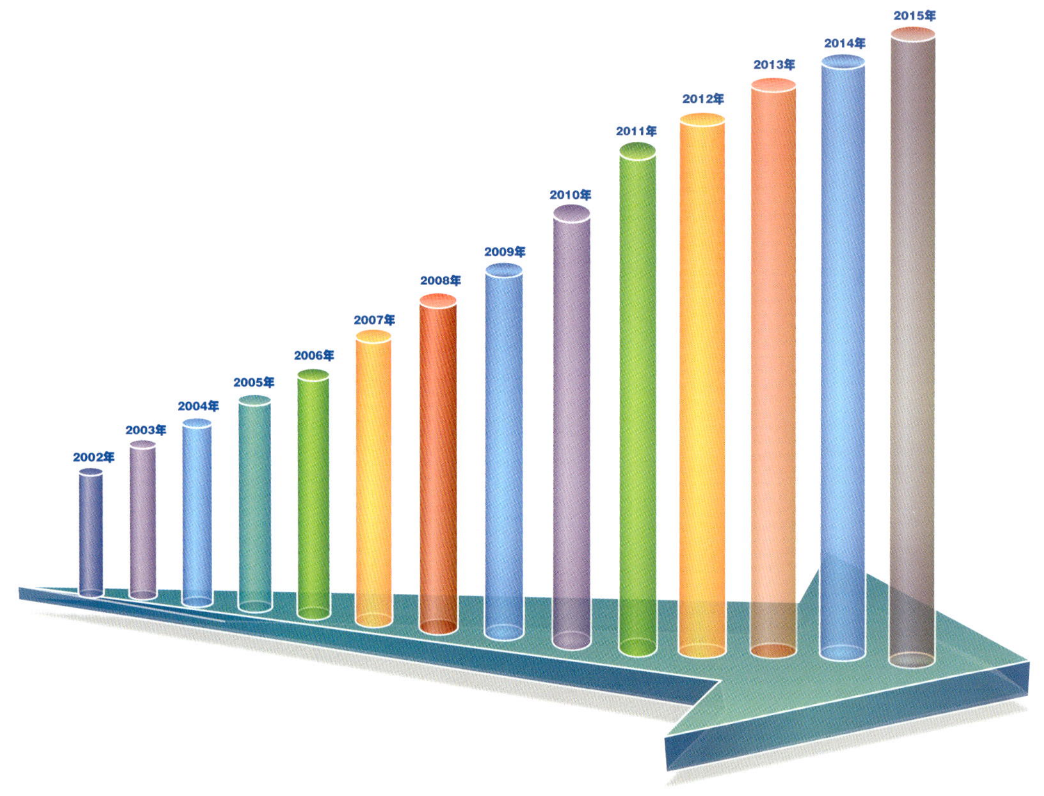

南京市第三产业占地区生产总值比重示意图

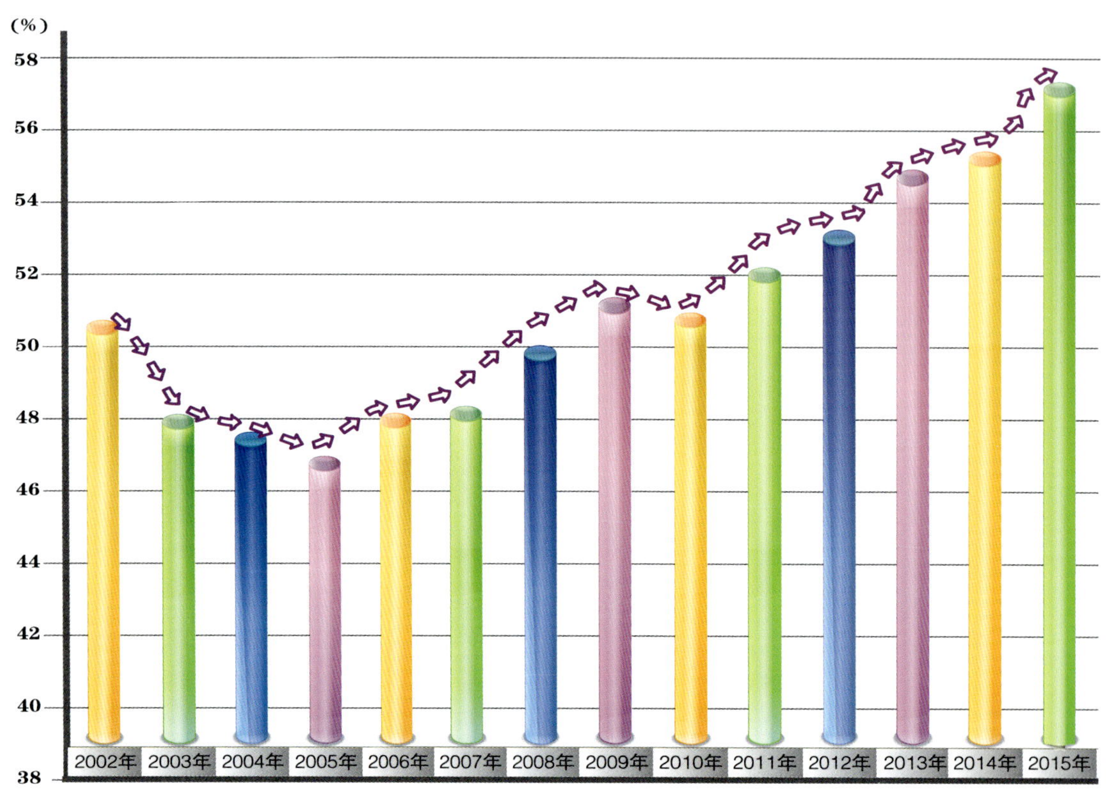

南京市财政收入示意图

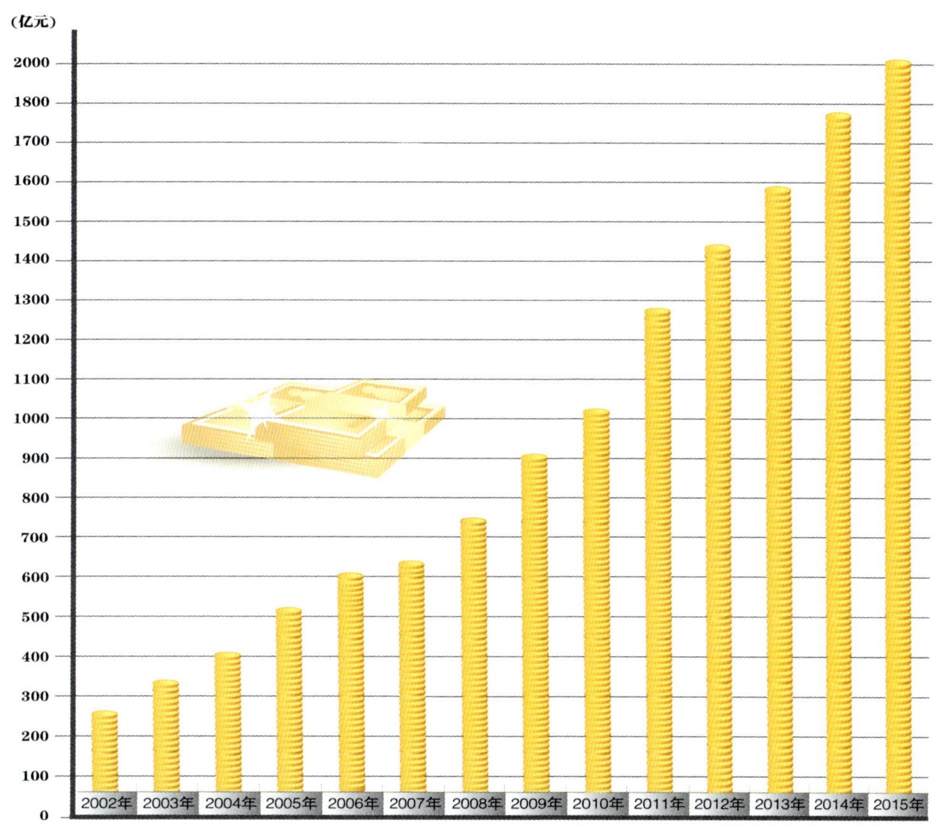

南京市全社会固定资产投资完成额示意图

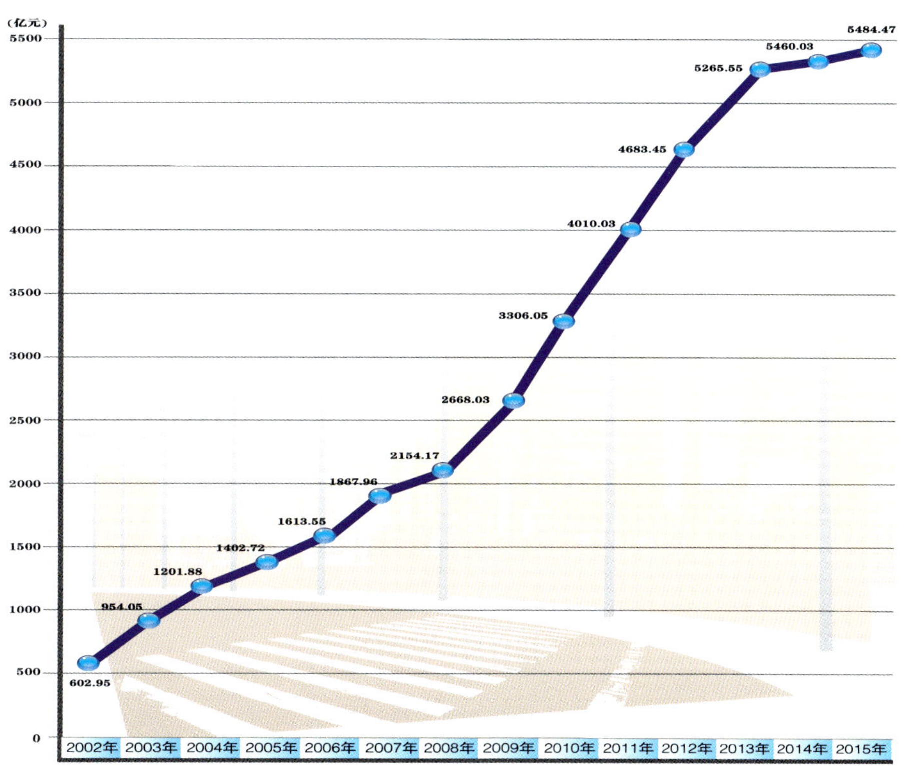

南京市社会消费品零售总额示意图

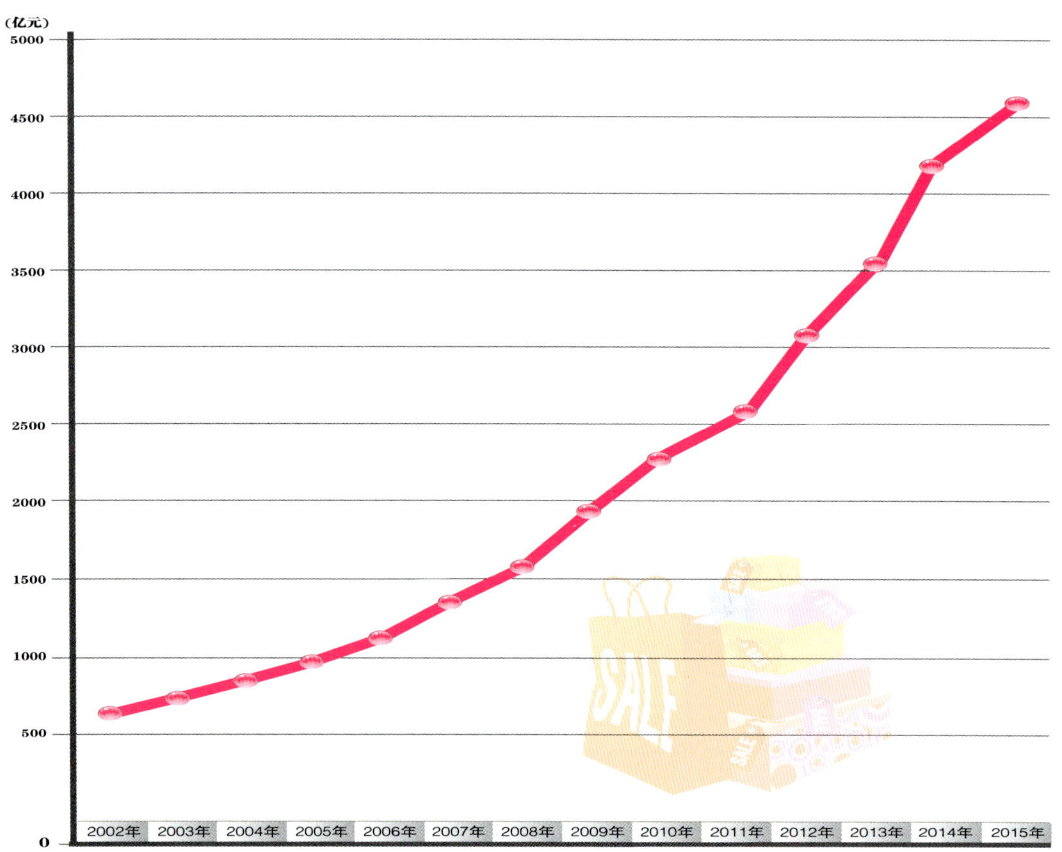

南京市外贸出口总额示意图

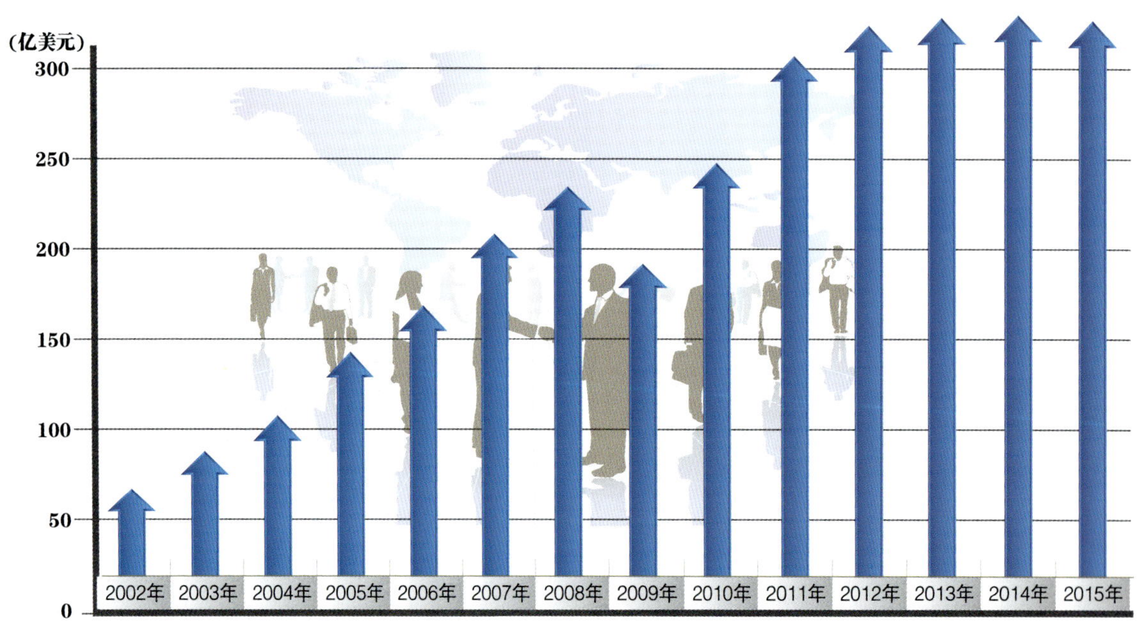

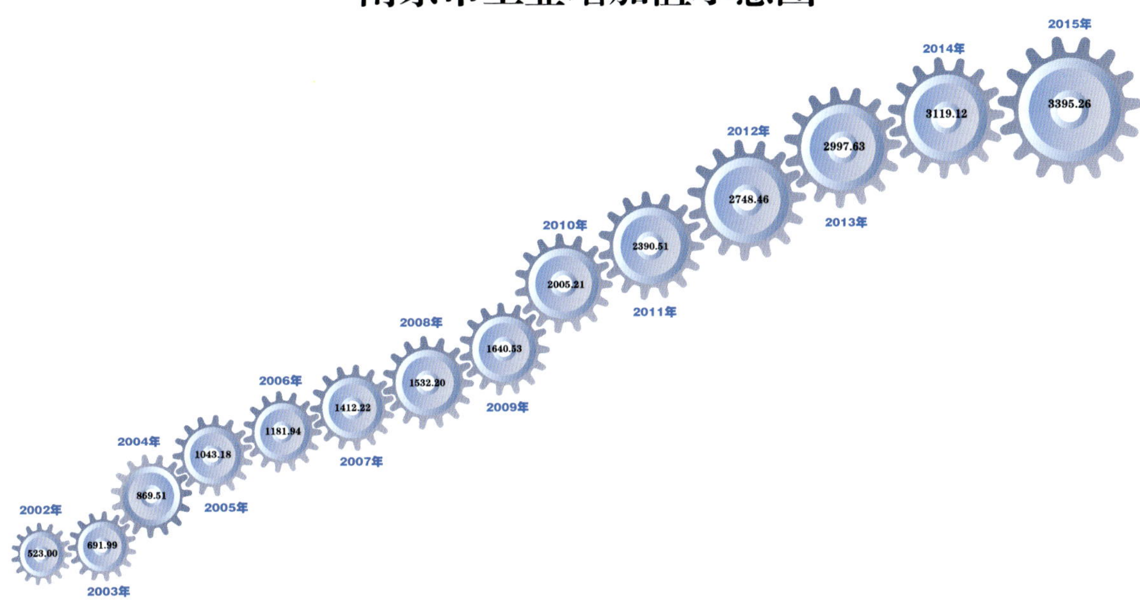

南京市规模以上工业企业利税总额示意图

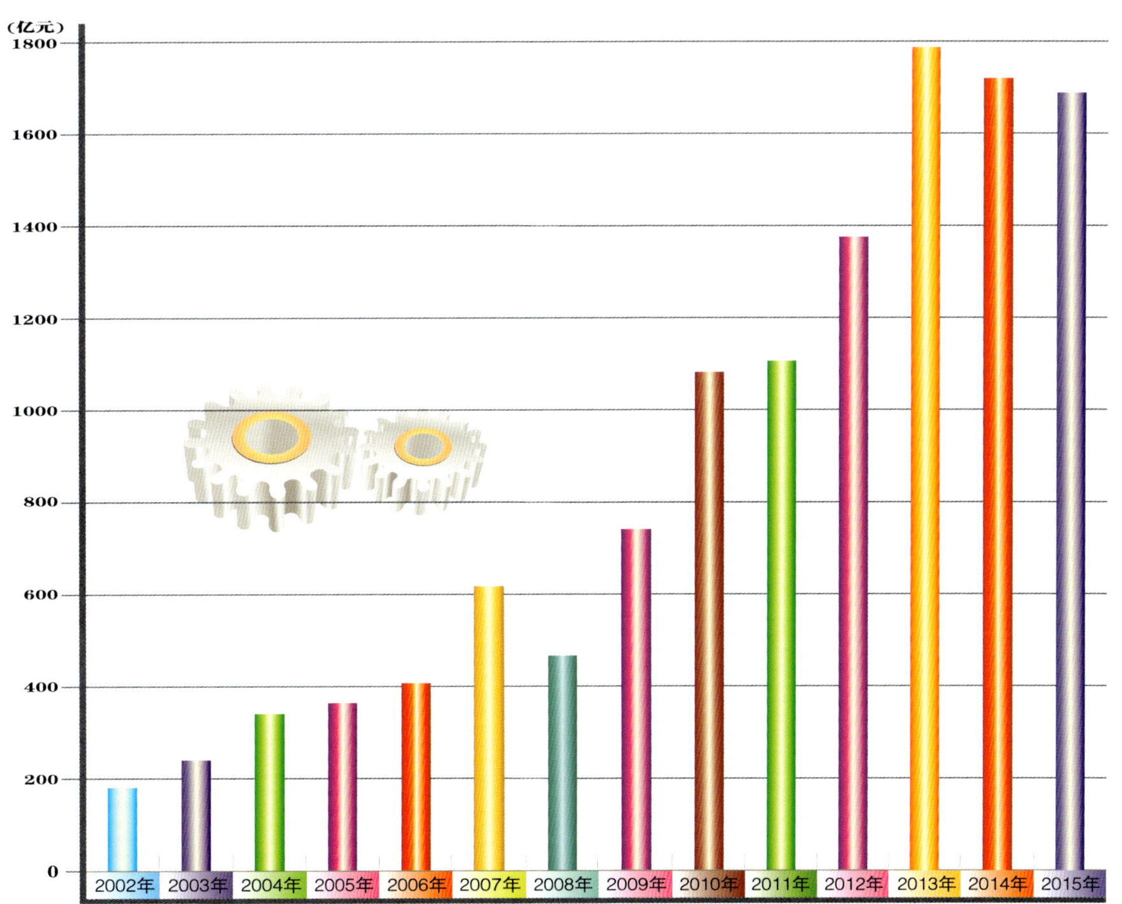

南京市农林牧渔总产值（现价）示意图

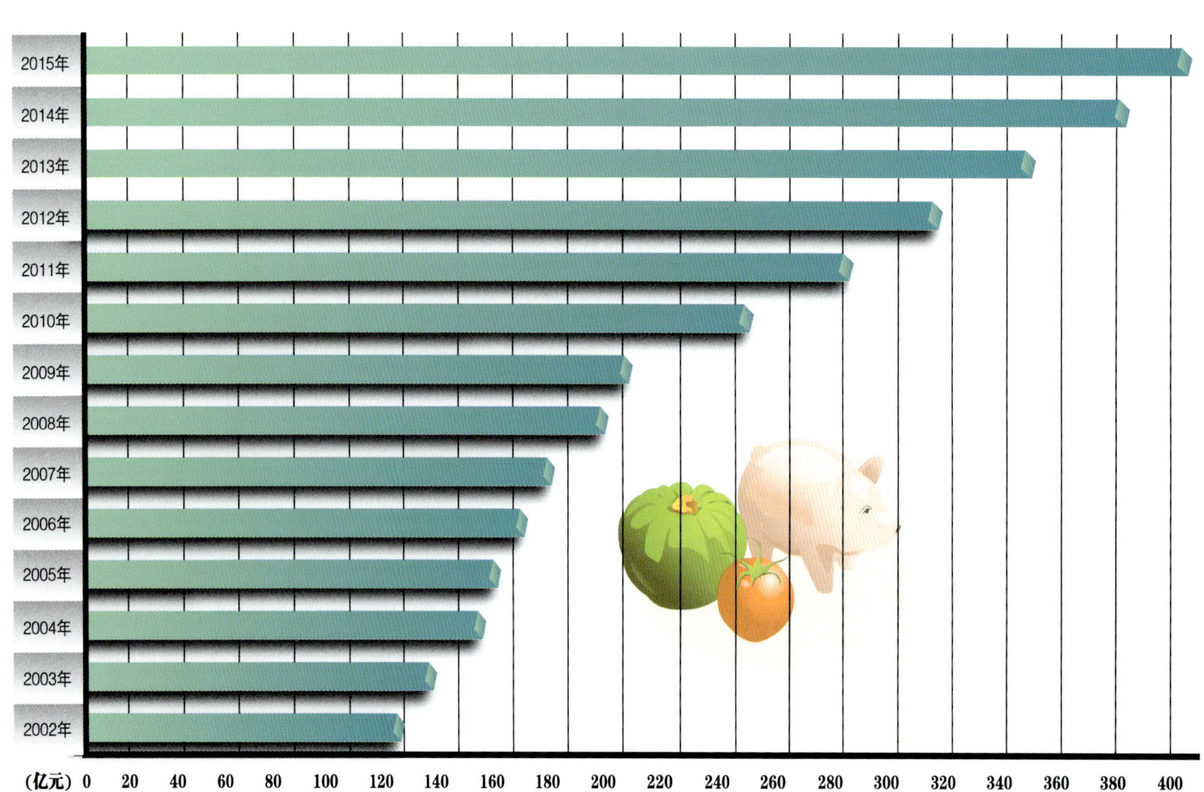

南京市普通高校在校学生人数示意图

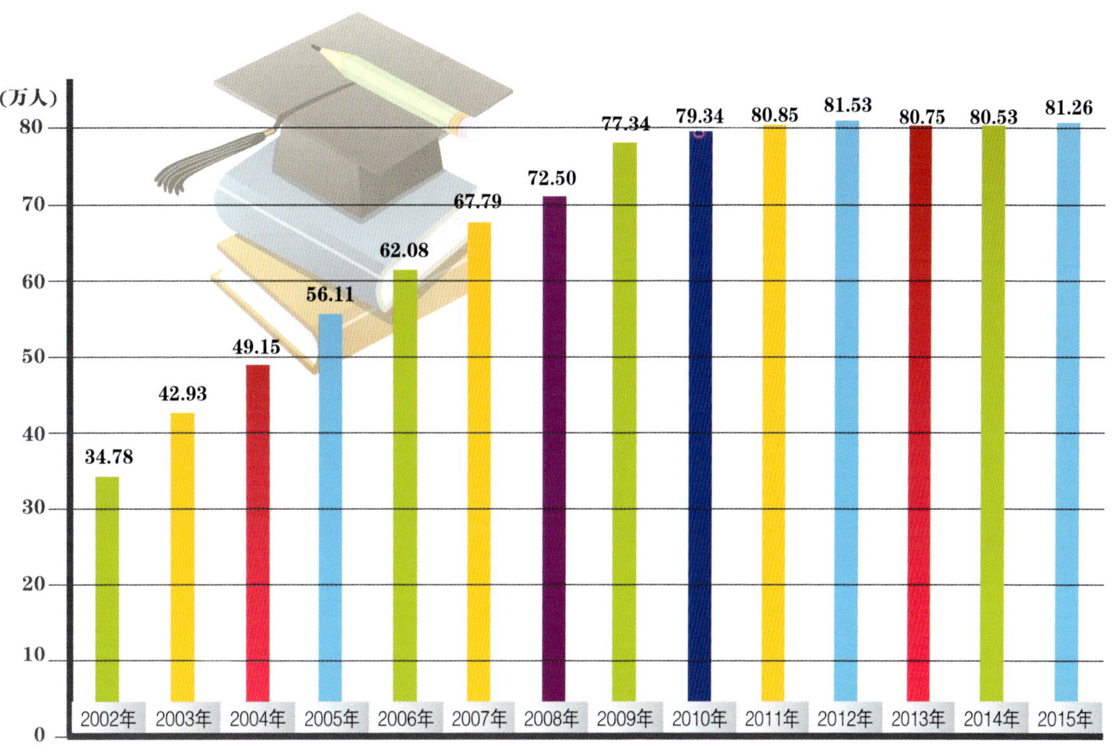

南京市人均公园绿地面积示意图

南京市城市居民人均可支配收入示意图

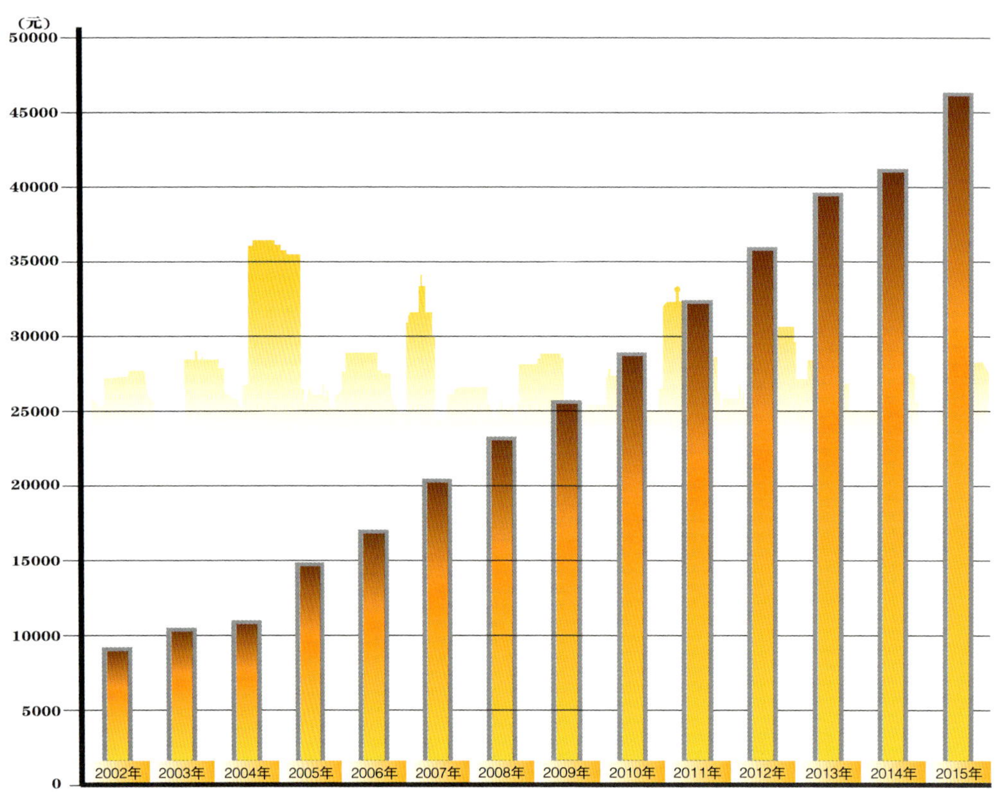

南京市农民人均纯收入示意图

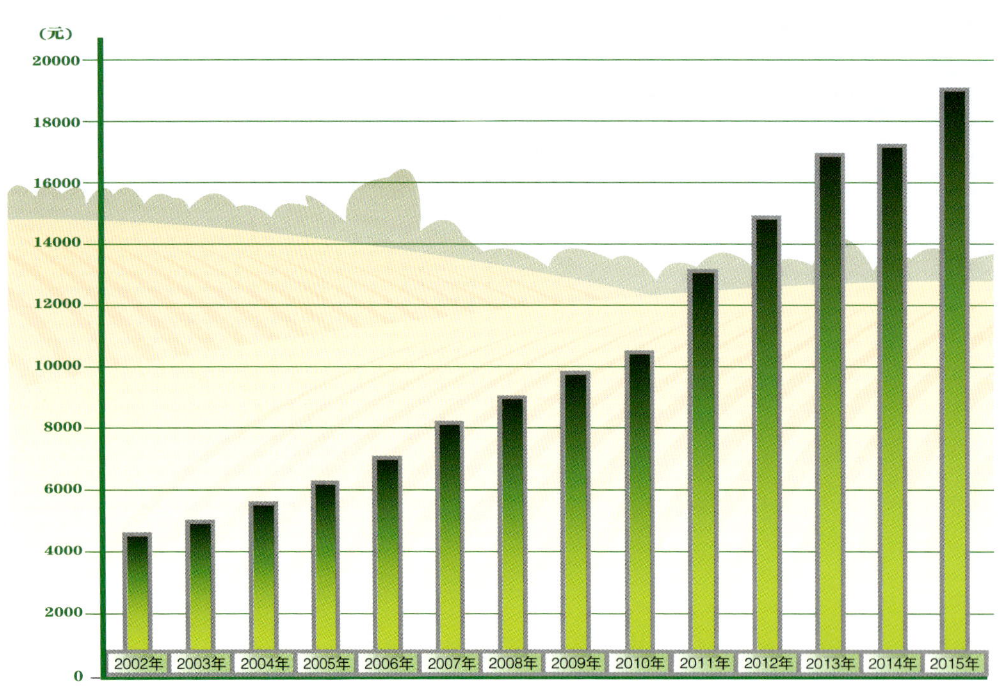

2016 年统计年鉴目录

CONTENTS ON STATISTICAL YEARBOOK-2016

（一）综合

General Survey

（二）国民经济核算

National Accounts

（三）人口和就业

Population And Employment

（四）人民生活

People's Livelihood

（五）价格指数

Price Indices

（六）农业

Agriculture

（七）工业和能源

Industry and Energy

（八）交通运输和邮电通讯业

Transportation, Post and Telecommunication Services

（九）固定资产投资和建筑业

Investment in Fixed Assets and Construction

（十）批发和零售业、住宿和餐饮业
Wholesale and Retail Trade, Accommodations and Catering

（十一）对外经济贸易和旅游业

Foreign Trade and Economic Cooperation，Tourism

（十二）财政、金融和保险

Finance，Banking and Insurance

（十三）科技和教育

Science and Technology, Education

（十四）文化、体育和卫生
Culture, Sports and Public Health

（十五）司法、社会福利与其他社会活动

Judicature, Social Welfare and Others

（十六）城市建设与环境保护

Urban Construction and Environmental Protection

（十七）分区社会经济

Social Economy by District and County

（十八）附录

Appendix

（一）综合

CHAPTER 1
GENERAL SURVEY

表 1—1　行政区划与行政区域土地面积（2015 年末）

计量单位：个、平方公里

地　区	行政区划				行政区域土地面积
	街道办事处	社区居民委员会	镇人民政府	村民委员会	
总　计	87	942	13	287	6587.02
玄　武	7	59			75.46
秦　淮	12	111			49.11
建　邺	6	55			81.75
鼓　楼	13	118			54.18
浦　口	9	89		31	910.51
栖　霞	9	85		30	395.38
雨花台	6	56			132.39
江　宁	10	128		72	1563.33
六　合	11	88	1	55	1471.00
溧　水	2	69	6	39	1063.68
高　淳	2	84	6	60	790.23

注：本表中行政区划数据由市民政局提供；行政区域土地面积由市国土资源局提供，为2015年末的数据。

表 1—2　各区所辖街道办事处、镇名称（2015 年）

地　区	街道办事处、镇
玄武区	新街口街道 梅园街道 玄武门街道 锁金村街道 玄武湖街道 红山街道 孝陵卫街道
秦淮区	红花街道 夫子庙街道 双塘街道 中华门街道 秦虹街道 瑞金路街道 月牙湖街道 光华路街道 朝天宫街道 五老村街道 洪武路街道 大光路街道
建邺区	莫愁湖街道 南苑街道 兴隆街道 沙洲街道 双闸街道 江心洲街道
鼓楼区	华侨路街道 宁海路街道 湖南路街道 中央门街道 挹江门街道 凤凰街道 江东街道 热河南路街道 阅江楼街道 建宁路街道 宝塔桥街道 小市街道 幕府山街道
栖霞区	迈皋桥街道 燕子矶街道 马群街道 尧化街道 龙潭街道 栖霞街道 八卦洲街道 仙林街道 西岗街道
雨花区	雨花街道 西善桥街道 赛虹桥街道 铁心桥街道 梅山街道 板桥街道
江宁区	东山街道 淳化街道 禄口街道 汤山街道 湖熟街道 江宁街道 麒麟街道 谷里街道 秣陵街道 横溪街道
浦口区	江浦街道 泰山街道 永宁街道 汤泉街道 顶山街道 盘城街道 桥林街道 星甸街道 沿江街道
六合区	雄州街道 龙袍街道 马鞍街道 横梁街道 程桥街道 金牛湖街道 龙池街道 长芦街道 大厂街道 葛塘街道 冶山街道 竹镇镇
溧水区	永阳街道 白马镇 东屏镇 拓塘街道 洪蓝镇 石湫镇 晶桥镇 和凤镇
高淳区	淳溪街道 东坝镇 古柏街道 固城镇 漆桥镇 砖墙镇 桠溪镇 阳江镇

表 1—3　耕地面积情况

计量单位：千公顷

指　标	2015年	2014年
一、年初耕地面积	237.01	238.41
二、年内增加耕地面积	1.34	0.19
三、当年经批准减少耕地面积	1.18	1.41
四、年末耕地面积	237.17	237.19

注：本表数据来源于市国土资源局，由于上级国土部门核定，2014年年末耕地面积数据调整。

表 1—4　气候（2015 年）

月　份	平均气温（摄氏）	月平均气温（摄氏）		月降水量合计（毫米）
		最高	最低	
全　年	16.4	20.7	13.0	1765.6
一　月	4.9	9.6	1.5	29.9
二　月	6.3	10.4	2.9	58.1
三　月	10.6	15	7	104.8
四　月	15.7	21.1	11.1	121.6
五　月	21.4	26	17.6	96.1
六　月	24.1	28	21	661.5
七　月	26.4	30	23.4	258
八　月	27.3	31.4	24	187.4
九　月	23.6	27.8	20	63.6
十　月	18.5	23.3	14.8	61.6
十一月	11.7	15.2	9	110.7
十二月	6.4	10.2	3.6	12.3

附：极端最低气温-4.9℃　　出现日期：1月2日
　　极端最高气温37.3℃　　出现日期：8月4日
　　全年日照1848.2小时

表1—5 社会经济主要指标

指 标	2015年	2014年
行政区域土地面积（平方公里）	6587.02	6587.02
户籍总人口（万人）	653.40	648.72
常住人口（万人）	823.59	821.61
居民平均期望寿命（岁）*	82.19	82.17
地区生产总值（亿元）	9720.77	8820.75
规模以上工业总产值（亿元）	12905.13	13199.67
全社会固定资产投资（亿元）	5484.47	5460.03
#房地产开发投资	1429.02	1125.49
社会消费品零售总额（亿元）	4590.17	4167.19
实际使用外资（亿美元）	33.35	32.91
海关进出口总额（亿美元）	532.40	572.21
#出口总额	315.03	326.28
接待国内外旅游人数（万人次）	10234	9475.93
国际旅游创汇收入（亿美元）	6.39	5.53
财政总收入（亿元）	2008.96	1771.85
一般公共预算收入（亿元）	1020.03	903.49
一般公共预算支出（亿元）	1045.57	921.20

注:居民平均期望寿命由市卫生局提供。

表1—5 续表

指 标	2015年	2014年
城市居民消费价格指数（以上年为100）	102.0	102.6
城镇登记失业率（%）	1.9	2.50
城镇企业职工基本养老保险参保人数（万人）	368.34	349.06
城镇失业保险参保人数（万人）	253.61	248.51
城镇职工基本医疗保险参保人数（万人）	388.37	478.1.
个人轿车拥有量（万辆）	126.50	109.93
计算机互联网用户（万户）	313.04	325.48
专业技术人员数（万人）	123.75	117.68
规模以上工业企业高新技术产业产值（亿元）	5597.70	5817.94
专利申请量（件）	56099	56108
普通高校在校学生数（万人）（含研究生）	81.26	80.53
普通中学在校学生数（万人）	21.99	22.28
小学在校学生数（万人）	35.80	33.93
公共图书馆总藏量（万册）	2189.12	1567.18
传染病发病率（1/10万）	110.25	95.16
5岁以下儿童死亡率（‰）	2.97	2.98
执业（助理）医师（人）	22307	21602
城市绿化覆盖率（%）	44.47	44.14
森林覆盖率（%）	29.56	27.7
环境空气质量良好以上天数（天）	235	190

注：从2013年起，按国家环保部新颁布的空气质量标准（空气质量指数AQI）要求，认定良好以上天数。

表1—6 按人口平均的社会经济主要指标

指 标	2015年	2014年
人均地区生产总值（元）*	118171	107545
人均固定资产投资（元）*	66672	66570
人均财政收入（元）*	24422	21603
人均公共财政预算支出（元）*	12711	11228
居民人均储蓄本外币存款余额（元）	68704	62507
城镇非私营单位职工年平均工资（元）	81075	70507
城市居民人均可支配收入（元）	46104	42568
城市居民人均消费支出（元）	27794	25855
农村居民人均可支配收入（元）	19483	17661
农村居民人均生活消费支出（元）	14041	12818
城镇居民人均现住房建筑面积（平方米）	36.5	36.3
农村居民人均现住房建筑面积（平方米）	56.2	55.4
人均日生活用水量（升）*	298.40	295.96
人均生活用电（千瓦小时）*	794.40	740.55
年末每万人拥有医疗床位数（张）	56.70	53.17
年末每万人拥有执业医师、助理医师（人）	27.12	26.29
每万人口拥有收养性社会福利单位的床位数（张）	65.00	77.64
交通、火灾死亡人口比率（1/10万）	6.36	6.36
人均拥有道路面积（平方米）	23.06	22.17

注：本表中人均指标按常住人口计算，加“*”号指标按常住平均人口计算。

表1—7　用电量

计量单位：万千瓦小时

指　标	2015年	2014年	2015年为上年%
全社会用电量	4951753	4704973	105.3
#农业用电	23820	20441	116.5
工业用电	3005429	2890160	104.0
城乡居民生活用电	653471	607393	107.6
#乡村生活用电	142138	132096	107.6

注：农业用电量指农、林、牧、渔用电量。

表1—8　个体经营户注册登记情况（2015年）

指　标	年末户数（户）	从业人数（人）	资金数额（万元）
合　计	382986	832047	3274382
农、林、牧、渔业	8482	22515	229840
采矿业	34	167	708
制造业	17561	54821	230649
电力、热力、燃气及水生产和供应业	22	49	142
建筑业	2962	10572	46659
批发和零售业	239520	442351	1747475
交通运输、仓储和邮政业	7521	12924	72301
住宿和餐饮业	43395	138721	459414
信息传输、软件和信息技术服务业	1043	2068	5289
金融业	13	27	101
房地产业	1316	3169	10410
租赁和商务服务业	8362	17359	77746
科学研究和技术服务业	1985	4721	14469
水利、环境和公共设施管理业	124	489	1696
居民服务、修理和其他服务业	43000	104973	315481
教育	304	577	952
卫生和社会工作	588	1773	5774
文化、体育和娱乐业	6730	14747	55161
其他	24	24	114

注：本表数据来自市工商局。

表 1—9　私营企业注册登记情况（2015 年）

指　标	年末户数（户）	从业人数（人）	注册资金（万元）
合计	307500	2517865	88037537
农、林、牧、渔业	1999	17443	845426
采矿业	59	2142	140927
制造业	23286	410667	9286555
电力、热力、燃气及水生产和供应业	217	2847	160852
建筑业	22408	284561	8900877
批发和零售业	86960	554658	18541293
交通运输、仓储和邮政业	5961	60453	1723511
住宿和餐饮业	3452	56339	392248
信息传输、软件和信息技术服务业	16627	140959	4520301
金融业	824	6901	1942328
房地产业	5825	67455	5003955
租赁和商务服务业	100631	607668	25065615
科学研究和技术服务业	24961	181340	8765687
水利、环境和公共设施管理业	645	7106	340242
居民服务、修理和其他服务业	6812	72194	1052293
教育	613	6024	63906
卫生和社会工作	362	6312	194737
文化、体育和娱乐业	5850	32697	1096411
其他	8	99	375

注：本表数据来自市工商局。

表 1—10　全市规模以上服务业企业主要财务指标情况表（2015 年）

计量单位：千元

指　标	单位个数	固定资产原价	本年折旧	资产总计	负债合计	营业收入
总　计	2670	321718055	20436400	1553085885	845928137	405030465
按登记注册类型分组						
内资企业	2536	292904090	18248909	1486061665	806538183	362657257
港、澳、台商投资企业	60	10196754	1029185	30543823	19701967	12095244
外商投资企业	74	18617211	1158306	36480397	19687987	30277964
按企业控股情况分组						
国有控股	574	246603741	14083272	1194557220	629423149	167481962
集体控股	101	6065736	520972	35885950	21728625	23416686
私人控股	1613	31992216	2928622	208876193	126866292	146687790
港澳台商控股	51	8784602	850058	19869525	12473706	7050326
外商控股	62	15584082	1197927	30458700	16717254	26706025
其他	269	12687678	855549	63438297	38719111	33687676
按国民经济行业分组						
交通运输、仓储和邮政业	449	184001999	10051707	379258113	210679652	99735721
# 道路运输业	226	69049147	2496982	203432032	128655437	34230708
水上运输业	75	35238686	2221372	47497364	30634692	24215126
装卸搬运和运输代理业	90	5054343	345021	12731153	8274327	15958938
信息传输、软件和信息技术服务业	453	57432058	4216418	155802939	75652229	106902143
# 电信、广播电视和卫星传输服务	34	45209406	3085252	58331604	25133014	26440637
软件和信息技术服务业	368	10823725	960785	80313219	40364485	56596888
租赁和商务服务业	629	49321986	3630095	845581592	462997160	110665090
# 商务服务业	613	48824263	3583579	844153946	462199028	110101730
科学研究和技术服务业	467	13879428	1239245	92569465	55361155	54442848
# 专业技术服务业	353	11849343	970402	82779363	50531424	46205161
水利、环境和公共设施管理业	70	3761734	214011	20777159	10765873	5569157
居民服务、修理和其他服务业	64	549656	48699	3103522	2272704	2707149
教育	44	1546184	76235	3131718	1319555	2178347
卫生和社会工作	52	3246237	340641	5375633	3933928	3934710
文化、体育和娱乐业	223	6854495	476812	39922711	18194790	12460200
物业管理和房地产中介服务	219	1124278	142537	7563033	4751091	6435100

注：总计中，不包含中国联合通信有限公司、中国电信股份有限公司和中国移动通信集团有限公司三家江苏分公司的数据。

表 1—10 续表 1

计量单位：千元

指　标	营业成本	营业税金及附加	销售费用	管理费用	管理费用中的税金	财务费用
总　计	313189592	4599591	20971834	36844117	721532	14115916
按登记注册类型分组						
内资企业	281751495	4218945	16399233	32460912	645234	13490016
港、澳、台商投资企业	7281081	163811	2638247	1355675	37198	389824
外商投资企业	24157016	216835	1934354	3027530	39100	236076
按企业控股情况分组						
国有控股	131251451	2187480	6128838	12506723	337838	10535342
集体控股	15710676	220798	1157364	4570917	26168	120831
私人控股	116349129	1424942	6800836	12776461	253844	2643184
港澳台商控股	4178864	89390	786494	1258275	31786	261650
外商控股	21785785	193162	1763785	2717199	29008	215535
其他	23913687	483819	4334517	3014542	42888	339374
按国民经济行业分组						
交通运输、仓储和邮政业	83710482	797172	1544116	4697037	165596	4678504
# 道路运输业	28271899	427289	712978	1701289	65197	1799220
水上运输业	19543364	228618	75208	1347650	41127	883043
装卸搬运和运输代理业	14837213	16799	207429	566271	10722	123875
信息传输、软件和信息技术服务业	74145085	778926	11607550	13773880	153974	289363
# 电信、广播电视和卫星传输服务	17162292	166236	2774806	1720899	36973	64984
软件和信息技术服务业	36396853	536906	6935581	10425278	113268	182168
租赁和商务服务业	90392219	1704291	3136419	7387031	229014	8158058
# 商务服务业	90006080	1694133	3099165	7327237	225696	8127037
科学研究和技术服务业	42882072	590992	1493548	6202326	93202	656499
# 专业技术服务业	36557547	536674	1224915	5218523	80609	615752
水利、环境和公共设施管理业	3864812	97279	158233	513087	17383	102984
居民服务、修理和其他服务业	1674057	38377	583370	278135	3732	-5217
教育	1309787	56425	277099	377903	4520	-7805
卫生和社会工作	2981019	1537	337916	624003	6012	82530
文化、体育和娱乐业	7788947	197109	1410565	1899418	28996	105838
物业管理和房地产中介服务	4441112	337483	423018	1091297	19103	55162

表 1—10　续表 2

计量单位：千元

指　标	投资收益	营业利润	利润总额	应交所得税	应付职工薪酬	应交增值税
总　计	22556921	39706675	49372914	5306226	57479800	6541942
按登记注册类型分组						
内资企业	21596038	36730945	45537355	4935098	50683885	5549895
港、澳、台商投资企业	27424	414560	922061	176088	3176767	711110
外商投资企业	933459	2561170	2913498	195040	3619148	280937
按企业控股情况分组						
国有控股	19389200	24772819	31897354	3028025	22150718	2028089
集体控股	11424	1597702	1688546	-33174	6613442	864406
私人控股	2081715	8863688	9961973	1633027	17228569	2389710
港澳台商控股	24359	670860	577722	108775	1763023	153135
外商控股	895575	1857506	2233605	70302	3064650	208587
其他	154648	1944100	3013714	499271	6659398	898015
按国民经济行业分组						
交通运输、仓储和邮政业	1322624	5859551	8079302	1851301	12796661	915705
# 道路运输业	935485	2366962	4047598	957679	5838858	456991
水上运输业	134854	2247215	2256004	207327	2923778	184517
装卸搬运和运输代理业	69017	279132	294518	82978	776181	56166
信息传输、软件和信息技术服务业	2193460	9648189	11969208	1150590	20538996	3392516
# 电信、广播电视和卫星传输服务	754759	5338620	5553738	408277	3796595	579351
软件和信息技术服务业	1216675	4393827	6473411	566317	14485933	2664912
租赁和商务服务业	18359391	18590950	22501381	979740	7581123	836339
# 商务服务业	18348044	18554325	22459757	974115	7487590	829483
科学研究和技术服务业	471641	2940424	3500863	709646	8956150	940035
# 专业技术服务业	410949	2143079	2666213	592500	7771139	853168
水利、环境和公共设施管理业	-5641	924400	938015	131169	480664	75523
居民服务、修理和其他服务业	4921	111650	169765	27753	553613	70849
教育	936	158944	172806	27749	566501	1887
卫生和社会工作	289	-27975	-23082	23979	1050385	567
文化、体育和娱乐业	195596	1387501	1877927	324468	1762386	301376
物业管理和房地产中介服务	13704	113041	186729	79831	3193321	7145

表1—11 人民币汇率（年平均价）

单位：人民币元

年份 Year	美元 US Dollar (100)	日元 Japanese Yen (100)	港币 Hong Kong Dollar (100)	欧元 EURO (100)
1985	293.66	1.2457	37.57	
1986	345.28	2.0694	44.22	
1987	372.21	2.5799	47.74	
1988	372.21	2.9082	47.70	
1989	376.51	2.7360	48.28	
1990	478.32	3.3233	61.39	
1991	532.33	3.9602	68.45	
1992	551.46	4.3608	71.24	
1993	576.20	5.2020	74.41	
1994	861.87	8.4370	111.53	
1995	835.10	8.9225	107.96	
1996	831.42	7.6352	107.51	
1997	828.98	6.8600	107.09	
1998	827.91	6.3488	106.88	
1999	827.83	7.2932	106.66	
2000	827.84	7.6864	106.18	
2001	827.70	6.8075	106.08	
2002	827.70	6.6237	106.07	800.58
2004	827.68	7.6552	106.23	1029.00
2005	819.17	7.4484	105.30	1019.53
2007	760.40	6.4632	97.46	1041.75
2008	694.51	6.7427	89.19	1022.27
2009	683.10	7.2986	88.12	952.70
2010	676.95	7.7279	87.13	897.25
2011	645.88	8.1050	82.97	900.11
2012	631.25	7.9037	81.38	810.67
2013	619.32	6.3323	79.85	822.19
2014	614.28	5.8196	79.22	816.51
2015	622.84	5.1553	80.34	691.41

主要统计指标解释

可比价格 指在不同时期的价值指标对比时，扣除了价格变动的因素，以确切反映物量的变化。按可比价格计算有两种方法：一种是直接用产品产量乘某一年的不变价格计算；另一种是用价格指数换算。

不变价格 指以同类产品某年的平均价格作为固定价格，来计算各年产品价值。按不变价格计算的产品价值消除了价格变动因素，不同时期对比可以反映生产的发展速度。新中国成立后，随着工农业产品价格水平的变化，国家统计局先后五次制定了全国统一的工业产品不变价格和农业产品不变价格，从 1949 年到 1957 年使用 1952 年工（农）业产品不变价格，从 1957 年到 1971 年使用 1957 年不变价格，从 1971 年到 1981 年使用 1970 年不变价格，从 1981 年到 1990 年使用 1980 年不变价格，从 1990 年开始使用 1990 年不变价格。

平均增长速度 我国计算平均增长速度有两种方法：一种是习惯上经常使用的"水平法"，又称几何平均法，是以间隔期最后一年的水平同基期水平对比来计算平均每年增长（或下降）速度；另一种是"累计法"，又称代数平均法或方程法，是以间隔期内各年水平的总和同基期水平对比来计算平均每年增长（或下降）速度。在一般正常情况下，两种方法计算的平均每年增长速度比较接近；但在经济发展不平衡、出现大起大落时，两种方法计算的结果差别较大。

本《年鉴》内所列的平均增长速度，除固定资产投资用"累计法"计算外，其余均用"水平法"计算。从某年到某年平均增长速度的年份，均不包括基期年在内。如建国四十三年以来的平均增长速度是以 1949 年为基期计算的，则写为 1950-1992 年平均增长速度，其余类推。

三次产业 根据社会生产活动历史发展的顺序对产业结构的划分，产品直接取自自然界的部门称为第一产业，对初级产品进行再加工的部门称为第二产业。为生产和消费提供各种服务的部门称为第三产业。它是世界上通用的产业结构分类，但各国的划分不尽一致。

我国的三次产业划分是：

第一产业是指农、林、牧、渔业。

第二产业是指采矿业，制造业，电力、燃气及水的生产和供应业，建筑业。

第三产业是指除第一、二产业以外的其他行业。

企业（单位）登记注册类型 是以在工商行政管理机关登记注册的各类企业为划分对象，以工商行政管理部门对企业登记注册的类型为依据，将企业登记注册类型分为内资企业、港澳台商投资企业和外商投资企业三大类。内资企业包括国有企业、集体企业、股份合作企业、联营企业、有限责任公司、股份有限公司、私营公司和其他企业；港澳台商投资企业和外商投资企业分别包括合资经营企业、合作经营企业、独资经营企业和股份有限公司。对不在工商行政管理部门进行登记注册的行政机关、事业单位和社会团体，主要按其经费来源和管理方式进行划分。

法人单位 指具备以下条件的单位：(1) 依法成立，有自己的名称、组织机构和场所，能够独立承担民事责任；(2) 独立拥有和使用（或授权使用）资产，承担负债，有权与其他单位签订合同；(3) 会计上独立核算，能够编制资产负债表。法人单位包括企业法人、事业单位法人、机关法人、社会团体法人和其他法人。

法人单位所属产业活动单位（简称：产业活动单位） 是指具备有以下条件的单位：(1) 在一个场所从事一种或主要从事一种社会经济活动；(2) 相对独立组织生产经营或业务活动：(3) 能够掌握收入和支出等业务核算资料。产业活动单位是指经过法定程序批准建立的、不能独立承担民事责任的单位。包括由各级工商行政管理机关核准登记，领取《营业执照》的分支机构或经营单位；由各级登记主管机关备案，或依据相关法律法规由各级主管部门批准建立的事业单位分支机构和社会团体分支机构。未经法定程序批准在法人内部建立的机构，具备产业活动单位条件的认定为产业活动单位。产业活动单位分为单产业法人单位和多产业法人单位。

（二）国民经济核算

CHAPTER 2
NATIONAL ACCOUNTS

表 2—1　全市地区生产总值（2015 年）

计量单位：亿元

指　标	2015年	2015年为上年%（按可比价计算）	占地区生产总值比重%
地区生产总值	9720.77	109.3	100.0
第一产业	232.39	103.4	2.4
第二产业	3916.77	107.3	40.3
工业	3395.26	108	34.9
建筑业	522.82	103.0	5.4
第三产业	5571.61	111.3	57.3
交通运输、仓储和邮政业	307.96	101.3	3.2
批发和零售业	1062.00	109.6	10.9
住宿和餐饮业	168.85	106.4	1.7
金融业	1122.23	116.1	11.5
房地产业	610.99	105.4	6.3
其他服务业	2299.58	113.4	23.7
附：按户籍平均人口计算的人均地区生产总值（元）	149307	108.5	—
按常住平均人口计算的人均地区生产总值（元）	118171	109.0	—

表2—2　按支出法计算的全市地区生产总值（2015年）

计量单位：亿元

指　标	2015年	2015年为上年%（按可比价计算）
支出法地区生产总值	9720.77	109.3
一、最终消费支出	5249.22	111.0
1、居民消费支出	3613.35	110.0
农村居民	512.32	116.2
城镇居民	3101.03	109.0
2、政府消费支出	1635.87	113.2
二、资本形成总额	4478.05	107.5
1、固定资本形成总额	4223.8	107.6
2、存货增加	254.25	104.9
三、货物和服务净流出	-6.5	0.0

注：从2008年开始本表发展速度按可比价计算。

表2—3　居民消费水平（2015年）

指　标	2015年
一、当年价格居民消费水平（元/人）	43926
农村居民	33040
城镇居民	46454
二、常住居民年平均人口（万人）	822.60
农村居民	155.06
城镇居民	667.54

表2—4 最终消费（2015年）

计量单位：亿元

指　标	2015年
最终消费支出	5249.22
一、居民消费支出	3613.35
（一）农村居民	512.32
1. 食品类支出	92.39
2. 衣着类支出	30.32
3. 居住类支出	49.72
4. 家庭设备、用品及服务类支出	20.73
5. 医疗保健类支出	15.84
6. 交通和通信类支出	33.55
7. 文教娱乐用品及服务类支出	57.29
8. 银行中介服务支出	78.11
9. 保险服务消费支出	53.87
10. 自有住房服务虚拟支出	71.74
11. 其他商品和服务类支出	8.75
（二）城镇居民	3101.03
1. 食品类支出	607.77
2. 衣着类支出	173.68
3. 居住类支出	339.29
4. 家庭设备、用品及服务类支出	166.6
5. 医疗保健类支出	145.88
6. 交通和通信类支出	295.53
7. 文教娱乐用品及服务类支出	397.26
8. 银行中介服务支出	397.56
9. 保险服务消费支出	239.39
10. 自有住房服务虚拟支出	191.05
11. 实物消费支出	55.2
12. 其它商品和服务类支出	91.81
二、政府消费支出	1635.87

表2—5　主要年份地区生产总值

计量单位：亿元

年 份	地区生产总值	第一产业	第二产业	#工业	第三产业	人均地区生产总值（元）（按户籍人口计算）	人均地区生产总值（元）（按常住人口计算）
1990	176.52	17.26	96.03	87.40	63.23	3538	—
1994	472.17	34.85	248.26	227.99	189.06	9142	—
1995	584.59	44.97	297.46	258.38	242.16	11242	—
1996	682.78	45.93	339.49	286.12	297.36	13041	—
1997	773.78	49.85	379.86	323.13	344.07	14665	—
1998	850.24	51.72	406.18	341.89	392.34	16010	—
1999	937.89	53.53	432.86	368.44	451.50	17535	—
2000	1073.54	57.56	491.87	424.81	524.11	19838	—
2001	1218.51	61.94	544.66	469.67	611.91	22196	—
2002	1385.14	65.73	610.65	523.00	708.76	24816	—
2003	1690.77	69.51	802.24	691.99	819.02	29780	—
2004	2067.18	75.27	1003.99	869.51	987.92	35770	—
2005	2451.94	102.00	1199.48	1043.58	1150.46	41579	36112
2007	3340.05	115.28	1607.22	1412.22	1617.55	54558	45473
2008	3814.62	119.4	1771.28	1532.20	1923.94	61445	50855
2009	4230.26	129.18	1930.66	1640.53	2170.42	67455	55290
2010	5130.65	142.29	2327.86	2005.21	2660.49	81298	65272
2011	6145.52	164.27	2760.84	2390.51	3220.41	96872	76263
2012	7201.57	185.06	3170.78	2748.46	3845.73	112980	88525
2013	8080.21	195.29	3462.42	2997.63	4422.50	126099	98848
2014	8820.75	214.25	3623.48	3119.12	4983.02	136564	107545
2015	9720.77	232.39	3916.77	3395.26	5571.61	149307	118171

注：本表数据均为现价，2010年为年报调整数据，2013年为经济普查调整数据。

表 2—6　主要年份地区生产总值发展速度

计量单位：%

年份	地区生产总值	第一产业	第二产业	#工业	第三产业	人均地区生产总值（按户籍人口计算）	人均地区生产总值（按常住人口计算）
1990	109.2	97.2	105.1	111.8	121.8	107.7	—
1994	115.6	98.6	119.2	120.6	112.8	114.7	—
1995	112.4	115.6	113.0	108.7	110.8	111.6	—
1996	113.0	108.9	113.6	111.1	112.8	112.2	—
1997	113.3	109.6	113.3	113.9	114.1	112.4	—
1998	111.8	104.5	111.9	111.3	112.6	111.1	—
1999	110.6	107.4	109.7	111.0	112.6	109.8	—
2000	112.3	108.1	112.1	112.8	113.1	111.0	—
2001	111.1	108.3	109.0	108.1	113.8	109.5	—
2002	112.8	106.8	112.3	111.2	114.0	110.9	—
2003	115.0	105.1	118.7	118.4	112.5	113.1	—
2004	117.3	105.9	120.7	123.0	114.9	115.2	—
2005	115.1	102.7	117.9	118.0	113.4	112.8	115.0
2007	115.7	103.6	115.9	117.6	116.4	113.7	111.6
2008	112.1	102.7	109.6	109.9	115.3	110.5	109.1
2009	111.5	104.1	110.1	109.3	113.5	110.4	109.4
2010	113.1	104.1	113.6	114.4	113.0	112.4	110.1
2011	112.0	104.1	112.3	112.9	112.3	111.4	110.6
2012	111.7	104.9	111.9	111.0	111.8	111.2	110.6
2013	111.0	103.4	111.1	111.1	111.3	110.4	110.5
2014	110.1	103.3	108.8	109.3	111.5	108.3	108.8
2015	109.3	103.4	107.3	108.0	111.3	108.5	109.0

主要统计指标解释

地区生产总值 是按市场价格计算的地区生产总值的简称。它是一个国家（地区）所有常住单位在一定时期内生产活动的最终成果。地区生产总值有三种表现形态，即价值形态、收入形态和产品形态。从价值形态看，它是所有常住单位在一定时期内所生产的全部货物和服务价值超过同期投入的全部非固定资产货物和服务价值的差额，即所有常住单位的增加值之和；从收入形态看，它是所有常住单位在一定时期内所创造并分配给常住单位和非常住单位的初次分配收入之和；从产品形态看，它是最终使用的货物和服务减去进口货物和服务。在实际核算中，地区生产总值的三种表现形态表现为三种计算方法，即生产法、收入法和支出法。三种方法分别从不同的方面反映地区生产总值及其构成。

支出法地区生产总值 指一个国家（地区）所有常住单位在一定时期内用于最终消费、资本形成总额，以及货物和服务的净出口总额，它反映本期生产的地区生产总值的使用及构成。

最终消费 指常住单位在一定时期内对于货物和服务的全部最终消费支出，也就是常住单位为满足物质、文化和精神生活的需要，从本国经济领土和国外购买的货物和服务的支出；不包括非常住单位在本国经济领土内的消费支出。最终消费分为居民消费和政府消费。

居民消费 指常住住户对货物和服务的全部最终消费支出。居民消费按市场价格计算，即按居民支付的购买者价格计算。购买者价格是购买者取得货物所支付的价格，包括购买者支付的运输和商业费用。居民消费除了直接以货币形式购买货物和服务的消费之外，还包括以其他方式获得的货物和服务的消费支出，即所谓的虚拟消费支出。居民虚拟消费支出包括以下几种类型：单位以实物报酬及实物转移的形式提供给劳动者的货物和服务；住户生产并由本住户消费了的货物和服务，其中的服务仅指住户的自有住房服务；金融机构提供的金融媒介服务；保险公司提供的保险服务。

政府消费 指政府部门为全社会提供公共服务的消费支出和免费或以较低价格向住户提供的货物和服务的净支出。前者等于政府服务的产出价值减去政府单位所获得的经营收入的价值，政府服务的产出价值等于它的经常性业务支出加上固定资产折旧；后者等于政府部门免费或以较低价格向住户提供的货物和服务的市场价值减去向住户收取的价值。

资本形成总额 指常住单位在一定时期内获得的减去处置的固定资产加存货的变动，包括固定资本形成总额和存货增加。

固定资本形成总额 指常住单位购置、转入和自产自用的固定资产，扣除固定资产的销售和转出后的价值，分有形固定资产形成总额和无形固定资产形成总额。有形固定资产形成总额包括一定时期内完成的建筑工程、安装工程和设备工器具购置（减处置）价值，以及土地改良、新增役、种、奶、毛、娱乐用牲畜和新增经济林木价值。无形固定资产形成总额包括矿藏的勘探、计算机软件、娱乐和文学艺术品原件等获得减处置。

存货增加 指常住单位存货实物量变动的市场价值，即期末价值减期初价值的差额。存货增加可以是正值，也可以是负值；正值表示存货上升，负值表示存货下降。它包括生产单位购进的原材料、燃料和储备物资等存货，以及生产单位生产的产成品、在制品等存货等。

货物和服务净出口 指货物和服务出口减货物和服务进口的差额。出口包括常住单位向非常住单位出售或无偿转让的各种货物和服务的价值；进口包括常住单位从非常住单位购买或无偿得到的各种货物和服务的价值。由于服务活动的提供与使用同时发生，因此服务的进出口业务并不发生出入境现象，一般把常住单位从国外得到的服务作为进口，非常住单位从本国得到的服务作为出口。货物的出口和进口都按离岸价格计算。

（三）人口和就业

CHAPTER 3
POPULATION AND EMPLOYMENT

表3—1 人口主要指标

指 标	2015年	2014年	2015年为上年%
一、户籍人口情况			
总户数（户）	2251385	2216019	101.6
总人口（人）	6534039	6487209	100.7
按性别分：			
男（人）	3267798	3250391	100.5
女（人）	3266241	3236818	100.9
性别比（以女性为100）	100.05	100.42	99.6
迁入人口（人）	106962	126494	84.6
迁出人口（人）	77434	103951	74.5
出生人口（人）	67406	71302	94.5
出生率（‰）	10.35	11.04	—
死亡人口（人）	40448	37704	107.3
死亡率（‰）	6.21	5.84	—
自然增长人口（人）	26958	33598	80.2
自然增长率（‰）	4.14	5.20	—
二、全市常住人口（万人）	823.59	821.61	100.2

注：本表户籍资料根据市公安局提供的户籍数据编制。

表3—2　计划生育情况（2015年）

计量单位：人

指　标	2015年
一、出生人数	47936
一孩	37651
二孩	10170
三孩及三孩以上	115
二、计划内生育	47836
三、育龄妇女人数	2110241
四、已婚育龄妇女人数	1499392
五、现家庭只有一个孩子的妇女人数	1213852

注：本表根据市卫计委提供的资料编制。

表3—3　结婚及离婚登记情况

指　标	2015年	2014年
结婚登记（对）	80597	86410
内地居民登记结婚初婚人数（人）	120519	125118
内地居民登记结婚再婚人数（人）	40675	47702
内地居民恢复结婚对数（对）	11035	25546
离婚登记（对）	33796	33507

注：本表根据市民政局提供的资料编制。

表 3—4　收养登记情况

计量单位：人

指　标	2015年	2014年
一、收养人合计	1077	1112
二、被收养人情况		
1、社会福利机构抚养的孤儿	812	851
2、社会福利机构抚养的弃婴		
3、社会弃婴		
4、父母无力抚养的儿童		
5、其他	265	261

注：本表数据不含省属口径，由市民政局提供。

表 3—5　全市从业人员

计量单位：万人

指　标	2015年	2014年
从业人员	491.10	488.90
# 专业技术人员	123.75	117.68
从业人员按三次产业分组		
第一产业	27.10	27.80
第二产业	174.80	176.30
第三产业	289.20	284.80

表3—6 全市城镇非私营单位从业人员情况（2015年）

计量单位：人

指 标	单位从业人员	其中		
		女性从业人员	在岗职工	其他从业人员
全 市	2130973	767682	2002818	128155
按登记注册类型分组				
国有单位	498111	212210	477019	21092
城镇集体单位	24610	12204	22516	2094
其他单位	1608252	543268	1503283	104969
内资	1204346	340593	1110733	93613
港、澳、台商投资	130585	64341	127261	3324
外商投资	273321	138334	265289	8032
按国民经济行业分组				
农、林、牧、渔业	1682	557	1446	236
采矿业	3361	998	3358	3
制造业	529900	208002	521881	8019
电力、热力、燃气及水生产和供应业	16913	4625	16771	142
建筑业	437987	54054	366188	71799
批发和零售业	182374	109166	175216	7158
交通运输、仓储和邮政业	145333	35508	139076	6257
住宿和餐饮业	46986	27345	42321	4665
信息传输、软件和信息技术服务业	145909	54394	145062	847
金融业	42418	21895	41372	1046
房地产业	54294	23312	51838	2456
租赁和商务服务业	87463	30050	84070	3393
科学研究和技术服务业	81089	24581	78931	2158
水利、环境和公共设施管理业	20086	8313	17696	2390
居民服务、修理和其他服务业	6719	2550	6588	131
教育	147483	79007	138563	8920
卫生和社会工作	63314	42796	59139	4175
文化、体育和娱乐业	25530	12004	24412	1118
公共管理、社会保障和社会组织	92132	28525	88890	3242

表3—7　全市城镇非私营单位分行业从业人数及构成（2015年）

计量单位：人

指　标	全　市	国有单位	城镇集体单位	其他类型单位
总　计	2130973	498111	24610	1608252
按单位属性分组				
企业	1779408	163131	16740	1599537
事业	266567	255525	7861	3181
机关	75449	75440	9	0
民间非营利组织	1878	55	0	1823
其他	7671	3960	0	3711
按国民经济行业分组				
农、林、牧、渔业	1682	1266	34	382
农业	467	396	19	52
林业	477	466		11
畜牧业	23	19	4	
渔业	113	113		
农、林、牧、渔服务业	602	272	11	319
采矿业	3361	41	42	3278
制造业	529900	14848	4160	510892
电力、热力、燃气及水生产和供应业	16913	7901	501	8511
电力、热力生产和供应业	8701	3869	421	4411
燃气生产和供应业	2756		15	2741
水的生产和供应业	5456	4032	65	1359
建筑业	437987	10465	1478	426044
房屋建筑业	300356	868	870	298618
土木工程建筑业	77609	7504	223	69882
建筑安装业	39639	666	118	38855
建筑装饰和其他建筑业	20383	1427	267	18689

表3—7 续表1

指 标	全 市			
		国有单位	城镇集体单位	其他类型单位
批发和零售业	182374	4848	1921	175605
批发业	72141	3537	625	67979
零售业	110233	1311	1296	107626
交通运输、仓储和邮政业	145333	47611	979	96743
铁路运输业	18613	18036	387	190
道路运输业	76003	19869	223	55911
水上运输业	22157	2768		19389
航空运输业	10120	627		9493
管道运输业	654			654
装卸搬运和运输代理业	6452	756	362	5334
仓储业	1884	343	7	1534
邮政业	9450	5212		4238
住宿和餐饮业	46986	6363	331	40292
住宿业	22732	5176	312	17244
餐饮业	24254	1187	19	23048
信息传输、软件和信息技术服务业	145909	25308	6	120595
电信、广播电视和卫星传输服务	76126	23930		52196
互联网和相关服务	3425	216		3209
软件和信息技术服务业	66358	1162	6	65190
金融业	42418	18290	1396	22732
货币金融服务	32148	15007	1383	15758
资本市场服务	3131	32	13	3086
保险业	6874	3097		3777
其他金融业	265	154		111

表3—7　续表2

指　标	全　市	国有单位	城镇集体单位	其他类型单位
房地产业	54294	1762	200	52332
房地产开发经营	16029	1008	25	14996
物业管理	33527	323	78	33126
房地产中介服务	3198	4	6	3188
租赁和商务服务业	87463	19565	3855	64043
租赁业	1200		53	1147
商务服务业	86263	19565	3802	62896
科学研究和技术服务业	81089	34494	443	46152
研究和试验发展	26693	22511	5	4177
专业技术服务业	48835	10087	362	38386
科技推广和应用服务业	5561	1896	76	3589
水利、环境和公共设施管理业	20086	14363	1432	4291
水利管理业	3107	3073	26	8
生态保护和环境治理业	1877	1354		523
公共设施管理业	15102	9936	1406	3760
居民服务、修理和其他服务业	6719	750	956	5013
居民服务业	2109	396	876	837
机动车、电子产品和日用产品修理业	3891	242	44	3605
其他服务业	719	112	36	571
教育	147483	134372	1123	11988
初等教育	20791	20360		431
中等教育	32732	30587	8	2137
高等教育	76843	74098		2745
卫生和社会工作	63314	51343	5453	6518

表3—7 续表3

指 标	全 市	国有单位	城镇集体单位	其他类型单位
卫生	61573	49613	5443	6517
社会工作	1741	1730	10	1
文化、体育和娱乐业	25530	13099	105	12326
新闻和出版业	6079	1738		4341
广播、电视、电影和影视录音制作业	9188	5995		3193
文化艺术业	5724	4214	82	1428
体育	1435	1058		377
娱乐业	3104	94	23	2987
公共管理、社会保障和社会组织	92132	91422	195	515
中国共产党机关	2952	2952		
国家机构	84642	84642		
人民政协、民主党派	782	782		
社会保障	1509	1377	132	
群众社团、社会团体和其他成员组织	1735	1669	63	3

表3—8 主要年份户籍人口数及自然变动情况

年份	年末户籍总人口（万人）	按农业、非农业分		按性别分		出生率（‰）	死亡率（‰）	自然增长率（‰）
		非农业人口	农业人口	男	女			
1949	256.70	102.02	154.68	136.68	120.02	30.45	17.36	13.09
1950	256.70	101.05	155.65	135.53	121.17	31.20	15.56	15.64
1952	256.18	96.99	159.19	133.82	122.36	34.40	14.57	19.83
1955	280.34	115.25	165.09	147.57	132.77	32.78	12.84	19.94
1957	304.85	133.83	171.02	160.03	144.82	42.75	9.60	33.15
1960	322.59	159.53	163.06	171.34	151.25	20.68	20.45	0.23
1962	322.55	149.10	173.45	166.56	155.99	36.87	8.27	28.60
1965	345.29	153.25	192.04	178.28	167.01	32.07	6.49	25.58
1970	360.53	132.47	228.06	185.69	174.84	26.04	5.28	20.76
1975	392.99	145.62	247.37	203.54	189.45	15.23	5.70	9.53
1978	412.38	156.37	256.01	213.65	198.73	14.50	5.66	8.84
1980	435.87	183.33	252.54	225.11	210.76	13.91	5.83	8.08
1985	465.77	226.70	239.07	241.64	224.13	10.16	5.60	4.56
1990	501.82	236.22	265.60	260.08	241.74	14.77	5.59	9.18
1995	521.72	259.04	262.68	270.77	250.95	8.56	5.94	2.62
1997	529.82	270.11	259.71	274.28	255.54	8.01	5.85	2.16
1998	532.31	276.23	256.08	275.41	256.90	7.12	6.12	1.00
1999	537.44	287.03	250.41	278.14	259.30	7.54	5.53	2.01
2000	544.89	309.52	235.37	281.66	263.23	10.17	7.69	2.48
2002	563.28	339.35	223.93	291.34	271.94	7.11	5.47	1.64
2005	595.80	—	—	305.25	290.55	7.69	5.35	2.34
2007	617.17	—	—	314.70	302.47	8.40	5.56	2.84
2008	624.46	—	—	317.38	307.08	8.11	5.60	2.51
2009	629.77	—	—	319.16	310.61	7.87	5.69	2.18
2010	632.42	—	—	319.65	312.77	9.09	7.87	1.22
2011	636.36	—	—	320.90	315.46	9.19	5.50	3.69
2012	638.48	—	—	321.39	317.09	10.29	6.88	3.41
2013	643.09	—	—	322.90	320.19	9.98	5.77	4.21
2014	648.72	—	—	325.04	323.68	11.04	5.84	5.20
2015	653.40	—	—	326.78	326.62	10.35	6.21	4.14

注：从2002年开始出生率、死亡率、自然增长率采用公安数据。

主要统计指标解释

人口数 指一定时点、一定地区范围内的有生命的个人的总和。

年度统计的年末人口数指每年 12 月 31 日 24 时的人口数。年度统计的全国人口总数内未包括台湾省和港澳同胞以及海外华侨人数。

城镇人口和乡村人口 其定义有三种口径：

第一种口径（按行政建制） 城镇人口是指市辖区内和县辖镇的全部人口；乡村人口是指县辖乡人口。

第二种口径（按常住人口划分） 城镇人口是指设区的市的区人口和不设区的市所辖的街道人口以及不设区的市所辖镇的居民委员会人口和县辖镇的居民委员会人口，乡村人口是除上述两种人口以外的全部人口。

第三种口径 城乡人口的划分是按照国家统计局 1999 年发布的《关于统计上划分城乡的规定（试行）》计算的。

1952-1989 年数据为第一种口径的数据，1990-1999 年的数据为第二种口径的数据，2000 年人口普查和 2000 年以后数据是按照国家统计局 1999 年发布的《关于统计上划分城乡的规定（试行）》计算的。

出生率（又称粗出生率） 指在一定时期内（通常为一年）一定地区的出生人数与同期内平均人数（或期中人数）之比。一般用千分率表示。

本资料中的出生率指年出生率，其计算公式为：出生率 = 年出生人数 / 年平均人数 ×1000

公式中：出生人数指活产婴儿，即胎儿脱离母体时（不管怀孕月数），有过呼吸或其他生命现象。年平均人数指年初、年底人口数的平均数，也可用年中人口数代替。

死亡率（又称粗死亡率） 指在一定时期内（通常为一年）一定地区的死亡人数与同期内平均人数（或期中人数）之比，一般用千分率表示。

本资料中的死亡率指年死亡率，其计算公式为：死亡率 = 年死亡人数 / 年平均人数 ×1000

人口自然增长率指在一定时期内（通常为一年）人口自然增加数（出生人数减死亡人数）与该时期内平均人数（或期中人数）之比，一般用千分率表示。

计算公式为：人口自然增长率 =（本年出生人数 - 本年死亡人数）/ 年平均人数 ×1000

常住人口 是指具有中华人民共和国国籍并在中华人民共和国境内常住的人。时间标准为半年，空间标准为乡镇街道。即只要一个人在某乡镇街道居住半年以上，即为该地的常住人口。

从业人员 指从事一定社会劳动并取得劳动报酬或经营收入的全部劳动力。包括：（1）全部城镇单位从业人员；（2）城镇私营企业从业人员；（3）个体劳动者；（4）社会劳动者；（5）其他社会劳动者。这一指标反映了一定时期内全部劳动力资源的实际利用情况，是研究我国基本国情国力的重要指标。

城镇非私营单位从业人员 指在各级国家机关、政党机关、社会团体及企业、事业单位中工作，取得工资或其他形式的劳动报酬的全部人员（在岗职工＋其他从业人员），不包括村办、乡办、私营、个体从业人员和离开本单位仍保留劳动关系的职工。其中：（1）在岗职工是指在城镇单位工作并由单位支付工资的人员。（2）其他从业人员包括：再就业的离退休人员、民办教师以及在各单位中工作的外方人员和港澳台方人员、兼职人员、借用的外单位人员和第二职业者等，反映了各城镇单位实际参加生产或工作的全部劳动力。

（四）人民生活

CHAPTER 4
PEOPLE'S LIVELIHOOD

表 4—1　城镇居民家庭生活基本情况

指　标	2015年	2014年	2015年为上年%
调查户数（户）	1460	1460	100.0
平均每户家庭常住人口（人）	2.82	2.83	99.6
平均每户就业人员（人）	1.56	1.65	94.5
每一就业者负担人口（包括本人）（人）	1.81	1.72	105.2
平均每户就业面（%）	55.3	58.3	94.9
平均每人年可支配收入（元）	46104	42568	108.3
平均每人年消费支出（元）	27794	25855	107.5
人均现住房建筑面积（平方米）	36.5	36.3	100.6

表 4—2　城镇居民家庭全年人均可支配收入

计量单位：元

指　标	2015年	2014年	2015年为上年%	比重%	
				2015年	2014年
一、可支配收入	46104	42568	108.3	100	100
（一）工资性收入	28707	26792	107.1	62.3	62.9
（二）经营净收入	5007	4645	107.8	10.9	10.9
（三）财产净收入	4952	4493	110.2	10.7	10.6
（四）转移净收入	7438	6638	112.0	16.1	15.6

注：城镇居民人均可支配收入按照五等份分组，低收入组为22542元、中等偏下收入组为33881元、中等收入组为41892元、中等偏上收入组为54230元、高收入组为87896元。

表 4—3　城镇居民家庭全年人均消费支出

计量单位：元

指　标	2015年	2014年	2015年为上年%	各项费用占消费支出比重（%）	
				2015年	2014年
消费支出合计	27794	25855	107.5	100.0	100.0
一、食品烟酒	7213	6713	107.5	26.0	26.0
# 食品	4828	4663	103.5	17.4	18.0
烟酒	809	747	108.4	2.9	2.9
二、衣着	2126	2067	102.8	7.6	8.0
# 衣类	1655	1606	103.1	6.0	6.2
鞋类	470	461	102.0	1.7	1.8
三、居住	6074	5711	106.4	21.9	22.1
四、生活用品及服务	1668	1549	107.7	6.0	6.0
五、交通通信	3593	3486	103.1	12.9	13.5
六、教育文化娱乐	4698	4058	115.8	16.9	15.7
七、医疗保健	1554	1437	108.1	5.6	5.6
八、其他用品和服务	868	833	104.2	3.1	3.2

表 4—4　城镇居民家庭平均每百户年末耐用消费品拥有量

指　标	2015年	2014年
家用汽车	40.4	38.7
摩托车	20.0	19.9
助力车	59.7	59.3
洗衣机	97.9	97.3
电冰箱（柜）	102.4	101.1
微波炉	92.1	91.0
彩色电视机	165.6	164.4
其中：接入有线电视	149.7	146.9
空调	210.2	203.5
热水器	108.6	108.0
其中：太阳能热水器	47.8	47.6
消毒碗柜	11.9	11.8
洗碗机	1.6	1.6
排油烟机	89.8	88.5
固定电话	69.6	68.5
移动电话	226.0	225.1
其中：接入互联网	126.3	119.8
计算机	105.5	101.0
其中：接入互联网	96.9	90.8
摄像机	15.4	16.1
照相机	58.3	57.8
中高档乐器	10.7	10.4
健身器材	8.0	7.5
组合音响	14.0	14.0

表 4—5 农村居民家庭基本情况

指 标	2015年	2014年
平均每户家庭常住人口（人）	3.32	3.29
平均每户就业人员（人）	2.51	2.63
平均每人年消费支出（元）	14041	12818
平均每人年可支配收入（元）	19483	17661
平均每人现住房建筑面积（平方米）	56.2	55.4
平均每户出售肉猪（公斤）	92.1	87.2
平均每户出售谷物（公斤）	508.6	408.8
平均每户出售油料（公斤）	17.4	16.6
平均每户出售渔业养殖产品（公斤）	55.2	111.6
平均每户年末实际经营耕地面积（亩）	2.29	2.26
平均每户年末实际经营林地面积（亩）	0.02	0.11
平均每户年末实际经营养殖水面面积（亩）	0.63	0.26

表 4—6　农村居民人均可支配收入构成

计量单位：元

指　标	2015年	2014年
人均可支配收入	19483	17661
一、工资性收入	13517	12868
1、工资	12933	12317
2、实物福利	161	151
3、其他	423	350
二、经营净收入	3139	2869
1、第一产业经营净收入	1364	1305
2、第二产业经营净收入	581	543
3、第三产业经营净收入	1194	1021
三、财产净收入	925	874
# 利息净收入	306	287
转让承包土地经营权租金净收入	242	224
出租房屋财产净收入	260	251
四、转移净收入	1902	1051
# 养老金或离退休金	1332	995
社会救济和补助	111	81
赡养收入	173	97
其他经常转移收入	251	208

表 4—7　农村居民人均消费支出构成

计量单位：元

指　标	2015年	2014年
一、消费支出	14041	12818
（一）食品烟酒	4230	3861
# 食品	2255	2051
烟酒	1077	999
饮食服务	739	663
（二）衣着	825	778
# 衣类	616	579
鞋类	209	199
（三）居住	2701	2515
# 租赁房房租	185	167
住房维修及管理	499	440
水电燃料	693	677
（四）生活用品及服务	882	795
# 家具及室内装饰品	128	113
家庭日用杂品	250	233
（五）交通通信	2035	1911
# 交通	1455	1382
通信	580	529
（六）教育文化娱乐	2038	1744
# 教育	868	756
文娱耐用消费品	211	177
其他文娱用品	173	148
文化娱乐服务	785	663
（七）医疗保健	829	742
# 医疗器具及药品	165	145
医疗服务	665	597
（八）其他用品及服务	500	473
# 其他用品	342	322
其他服务	158	151

表 4—8　农村居民家庭人均主要消费品购买量

指　标	2015年	2014年
大米（公斤）	33.1	33.7
蔬菜和食用菌（公斤）	46.8	46.2
食用植物油（公斤）	9.1	9.1
豆类（公斤）	8.1	7.7
肉类（公斤）	26.8	24.2
禽类（公斤）	15.9	14.2
蛋类（公斤）	7.8	7.3
水产品（公斤）	14.6	13.9
糖果糕点类（公斤）	5.9	5.6
鲜瓜果（公斤）	35.7	32.4
卷烟（盒）	54.4	54.7

表 4—9 农村居民家庭平均每百户年末耐用消费品拥有量

指 标	2015年	2014年
家用汽车	33.2	32.0
摩托车	57.3	57.1
助力车	94.9	92.8
洗衣机	93.7	93.5
电冰箱（柜）	109.5	105.2
微波炉	76.6	74.5
彩色电视机	168.9	166.8
其中：接入有线电视	151.8	150.3
空调	148.7	145.0
热水器	103.5	101.4
其中：太阳能热水器	90.2	89.4
消毒碗柜	4.0	4.1
洗碗机	1.0	1.1
排油烟机	55.7	53.2
固定电话	63.0	62.9
移动电话	256.7	255.6
其中：接入互联网	128.6	126.5
计算机	67.3	65.2
其中：接入互联网	57.5	54.1
摄像机	2.1	2.2
照相机	22.7	22.6
中高档乐器	3.0	3.0
健身器材	3.7	3.5
组合音响	10.9	11.2

表 4—10 全市城镇非私营单位从业人员工资总额（2015 年）

指 标	从业人员工资总额（千元）	在岗职工工资总额	其他人员工资总额	从业人员年平均人数（人）	从业人员年人均工资（元）
全 市	167154207	161226766	5927441	2117335	78946
按单位属性分组					
企业	133597975	128522638	5075337	1768493	75543
事业	25428434	24728060	700374	264871	96003
机关	7580670	7493606	87064	74912	101194
民间非营利组织	93012	86014	6998	1836	50660
其他	454116	396448	57668	7223	62871
按国民经济行业分组					
农、林、牧、渔业	68020	63534	4486	1702	39965
采矿业	193893	193560	333	3434	56463
制造业	37573949	36951832	622117	534594	70285
电力、热力、燃气及水生产和供应业	1685328	1678615	6713	17048	98858
建筑业	21988114	18705304	3282810	421316	52189
批发和零售业	11504571	11312072	192499	182033	63200
交通运输、仓储和邮政业	11980785	11741230	239555	145461	82364
住宿和餐饮业	2191888	2071639	120249	47027	46609
信息传输、软件和信息技术服务业	21131252	21049861	81391	148887	141928
金融业	8231884	8179021	52863	41605	197858
房地产业	3681381	3565939	115442	53952	68234
租赁和商务服务业	5236553	5089781	146772	86772	60348
科学研究和技术服务业	9056106	8907724	148382	81381	111280
水利、环境和公共设施管理业	1314056	1222173	91883	20206	65033
居民服务、修理和其他服务业	471068	466472	4596	6596	71417
教育	12776561	12394202	382359	146441	87247
卫生和社会工作	6634944	6373100	261844	62058	106915
文化、体育和娱乐业	2645532	2592396	53136	25557	103515
公共管理、社会保障和社会组织	8788322	8668311	120011	91265	96295

表 4—11 全市城镇非私营单位国有单位人员工资总额（2015 年）

指　标	从业人员工资总额（千元）	在岗职工工资总额	其他人员工资总额	从业人员年平均人数（人）	从业人员年人均工资（元）
全　市	46735776	45806663	929113	498150	93819
按单位属性分组					
企业	14287969	14100579	187390	165734	86210
事业	24646998	24008262	638736	253907	97071
机关	7580220	7493196	87024	74903	101200
民间非营利组织	2800	2800		55	50909
其他	217789	201826	15963	3551	61332
按国民经济行业分组					
农、林、牧、渔业	54736	52994	1742	1288	42497
采矿业	1651	1626	25	39	42333
制造业	1249089	1241292	7797	15277	81763
电力、热力、燃气及水生产和供应业	750147	748259	1888	7994	93839
建筑业	872634	854589	18045	10545	82753
批发和零售业	446513	433696	12817	4871	91668
交通运输、仓储和邮政业	4156328	4117966	38362	47474	87550
住宿和餐饮业	323549	307478	16071	6207	52126
信息传输、软件和信息技术服务业	2015886	2010760	5126	28422	70927
金融业	2870815	2834523	36292	18114	158486
房地产业	142500	137460	5040	1854	76861
租赁和商务服务业	984927	961939	22988	19019	51786
科学研究和技术服务业	4031064	3973742	57322	34180	117936
水利、环境和公共设施管理业	964921	882073	82848	14642	65901
居民服务、修理和其他服务业	61071	59329	1742	763	80041
教育	11948670	11647814	300856	133474	89521
卫生和社会工作	5664099	5485890	178209	50247	112725
文化、体育和娱乐业	1451091	1428131	22960	13179	110106
公共管理、社会保障和社会组织	8746085	8627102	118983	90561	96577

表4—12　全市城镇非私营单位集体单位从业人员工资总额（2015年）

指　标	从业人员工资总额（千元）	在岗职工工资总额	其他人员工资总额	从业人员年平均人数（人）	从业人员年人均工资（元）
全　市	1640035	1547561	92474	24493	66959
按单位属性分组					
企业	1088224	1054211	34013	16656	65335
事业	551361	492940	58421	7828	70434
机关	450	410	40	9	50000
民间非营利组织					
其他					
按国民经济行业分组					
农、林、牧、渔业	1404	1404		34	41294
采矿业	1221	1221		43	28395
制造业	210890	203923	6967	4296	49090
电力、热力、燃气及水生产和供应业	42112	41909	203	503	83722
建筑业	68909	63255	5654	1364	50520
批发和零售业	82082	80333	1749	1944	42223
交通运输、仓储和邮政业	64276	59687	4589	1011	63577
住宿和餐饮业	14094	14028	66	328	42970
信息传输、软件和信息技术服务业	425	425		6	70833
金融业	243997	242433	1564	1357	179806
房地产业	9481	8476	1005	200	47405
租赁和商务服务业	252635	240957	11678	3712	68059
科学研究和技术服务业	25017	24847	170	442	56600
水利、环境和公共设施管理业	76212	76156	56	1438	52999
居民服务、修理和其他服务业	38171	37359	812	974	39190
教育	63869	56628	7241	1118	57128
卫生和社会工作	425850	375715	50135	5425	78498
文化、体育和娱乐业	5979	5933	46	105	56943
公共管理、社会保障和社会组织	13411	12872	539	193	69487

表4—13 全市城镇非私营单位其他各种类型单位从业人员工资总额（2015年）

指　标	从业人员工资总额（千元）	在岗职工工资总额	其他人员工资总额	从业人员年平均人数（人）	从业人员年人均工资（元）
全　市	118778396	113872542	4905854	1594692	74484
按单位属性分组					
企业	118221782	113367848	4853934	1586103	74536
事业	230075	226858	3217	3136	73366
机关					
民间非营利组织	90212	83214	6998	1781	50652
其他	236327	194622	41705	3672	64359
按国民经济行业分组					
农、林、牧、渔业	11880	9136	2744	380	31263
采矿业	191021	190713	308	3352	56987
制造业	36113970	35506617	607353	515021	70121
电力、热力、燃气及水生产和供应业	893069	888447	4622	8551	104440
建筑业	21046571	17787460	3259111	409407	51407
批发和零售业	10975976	10798043	177933	175218	62642
交通运输、仓储和邮政业	7760181	7563577	196604	96976	80022
住宿和餐饮业	1854245	1750133	104112	40492	45793
信息传输、软件和信息技术服务业	19114941	19038676	76265	120459	158684
金融业	5117072	5102065	15007	22134	231186
房地产业	3529400	3420003	109397	51898	68006
租赁和商务服务业	3998991	3886885	112106	64041	62444
科学研究和技术服务业	5000025	4909135	90890	46759	106932
水利、环境和公共设施管理业	272923	263944	8979	4126	66147
居民服务、修理和其他服务业	371826	369784	2042	4859	76523
教育	764022	689760	74262	11849	64480
卫生和社会工作	544995	511495	33500	6386	85342
文化、体育和娱乐业	1188462	1158332	30130	12273	96835
公共管理、社会保障和社会组织	28826	28337	489	511	56411

表 4—14 全市城镇非私营单位在岗职工工资总额及平均工资（2015 年）

指　标	在岗职工工资总额（千元）	在岗职工年平均人数（人）	在岗职工年人均工资（元）
全　市	161226766	1988609	81075
按登记注册类型分组			
国有单位	45806663	477337	95963
城镇集体单位	1547561	22395	69103
其他单位	113872542	1488877	76482
内资	85127742	1095236	77725
港、澳、台商投资	9351839	124648	75026
外商投资	19392961	268993	72095
按单位属性分组			
企业	128522638	1658197	77507
事业	24728060	250159	98849
机关	7493606	72530	103317
民间非营利组织	86014	1644	52320
其他	396448	6079	65216
按国民经济行业分组			
农、林、牧、渔业	63534	1466	43338
采矿业	193560	3427	56481
制造业	36951832	526739	70152
电力、热力、燃气及水生产和供应业	1678615	16914	99244
建筑业	18705304	348074	53739
批发和零售业	11312072	174492	64829
交通运输、仓储和邮政业	11741230	139137	84386
住宿和餐饮业	2071639	43045	48127
信息传输、软件和信息技术服务业	21049861	147995	142234
金融业	8179021	40666	201127
房地产业	3565939	51476	69274
租赁和商务服务业	5089781	83356	61061
科学研究和技术服务业	8907724	79234	112423
水利、环境和公共设施管理业	1222173	17796	68677
居民服务、修理和其他服务业	466472	6461	72198
教育	12394202	137812	89936
卫生和社会工作	6373100	57976	109927
文化、体育和娱乐业	2592396	24447	106041
公共管理、社会保障和社会组织	8668311	88096	98396

表4—15 城镇非私营单位主要年份在岗职工工资总额及人均工资

年份	工资总额（万元）	#国有经济单位	#城镇集体经济单位	人均工资（元）	#国有经济单位	#城镇集体经济单位
1955	10448	10448	—	571	571	—
1960	23800	23800	—	548	548	—
1965	23054	23054	—	646	646	—
1970	23164	23164	—	582	582	—
1975	40954	30648	10306	546	587	452
1978	54649	41693	12956	560	615	441
1980	80362	58272	22090	730	785	616
1985	156556	104749	40143	1131	1193	996
1990	334781	253640	74359	2349	2514	1917
1995	1043754	800055	162415	7016	7589	5024
1997	1280823	1004362	166228	8847	9516	6004
1998	1343146	1016523	164861	9449	10059	6134
1999	1440432	941202	144030	10295	10779	6324
2000	1576409	1027036	134553	11897	12512	6815
2005	2716059	1482115	87548	25215	27922	12783
2007	3439839	1838467	99769	31905	36721	16620
2008	4076177	2209308	120106	36092	44880	20134
2009	4894546	2571369	142014	40134	50486	23225
2010	5703903	2897621	151423	45444	57373	26855
2011	7240564	3364479	154763	54713	67976	37105
2012	8456679	3847272	197582	60404	74560	43474
2013	13443124	3562962	157893	66381	81781	53890
2014	14998353	4114922	167717	72818	88295	61369
2015	16122677	4580666	154756	81075	95963	69103

注：2012年年报开始，城镇非私营单位离岗职工（离开本单位仍保留劳动关系，并定期领取生活费的人员）不包括在从业人员统计中，故原职工工资统计口径由原“在岗+离岗”改为“在岗+劳务派遣”。

表4—16 主要年份人民生活主要指标

年 份	城市居民人均可支配收入（元）	农村居民人均纯收入（元）	居民储蓄存款（万元）
1949	—	—	—
1952	—	—	1280
1957	—	—	4298
1962	—	—	4412
1965	—	—	7341
1970	—	—	8515
1975	—	—	14506
1978	—	—	21141
1979	—	—	28982
1980	487	—	37998
1985	823	530	137193
1990	1591	970	554614
1995	4996	2471	2681784
1997	6497	3533	4397445
1998	7018	3724	5052485
1999	7694	3862	5680472
2000	8233	4062	5966974
2002	9157	4579	10310053
2005	14997	6225	16774919
2007	20317	8020	20103100
2008	23123	8951	25658300
2009	25504	9858	31250000
2010	28312	11128	35720700
2011	32200	13108	39680300
2012	36322	14786	45320200
2013	39881	16531	49557600
2014	42568	17661	51356700
2015	46104	19483	55385400

注：从2002年起城乡储蓄存款余额包括外币。从2014年“农村居民人均纯收入”改为“农村居民人均可支配收入”。

主要统计指标解释

可支配收入 指调查户在调查期内获得的，可用于最终消费支出和储蓄的总和，即调查户可以用来自由支配的收入。可支配收入既包括现金，也包括实物收入。按照收入的来源，可支配收入包含四项，分别为：工资性收入、经营净收入、财产净收入和转移净收入。可以根据调查对象范围的不同，分为全体居民可支配收入、城镇居民可支配收入和农村居民可支配收入。

消费支出 指住户用于满足家庭日常生活消费需要的全部支出，包括用于消费品的支出和用于服务性消费的支出。根据用途不同，消费支出可划分为食品烟酒、衣着、居住、生活用品及服务、交通通信、教育文化娱乐、医疗保健、其他用品及服务八大类。可以根据调查对象范围的不同，分为全体居民消费支出、城镇居民消费支出和农村居民消费支出。

城乡居民储蓄存款余额 指某一时点城乡居民存入银行及农村信用社的储蓄金额，包括城镇居民储蓄存款和农民个人储蓄存款，不包括居民的手存现金和工矿企业、部队、机关、团体等单位存款。

职工工资总额 指各单位在一定时期内直接支付给本单位全部职工的劳动报酬总额。工资总额包括计时工资、计件工资、奖金、计件超额工资、各种津贴和补贴、加班加点工资、特殊情况下支付的工资（其他工资）等。

工资总额的计算原则应以直接支付给职工的全部劳动报酬为依据。各单位支付给职工的劳动报酬以及其他根据有关规定支付的工资，不论是计入成本的还是不计入成本的，不论是按国家规定列入计征奖金税项目的，还是未列入计征奖金税项目的，不论是以货币形式支付的还是以实物形式支付的，均包括在工资总额内。即凡是单位以各种名义发放的现金和实物，只要属于劳动报酬性质并且现行统计制度未明确规定不统计为工资的都应作为工资统计。

职工平均工资 指城镇企业、事业、机关单位的职工在一定时期内平均每人所得的工资额。它表明一定时期职工工资收入高低程度，是反映职工工资水平的主要指标。

计算公式为：职工平均工资＝报告期实际支付的全部职工工资总额 ÷ 报告期全部职工平均人数。

（五）价格指数

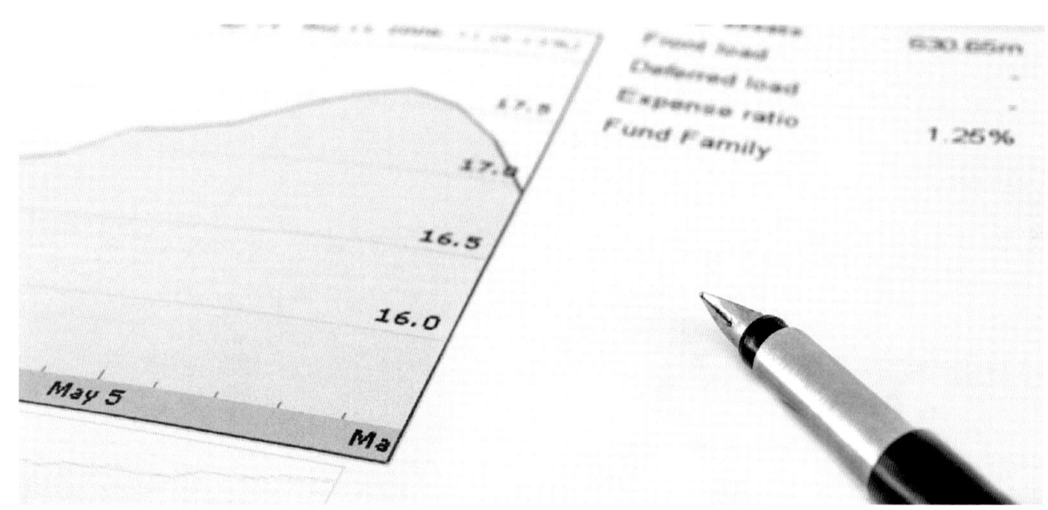

CHAPTER 5
PRICE INDICES

表 5—1 工业生产者出厂价格指数

指 标	2015年（以上年价格为100）	2014年（以上年价格为100）
总指数	90.5	97.3
# 轻工业	97.6	98.0
重工业	89.1	97.2
# 生产资料	89.1	97.0
生活资料	97.1	98.9
按工业行业大类分		
黑色金属矿采选业	64.5	85.2
有色金属矿采选业	98.1	93.2
非金属矿采选业	99.6	100.1
农副食品加工业	97.1	98.8
食品制造业	100.8	101.8
酒、饮料和精制茶制造业	99.1	99.7
烟草制品业	100.0	100.0
纺织业	98.9	100.1
纺织服装、服饰业	98.5	101.1
皮革、毛皮、羽毛及其制品和制鞋业	101.1	102.2
木材加工和木、竹、藤、棕、草制品业	109.4	101.3
家具制造业	101.4	101.6
造纸和纸制品业	95.2	97.7
印刷和记录媒介复制业	99.3	100.0
文教、工美、体育和娱乐用品制造业	93.5	99.4
石油加工、炼焦和核燃料加工业	71.6	96.0

表 5—1　续表

指　标	2015年 （以上年价格为100）	2014年 （以上年价格为100）
化学原料和化学制品制造业	81.3	99.6
医药制造业	95.5	97.8
化学纤维制造业	103.2	90.0
橡胶和塑料制品业	97.8	98.8
非金属矿物制品业	95.0	100.4
黑色金属冶炼和压延加工业	69.6	87.8
有色金属冶炼和压延加工业	97.7	94.8
金属制品业	100.3	101.1
通用设备制造业	100.0	100.5
专用设备制造业	100.4	98.8
汽车制造业	95.7	98.1
铁路、船舶、航空航天和其他运输设备制造业	93.8	98.5
电气机械和器材制造业	98.9	97.9
计算机、通信和其他电子设备制造业	97.7	96.0
仪器仪表制造业	99.6	98.9
废弃资源综合利用业	94.7	91.3
金属制品、机械和设备修理业	103.4	101.5
电力、热力生产和供应业	98.7	98.8
燃气生产和供应业	105.2	110.0
水的生产和供应业	102.2	101.6

表 5—2　城市居民消费价格指数

指　标	2015年 （以上年价格为100）	2014年 （以上年价格为100）
城市居民消费价格指数	102.0	102.6
一、食品	102.3	102.8
#粮食	104.0	101.4
干豆类及豆制品	102.9	102.8
油脂	94.5	92.7
肉禽及其制品	103.9	100.1
蛋	92.8	111.0
水产品	101.5	102.3
菜	108.0	98.8
干鲜瓜果	95.7	115.3
液体乳及乳制品	96.0	112.1
在外用膳食品	103.3	102.3
二、烟酒	100.8	97.9
三、衣着	105.4	103.9
四、家庭设备用品及维修服务	103.6	104.1
五、医疗保健和个人用品	101.3	100.5
六、交通和通信	98.6	100.7
七、娱乐教育文化用品及服务	103.7	103.8
八、居住	101.1	102.9

表5—3　城市商品零售价格指数

指　标	2015年 （以上年价格为100）	2014年 （以上年价格为100）
城市商品零售价格指数	100.6	102.0
一、食品	102.3	102.8
#粮食	104.0	101.4
干豆类及豆制品	102.9	102.8
油脂	94.5	92.7
肉禽及其制品	103.9	100.1
蛋	92.8	111.0
水产品	101.5	102.3
菜	108.0	98.8
干鲜瓜果	95.7	115.3
液体乳及乳制品	96.0	112.1
在外用膳食品	103.3	102.3
二、饮料、烟酒	101.8	98.5
三、服装、鞋帽	105.4	103.9
四、纺织品	100.3	110.4
五、家用电器及音像器材	101.2	102.8
六、文化办公用品	100.0	103.2
七、日用品	101.5	101.7
八、体育娱乐用品	101.6	104.8
九、交通、通信用品	99.3	101.3
十、家具	101.2	102.7
十一、化妆品	101.8	100.4
十二、金银珠宝	92.4	89.2
十三、中西药品及医疗保健用品	99.7	100.5
十四、书报杂志及电子出版物	106.6	102.3
十五、燃料	85.2	102.0
十六、建筑材料及五金电料	102.4	103.3

表 5—4 主要年份价格指数

（以上年价格为100）

年 份	城市居民消费价格指数	城市商品零售价格指数
1952	99.4	99.3
1957	102.2	102.5
1962	—	100.4
1965	—	97.3
1970	—	—
1975	99.8	99.9
1978	—	107.4
1979	101.1	101.1
1980	104.9	105.0
1985	110.1	110.5
1990	105.3	104.4
1995	115.1	111.2
1997	99.7	97.6
1998	100.0	98.2
1999	98.6	97.1
2000	100.0	99.2
2005	102.1	96.7
2007	103.7	99.9
2008	106.2	103.7
2009	100.1	98.7
2010	104.2	103.5
2011	105.4	104.2
2012	102.7	101.4
2013	102.7	101.2
2014	102.6	102.0
2015	102.0	100.6

注：本表1978年前数据为国营商业牌价。

主要统计指标解释

工业生产者价格指数 是通过调查收集部分代表企业的代表产品的价格变动资料进行加权计算的相对数，以反映工业产品价格变动趋势和变动程度。

居民消费价格指数 是度量一组代表性消费品及服务项目价格水平随着时间而变动的相对数，反映居民家庭购买的消费品及服务价格水平的变动情况。它是宏观经济分析和决策、价格总水平监测和调控以及国民经济核算的重要指标。其按年度计算的变动率通常被用来作为反映通货膨胀（或紧缩）程度的指标。

商品零售价格指数 是反映城乡商品零售价格变动趋势的一种经济指数。零售物价的调整变动直接影响到城乡居民的生活支出和国家的财政收入，影响居民购买力和市场供需平衡，影响消费与积累的比例。因此，计算零售价格指数，可以从一个侧面对上述经济活动进行观察和分析。

（六）农业

CHAPTER 6
AGRICULTURE

表 6—1　农村组织情况和从业人员情况（2015 年）

指　标	全 市	浦 口	栖 霞	雨花台	江 宁	六 合
一、农村基层组织情况（个）						
村委会个数	287	31	30		72	55
村民小组个数	12144	1199	484	145	4085	2563
二、农村人口、从业人员资源及主要行业分布						
乡村户数（万户）	64.03	7.07	2.81	0.97	15.86	14.46
乡村人口数（万人）	201.22	22.91	7.76	2.41	47.97	49.87
劳动年龄内人口数（万人）	118.90	13.91	5.09	1.73	29.86	28.60
#劳动年龄内上学的人口数	5.86	0.84	0.28	0.15	1.46	1.26
超过劳动年龄而实际参加劳动的人数	11.65	1.10	0.57	0.15	2.50	2.90
乡村实有从业人员合计（万人）	117.84	11.99	4.92	1.64	29.27	28.91
男从业人员	62.51	6.37	2.63	0.90	15.15	15.06
女从业人员	55.33	5.62	2.29	0.74	14.12	13.85
农林牧渔业从业人员（万人）	24.11	2.06	1.40	0.15	5.47	6.24
#种植业从业人员	18.26	1.44	1.27	0.03	4.60	5.45
工业从业人员（万人）	37.03	4.20	1.83	0.67	11.22	7.57
建筑业从业人员（万人）	23.85	1.52	0.41	0.20	4.68	6.21
交通运输业、仓储业和邮政业从业人员（万人）	7.27	0.88	0.29	0.17	1.63	1.63
信息传输、计算机服务和软件业从业人员（万人）	1.18	0.16	0.03	0.03	0.40	0.16
批发与零售业从业人员（万人）	8.16	1.09	0.25	0.16	1.66	2.42
住宿与餐饮业从业人员（万人）	4.42	0.70	0.10	0.09	0.93	1.20
金融、保险业从业人员（万人）	0.66	0.07	0.01	0.01	0.21	0.12
其他从业人员（万人）	11.16	1.31	0.60	0.16	3.07	3.36

表 6—1 续表

指 标	溧 水	高 淳
一、农村基层组织情况（个）		
村委会个数	39	60
村民小组个数	2199	1449
二、农村人口、从业人员资源及主要行业分布		
乡村户数（万户）	10.95	11.59
乡村人口数（万人）	32.32	37.09
劳动年龄内人口数（万人）	18.30	21.02
# 劳动年龄内上学的人口数	0.90	0.90
超过劳动年龄而实际参加劳动的人数（万人）	1.74	2.60
乡村实有从业人员合计（万人）	18.50	22.24
男从业人员	10.35	11.87
女从业人员	8.15	10.37
农林牧渔业从业人员（万人）	3.92	4.74
# 种植业从业人员	3.05	2.32
工业从业人员（万人）	5.87	5.61
建筑业从业人员（万人）	3.77	7.03
交通运输业、仓储业和邮政业从业人员（万人）	1.02	1.63
信息传输、计算机服务和软件业从业人员（万人）	0.25	0.12
批发与零售业从业人员（万人）	1.26	1.29
住宿与餐饮业从业人员（万人）	0.65	0.70
金融、保险业从业人员（万人）	0.14	0.09
其他从业人员（万人）	1.62	1.03

表6—2　农、林、牧、渔业总产值（现价）（2015年）

计量单位：万元

指　标	合计	农业	林业	牧业	渔业	农林牧渔服务业
全　市	4152664	2399141	219509	461894	872752	199368
增长（%）	3.3	4.1	6.6	-4.4	4.1	6.9
#浦口区	703759	374193	59992	104085	124963	40526
栖霞区	126436	104390	1034	8559	8455	3998
雨花台区	15834	2380	11196	1330	928	0
江宁区	980885	587454	32195	106292	221787	33157
六合区	967997	646288	45747	102945	139267	33750
溧水区	661620	408000	37930	69090	99540	47060
高淳区	692707	276436	31415	66167	277812	40877

注：增长速度按可比价计算。

表6—3　农、林、牧、渔业增加值（现价）（2015年）

计量单位：万元

指　标	合计	农业	林业	牧业	渔业	农林牧渔服务业
全　市	2437345	1527018	124862	182730	489314	113421
#浦口区	401491	239516	34448	42098	61441	23988
栖霞区	73341	61850	546	3396	5399	2150
雨花台区	8930	1322	6370	724	514	0
江宁区	580137	365239	18698	41695	135130	19375
六合区	580191	418034	25847	41082	76617	18611
溧水区	389200	261200	21200	26200	53800	26800
高淳区	402954	179857	17753	26434	156413	22497

表6—4 农业机械化、农业化学化、农田水利化情况（2015年）

指　　标	计量单位	2015年
一、农业机械化情况		
农用机械总动力合计	万千瓦	224.55
柴油发动机动力	万千瓦	148.86
汽油发动机动力	万千瓦	5.41
电动机动力	万千瓦	70.29
其他机械动力	万千瓦	
（一）耕作机械		
大中型拖拉机	台	4984
大中型拖拉机动力	万千瓦	24.92
小型拖拉机	台	23630
小型拖拉机动力	万千瓦	20.80
大中型拖拉机配套农具	部	7192
小型拖拉机配套农具	部	39984
（二）农用排灌机械		
柴油机	台	19906
柴油机动力	万千瓦	16.50
电动机	台	42665
电动机动力	万千瓦	49.95
农用水泵	万台	6.51
节水灌溉机械	套	4218
（三）收获机械		
联合收割机	台	2479
机动割晒机	台	
其他收获机械	台	4388
#秸秆粉碎还田机	台	3921

注：本表数据来源于市农业委员会。

表 6—4　续表 1

指　　标	计量单位	2015年
机动脱粒机	台	547
（四）田间管理机械		
# 机动喷雾（粉）机	台	18628
（五）林果业机械	台	2416
（六）畜牧养殖机械	台	3979
（七）渔业机械	台	38444
（八）农副产品初加工作业机械	台	9903
# 粮食加工机械	台	5076
棉花加工机械	台	1685
油料加工机械	台	786
（九）运输机械		
农用运输车	台	2927
# 三轮汽车	台	1222
三轮汽车动力	万千瓦	1.40
低速载货汽车	台	1705
低速载货汽车动力	万千瓦	5.61
手扶变型运输机	台	3959
农用挂车	台	703
（十）其他农业机械		
农田基本建设机械	台	1287
农田基本建设机械动力	万千瓦	7.45

注：本表数据来源于市农业委员会。

表6—4　续表2

指　标	计量单位	2015年
二、农业主要能源及物资消耗		
农村用电量	万千瓦小时	320084
农用化肥使用量（按折纯法计算）	吨	74480
氮肥	吨	38234
磷肥	吨	6355
钾肥	吨	4918
复合肥	吨	24973
农用塑料薄膜使用量	吨	5136
# 地膜使用量	吨	2634
地膜覆盖面积	公顷	19669
农用柴油	吨	24101
农药使用量	吨	1698
三、农田水利建设情况		
有效灌溉面积	千公顷	218.81
旱涝保收面积	千公顷	194.23
机电排灌面积	千公顷	169.47

表 6—5 农业主要产品生产情况（全社会）（2015 年）

指　标	播种面积（千公顷）	每公顷产量（公斤）	总产量（吨）
农作物总播种面积	316.88		
一、粮食作物合计	156.21	7302	1140617
（一）夏收粮食	47.12	5201	245081
1、夏收谷物	46.11	5251	242139
小麦	45.91	5257	241337
元麦			
大麦	0.2	4010	802
2、夏收豆类（蚕豌豆）	1.01	2913	2942
（二）秋收粮食	109.09	8209	895536
1、秋收谷物	100.23	8523	854295
稻谷	91.33	8733	797561
早稻			
中稻和一季晚稻	90.02	8728	785715
双季晚稻	1.31	9043	11846
稻谷中：籼稻	24.31	8323	202323
粳稻	64.74	8887	575338
糯稻	2.28	8728	19900
玉米	8.9	6375	56734
谷子			
高粱			
其他谷物			
2、秋收豆类	5.29	2619	13852
大豆	4.85	2656	12880
绿豆	0.29	2214	642
其他豆类	0.15	2200	330
3、秋收薯类（按五折一计算）	3.57	7672	27389

表6—5 续表

指 标	播种面积（千公顷）	每公顷产量（公斤）	总产量（吨）
二、油料合计	43.2	2510	108415
（一）花生	2.04	2857	5829
（二）油菜籽	39.69	2513	99743
（三）芝麻	1.47	1934	2843
（四）其他油料			
三、棉花（皮棉）	2.48	1547	3837
四、麻类合计	0.35	2449	857
#苎麻	0.35	2449	857
五、糖料合计	0.25	38728	9682
#甘蔗	0.24	40325	9678
六、烟叶合计			
#烤烟叶			
七、药材类合计	0.5		
八、蔬菜（含菜用瓜）	86.19	35365	3048126
九、瓜果类	9.05	34140	308965
#西瓜	7.81	35829	279828
甜瓜	0.39	28672	11182
草莓	0.85	21000	17850
十、其他农作物	18.65		
#青饲料	13.85		
绿肥	1.62		
附：常年种蔬菜面积	23.52		

表 6—8　畜牧业主要产品生产情况（2015 年）

指　标	当年出栏头数	年末存栏头数	肉产量（吨）
一、大牲畜（万头）	0.54	2.34	967
#从事农事劳役的		0.31	
1、牛	0.54	2.34	967
#黄牛			
良种及改良乳牛		1.46	
水牛	0.54	0.88	967
2、驴			
二、猪（万头）	76.78	47.31	56052
三、羊（万只）	22.86	10.99	3199
1、山羊	22.86	10.99	3199
2、绵羊			
四、家禽（万只）	2953.99	1066.75	44310
五、兔（万只）	13.86	3.35	205

表 6—8 续表

指　标	计量单位	2015年
六、肉类总产量	吨	104733
七、奶类产量	吨	79668
#牛奶产量	吨	79668
八、蜂蜜产量	吨	306
九、禽蛋产量	吨	72044
十、蚕茧产量	吨	11

表6—9 渔业生产情况（2015年）

指　标	计量单位	2015年
水产品总产量	吨	228662
# 鱼类	吨	164034
虾蟹类	吨	52284
贝类	吨	11179
其他类	吨	1165
# 内陆水域捕捞	吨	12141
内陆水域养殖	吨	216521
内陆水域养殖面积	千公顷	45.46
# 池塘养殖	千公顷	27.35
湖泊养殖	千公顷	2.48
河沟养殖	千公顷	8.82
水库养殖	千公顷	6.46
其他养殖	千公顷	0.35

注：本表数据来源于市农业委员会。

表 6—10　主要年份农林牧渔业总产值（现价）

计量单位：万元

年份	合计	农业	林业	牧业	渔业	农林牧渔服务业
1978	61713	48846	1013	10943	911	—
1980	77728	58761	1266	16009	1692	—
1985	154358	101895	3897	41969	6597	—
1990	308287	172537	4591	111029	20130	—
1995	764367	510727	13068	168272	72300	—
1997	942439	585783	16069	229413	111174	—
1998	979644	586628	16834	247533	128649	—
1999	989199	599064	19370	224822	145943	—
2000	1063412	616473	24033	253261	169645	—
2003	1325889	675733	18645	301214	244707	85590
2005	1553837	854544	19637	338746	293414	47496
2007	1749179	944763	22788	351247	373128	57253
2008	1940094	1051973	24505	400745	401579	61292
2009	2236617	1228116	30453	387016	477113	113919*
2010	2447531	1394403	31168	394385	506240	121335
2011	2835016	1624518	32153	470153	571982	136210
2012	3185439	1834683	33868	511676	654571	150641
2013	3513124	2052345	36620	520407	737894	165858
2015	4152664	2399141	219509	461894	872752	199368

说明：2009年农林牧渔服务业业产值根据第二次经济普查数据进行了调整。

表6—11 主要年份主要农产品产量

年份	粮食（万吨）	棉花（吨）	油料（吨）	麻类（吨）	蚕茧（吨）	园林水果（吨）
1949	37.84	836	9194	104	27	913
1950	49.53	892	10577	121	31	934
1955	72.44	2160	11024	595	118	1587
1960	45.84	656	7833	244	308	1448
1965	96.12	1825	10468	878	169	2887
1970	102.57	2360	9928	1693	565	4774
1975	120.44	2718	15841	2545	940	6492
1978	147.20	3621	21882	3593	797	5077
1980	138.01	5528	28025	2710	1095	9653
1985	173.70	4459	90542	9906	629	6802
1990	173.26	2392	96797	1727	487	8526
1995	168.57	3520	144872	1320	1127	13639
1997	182.51	4501	146179	1561	484	18530
1998	176.91	4838	106504	1631	580	18685
1999	169.77	3699	192144	1687	494	22032
2000	143.37	4461	220119	2318	536	23625
2005	96.54	5920	211685	4013	441	42495
2007	100.88	2325	124528	3841	394	68267
2008	114.43	4327	133405	2709	431	79304
2009	110.69	4016	134144	2378	119	107016
2010	110.64	4135	117697	2008	170	85273
2011	112.06	4319	104859	1659	139	99358
2012	117.50	4113	106317	1710	85	119842
2013	116.95	4217	107872	1569	85	145135
2014	114.72	4175	114711	1130	33	157721
2015	114.06	3837	108415	857	10.5	154459

主要统计指标解释

农林牧渔业总产值　指以货币表现的农、林、牧、渔业全部产品和对农业生产进行各种支持性服务活动的总量，它反映一定时期内农业生产总规模和总成果。从 2003 年开始农林牧渔业总产值执行新的国民经济行业分类标准，包括农业、林业、牧业、渔业、农林牧渔服务业，不再包括农民家庭兼营商品性工业。农林牧渔业总产值中的农、林、牧、渔四业的计算方法通常是按农、林、牧、渔业产品及其副产品的产量分别乘以各自单位产品价格求得，现行价格从 2003 年开始使用生产价格调查的价格；少数生产周期较长，当年没有产品或产品产量不易统计的，则采用间接方法匡算其产值；然后将四业产品产值与农林牧渔服务业产值相加即为农林牧渔业总产值。1957 年以前的农林牧渔业总产值中包括了厩肥和农民自给性手工业(如农民自制衣服、鞋、袜，自己从事粮食初步加工等)。1958 年及以后，林业中增加了村及村以下竹木采伐产值；牧业中取消了厩肥产值；副业中取消了农民自给性手工业产值，增加了村及村以下办的工业产值；渔业中增加了海洋捕捞水产品产值。1980 年及以后，在副业中增加了农民家庭兼营工业商品部分的产值。从 1984 年起村及村以下工业产值划归工业。从 1993 年起取消副业，将野生动物的捕猎划入牧业、野生植物采集和农民家庭兼营商品性工业划归农业，从 2003 年起不再包括农民家庭兼营商品性工业产值。1996 年第一次农业普查以后，由于畜牧业产品年报数据与普查数据之间存在一定的差距，国家统计局农调总队对畜牧业年报数据与普查数据进行衔接，相应的畜牧业产值进行调整。

粮食产量　指全社会的产量。包括国有经济经营的、集体统一经营的和农民家庭经营的粮食产量，还包括工矿企业办的农场和其他生产单位的产量。粮食除包括稻谷、小麦、玉米、高粱、谷子及其他杂粮外，还包括薯类和豆类。其产量计算方法，豆类按去豆荚后的干豆计算；薯类（包括甘薯和马铃薯，不包括芋头和木薯）1963 年以前按每 4 公斤鲜薯折 1 公斤粮食计算，从 1964 年开始改为按 5 公斤鲜薯折 1 公斤粮食计算。城市郊区作为蔬菜的薯类（如马铃薯等）按鲜品计算，并且不作粮食统计。其他粮食一律按脱粒后的原粮计算。

棉花产量　指全社会的产量。包括春播棉和夏播棉。产量按皮棉计算。

油料产量　指全部油料作物的生产量。包括花生、油菜籽、芝麻、向日葵籽、胡麻籽(亚麻籽)和其他油料。不包括大豆、木本油料和野生油料。花生以带壳干花生计算。

水产品产量　指人工养殖的水产品和天然生长的水产品的捕捞量。包括海水的鱼类、虾蟹类、贝类和藻类以及内陆水域的鱼类、虾蟹类和贝类，不包括淡水水生植物。

猪、牛、羊肉产量　指当年出栏并已屠宰、除去头蹄下水后带骨肉（即胴体重）的重量。

期初（末）畜禽存栏头（只）数　指报告期初（末）农村各种合作经济组织和国营农场、农民个人、机关、团体、学校、工矿企业、部队等单位以及城镇居民饲养的大牲畜、猪、羊、家禽等畜禽的存栏数。

耕地面积 是指年初可用来种植农作物并经常进行耕种、能够正常收获的土地。包括当年实际耕种的熟地、当年新开荒地、休闲不满三年随时可以复耕的地和当年休闲地以及以种植农作物为主并附带种植桑树、茶树、果树和其他林木的土地、沿海、沿湖地区已围垦利用的“海涂”、“湖田”等面积。不包括临时种植农作物的坡度在25度以上的陡坡地、在河套、湖畔、库区临时开发的成片或零星土地，属于专业性的桑园、茶园、果园、果木苗圃、林地、芦苇地、天然或人工草地面积、也不包括已列为国家和省（区、市）退耕计划但临时耕种的土地。

农作物播种面积 指实际播种或移植有农作物的面积。凡是实际种植有农作物的面积，不论种植在耕地上还是种植在非耕地上，均包括在农作物播种面积中。在播种季节基本结束后，因遭灾而重新改种和补种的农作物面积，也包括在内。

有效灌溉面积 指具有一定的水源，地块比较平整，灌溉工程或设备已经配套，在一般年景下当年能够进行正常灌溉的耕地面积。在一般情况下，有效灌溉面积应等于灌溉工程或设备已经配备，能够进行正常灌溉的水田和水浇地面积之和。

农用化肥施用量 指本年内实际用于农业生产的化肥数量，包括氮肥、磷肥、钾肥和复合肥。化肥施用量要求按折纯量计算数量。折纯量是指把氮肥、磷肥、钾肥分别按含氮、含五氧化二磷、含氧化钾的百分之一百成份进行折算后的数量。复合肥按其所含主要成分折算。

农业机械总动力 指主要用于农、林、牧、渔业的各种动力机械的动力总和。包括耕作机械、排灌机械、收获机械、农用运输机械、植物保护机械、牧业机械、林业机械、渔业机械和其他农业机械〔内燃机按引擎马力折成瓦（特）计算、电动机按功率折成瓦（特）计算〕。不包括专门用于乡、镇、村、组办工业、基本建设、非农业运输、科学试验和教学等非农业生产方面用的动力机械与作业机械。

大中型拖拉机 指发动机额定功率在14.7千瓦（含14.7千瓦即20马力）以上的拖拉机，有链轨式和轮式两种。

小型拖拉机 指发动机额定功率在2.2千瓦（含2.2千瓦）以上，小于14.7千瓦的拖拉机，包括小四轮与手扶式。

拖拉机配套农具 指由拖拉机牵引或悬挂的田间移动作业机具，例如：机引犁、拖耕机、机引耙、播种机等农具。与大中型拖拉机配套使用的农具称为大中型拖拉机配套农具，与小型拖拉机配套使用的农具称为小型拖拉机配套农具。

农林牧渔业劳动力 指全社会直接参加农林牧渔业生产活动的劳动力。

（七）工业和能源

CHAPTER 7
INDUSTRY AND ENERGY

表7—1 规模以上工业企业主要经济指标（2015年）

计量单位：千元

指 标	企业单位数（个）	#亏损企业	工业总产值	工业销售产值
总 计	2714	422	1290513386	1265048527
一、按经济类型分组：				
内资企业	2097	281	747501216	738718444
国有企业	23	5	20966200	20514709
集体企业	20	3	4620032	4558654
股份合作企业	8	4	387987	358182
联营企业	4		1087107	1089475
有限责任公司	569	97	282421635	280218831
股份有限公司	131	18	200238679	198265794
私营企业	1330	153	235781779	231756162
其他企业	12	1	1997797	1956637
港、澳、台商投资企业	198	39	97071333	96103684
外商投资企业	419	102	445940837	430226399
二、在总计中：国有控股	201	36	494637418	487254350
三、按轻重工业分组：				
轻工业	797	98	290403987	281949783
重工业	1917	324	1000109399	983098744
四、按企业规模分组：				
大型企业	95	13	587481595	580737547
中型企业	431	53	291046599	282240998
小微企业	2188	356	411985192	402069982
五、按隶属关系分组：				
中央	64	5	229000626	228893342
省	24	2	116127707	112044154
市	122	41	95223387	90829957
市以下	2504	374	850161666	833281074

注：1、我市规模以上工业的统计范围为“年主营业务收入2000万元及以上的工业企业”。
2、全市工业企业完成工业总产值13598.67亿元，其中：规模以下工业总产值693.53亿元。

表7—1　续表1

指　标	企业单位数（个）	#亏损企业	工业总产值	工业销售产值
六、按工业行业分组				
采矿业	12	2	2463076	2481479
煤炭开采和洗选业				
石油和天然气开采业				
黑色金属矿采选业	2	1	260096	260096
有色金属矿采选业	2	1	249953	245999
非金属矿采选业	8		1953027	1975384
开采辅助活动				
其他采矿业				
制造业	2666	416	1260463101	1234997675
农副食品加工业	58	8	15682675	15258284
食品制造业	57	9	12813066	12763859
酒、饮料和精制茶制造业	17	2	6034927	5348119
烟草制品业	1		20562046	20562046
纺织业	37	3	9064866	8924396
纺织服装、服饰业	172	18	40584618	39957522
皮革、毛皮、羽毛及其制品和制鞋业	24	5	8217239	8189384
木材加工和木、竹、藤、棕、草制品业	11	1	1644653	1632266
家具制造业	19	5	3336080	3109450
造纸和纸制品业	38	2	4829095	4768726
印刷和记录媒介复制业	46	10	4431032	4392369
文教、工美、体育和娱乐用品制造业	58	7	12208592	11924405
石油加工、炼焦和核燃料加工业	9		74449865	73575010

表7—1 续表2

指 标	企业单位数（个）	#亏损企业	工业总产值	工业销售产值
化学原料和化学制品制造业	231	43	172388681	170302047
医药制造业	59	5	25713754	24498372
化学纤维制造业	8	1	4735506	4398496
橡胶和塑料制品业	114	16	19033690	18957024
非金属矿物制品业	195	44	35525366	35081292
黑色金属冶炼和压延加工业	64	12	59564382	59375746
有色金属冶炼和压延加工业	57	7	30357018	29729231
金属制品业	203	25	44054042	43691063
通用设备制造业	248	44	48092258	47207391
专用设备制造业	185	21	26997999	26817518
汽车制造业	141	25	179068289	173250507
铁路、船舶、航空航天和其他运输设备制造业	86	5	38267422	37882441
电气机械和器材制造业	251	43	90784170	89239634
计算机、通信和其他电子设备制造业	178	37	236460542	228887393
仪器仪表制造业	83	14	31844649	31587349
其他制造业	2	1	36473	40844
废弃资源综合利用业	10	1	3016983	2987344
金属制品、机械和设备修理业	4	2	663123	658147
电力、燃气及水的生产和供应业	36	4	27587209	27569373
电力、热力生产和供应业	14		18654212	18658787
燃气生产和供应业	12	2	6653373	6653373
水的生产和供应业	10	2	2279624	2257213

表7—1 续表3

指 标	资产总计	流动资产	固定资产原价	累计折旧	负债	流动负债
总 计	1045540647	553106424	572918741	243279948	574292033	484508686
一、按经济类型分组：						
内资企业	760916042	406144473	379162370	158285447	428859551	361918068
国有企业	48788243	22945085	21733087	5649682	29998514	20279290
集体企业	1119418	613960	556438	291116	494715	490448
股份合作企业	1060084	870152	294978	164421	558856	431384
联营企业	913609	186061	1049115	333314	145293	105293
有限责任公司	359397524	203168076	167260540	66227197	210232410	173006734
股份有限公司	189767515	83992852	122554272	60875347	97336631	86019934
私营企业	156128546	91060439	65195354	24524581	86630060	78839716
其他企业	3741103	3307848	518586	219789	3463072	2745269
港、澳、台商投资企业	70082216	34536547	39036819	13415042	32680283	27336643
外商投资企业	214542389	112425404	154719552	71579459	112752199	95253975
二、在总计中：国有控股	499949681	254241460	285708038	130521205	277811201	226548357
三、按轻重工业分组：						
轻工业	186397039	103936550	88167013	32982393	81623620	69618720
重工业	859143608	449169874	484751728	210297555	492668413	414889966
四、按企业规模分组：						
大型企业	549541221	274641309	319929532	148264140	309547773	260561957
中型企业	239754276	134981305	123228590	46472434	129096740	108219298
小微企业	256245150	143483810	129760619	48543374	135647520	115727431
五、按隶属关系分组：						
中央	247161503	95917392	173886709	80022860	141405305	112619408
省	42116176	30395254	16211085	7941847	11475075	11375511
市	89764655	48804920	41759696	14570043	51771006	41892028
市以下	666498313	377988858	341061251	140745198	369640647	318621739

表7—1　续表4

指　标	资产总计	流动资产	固定资产原价	累计折旧	负债	流动负债
六、按工业行业分组						
采矿业	1678877	764470	831964	419641	1031101	981601
煤炭开采和洗选业						
石油和天然气开采业						
黑色金属矿采选业	529768	175935	268246	151280	364310	364310
有色金属矿采选业	476840	230003	288031	158643	331120	281620
非金属矿采选业	672269	358532	275687	109718	335671	335671
开采辅助活动						
其他采矿业						
制造业	986145996	536796989	521616654	226626422	543473466	466070259
农副食品加工业	8166663	3734714	3411255	1058316	4345452	3187993
食品制造业	11896003	4727919	5334157	2354742	3914637	3453521
酒、饮料和精制茶制造业	5571061	2422153	4194416	1563698	2447779	2390429
烟草制品业	21213876	17122127	3911008	2260801	2298259	2271667
纺织业	5852898	3014035	4191266	1947927	2610790	1983772
纺织服装、服饰业	19926981	12062545	8385153	3405985	8365738	7742463
皮革、毛皮、羽毛及其制品和制鞋业	2394578	1137755	1212469	511084	1034158	914712
木材加工和木、竹、藤、棕、草制品业	650689	470480	288465	125701	433899	433508
家具制造业	2493800	812648	2458229	1308609	669772	619905
造纸和纸制品业	4133939	2165830	2384920	653971	2220693	1577324
印刷和记录媒介复制业	6083546	3017218	3834869	1794126	2758787	2627931
文教、工美、体育和娱乐用品制造业	4273777	2365583	2094857	842233	1722118	1659350
石油加工、炼焦和核燃料加工业	22052367	7970265	21946464	11646322	12503576	12375836

表7—1　续表5

指　标	资产总计	流动资产	固定资产原价	累计折旧	负债	流动负债
化学原料和化学制品制造业	147126355	55496365	137866269	68500666	77893374	62966488
医药制造业	24249808	13195941	11415552	4008088	8530827	7742873
化学纤维制造业	6929694	3015130	4499339	1707564	4590826	4585857
橡胶和塑料制品业	13123368	7040712	8307631	3415163	7240499	5725972
非金属矿物制品业	39727894	21576465	21946418	9027968	23350707	20650407
黑色金属冶炼和压延加工业	78927318	22737010	74700822	31147766	51046545	44708473
有色金属冶炼和压延加工业	11887300	6567902	5044484	1946078	6321566	5757921
金属制品业	26433411	15192334	14134009	5364112	14715750	13672429
通用设备制造业	60277911	37626130	25223416	9758488	31670639	27721925
专用设备制造业	32195934	21465162	9564584	3391109	17663733	16018925
汽车制造业	91168941	59866576	40242140	18910497	59414905	49897477
铁路、船舶、航空航天和其他运输设备制造业	42101221	26510483	13245351	5676889	28026307	24808552
电气机械和器材制造业	93708128	68182634	23242029	8733622	56982670	53151901
计算机、通信和其他电子设备制造业	152393921	81994407	57638070	21252252	84243854	63889014
仪器仪表制造业	49559116	34627235	9348427	3593885	25913894	23013343
其他制造业	162883	125652	18311	2363	94506	94422
废弃资源综合利用业	1255992	460446	1382596	679541	346164	324827
金属制品、机械和设备修理业	206623	93133	149678	36856	101042	101042
电力、燃气及水的生产和供应业	57715774	15544965	50470123	16233885	29787466	17456826
电力、热力生产和供应业	31841586	5978410	35115822	13417211	16111774	8931616
燃气生产和供应业	5158502	1329750	3722720	968876	2409250	2360873
水的生产和供应业	20715686	8236805	11631581	1847798	11266442	6164337

表 7—1　续表 6

指　标	主营业务收　入	主营业务税金及附加	利税总额	盈亏相抵后利润总额	从业人员平均人数（人）
总　计	1218069564	44920561	169586097	83739314	784157
一、按经济类型分组：					
内资企业	754672253	39877073	117065880	49229596	520519
国有企业	18971043	88693	2852602	2030000	14798
集体企业	6709232	29200	432983	259446	3695
股份合作企业	382194	3239	37460	13915	1098
联营企业	1089475	7693	121150	59639	1040
有限责任公司	293615057	14146280	44874135	20533531	204180
股份有限公司	201616418	24390217	40059157	7689938	72636
私营企业	229768535	1198891	28607525	18644365	221509
其他企业	2520299	12860	80868	-1238	1563
港、澳、台商投资企业	83549728	378137	12184721	8084945	63642
外商投资企业	379847583	4665351	40335496	26424773	199996
二、在总计中：国有控股	464934232	41841017	100536829	39709501	184772
三、按轻重工业分组：					
轻工业	285630900	13555881	44878288	20024437	232008
重工业	932438664	31364680	124707809	63714877	552149
四、按企业规模分组：					
大型企业	577138394	39163591	81808454	24880643	291372
中型企业	284549523	1344019	36189226	24465652	223022
小微企业	356381647	4412951	51588417	34393019	269763
五、按隶属关系分组：					
中央	236243231	24412191	40369757	7760065	83906
省	70475467	15304487	40079737	19063313	14124
市	100698675	377214	6286469	4013114	55199
市以下	810652191	4826669	82850134	52902822	630928

表7—1 续表7

指　标	主营业务收　入	主营业务税金及附加	利税总额	盈亏相抵后利润总额	从业人员平均人数（人）
六、按工业行业分组					
采矿业	2407135	24016	112560	-7394	3761
煤炭开采和洗选业					
石油和天然气开采业					
黑色金属矿采选业	218052	4040	-64662	-80562	899
有色金属矿采选业	213699	8698	9060	-17410	890
非金属矿采选业	1975384	11278	168162	90578	1972
开采辅助活动					
其他采矿业					
制造业	1188608388	44703337	162972321	78912653	768083
农副食品加工业	15126261	56186	1487906	1045020	9319
食品制造业	13050589	62754	2059678	1348392	15880
酒、饮料和精制茶制造业	5427621	116376	883016	487197	5657
烟草制品业	20396691	12424242	18530890	3437559	1803
纺织业	8863342	40709	815405	502786	12176
纺织服装、服饰业	39828451	173525	4386359	2589987	59858
皮革、毛皮、羽毛及其制品和制鞋业	8117646	24856	994867	556852	7583
木材加工和木、竹、藤、棕、草制品业	1565308	6535	154298	83417	1214
家具制造业	3257645	22632	284663	118250	3169
造纸和纸制品业	4817308	12633	494652	366567	4327
印刷和记录媒介复制业	4318042	23302	439838	272509	8432
文教、工美、体育和娱乐用品制造业	13701928	86571	1267706	729012	16460
石油加工、炼焦和核燃料加工业	74058707	16420774	22549846	2622275	6603

表7—1 续表8

指 标	主营业务收入	主营业务税金及附加	利税总额	盈亏相抵后利润总额	从业人员平均人数（人）
化学原料和化学制品制造业	170858287	8002989	18787580	5484633	64742
医药制造业	26701991	209771	6258927	4113950	22343
化学纤维制造业	4068491	21170	154536	54905	6313
橡胶和塑料制品业	18757227	104681	1857413	1069641	20989
非金属矿物制品业	34615572	168357	3185126	1799462	33254
黑色金属冶炼和压延加工业	59764106	297357	-730624	-2151424	25679
有色金属冶炼和压延加工业	29571609	69690	2143450	1284229	8600
金属制品业	42863316	235320	6009502	4244997	32377
通用设备制造业	46398650	299763	6414977	4399774	51808
专用设备制造业	27219843	182275	4013385	2920431	30575
汽车制造业	140746402	4578040	31681814	21436413	62326
铁路、船舶、航空航天和其他运输设备制造业	38281533	131934	3684510	2492774	35403
电气机械和器材制造业	88829256	438628	12513046	8584771	61129
计算机、通信和其他电子设备制造业	212367244	283485	7373830	5029219	129366
仪器仪表制造业	31514394	187480	4870482	3758207	27521
其他制造业	49481	472	-7662	-10700	159
废弃资源综合利用业	2838558	14942	338046	189147	2463
金属制品、机械和设备修理业	632889	5888	74859	52401	555
电力、燃气及水的生产和供应业	27054041	193208	6501216	4834055	12313
电力、热力生产和供应业	18912379	150701	5594303	4171153	4878
燃气生产和供应业	5983863	18045	698411	551689	2948
水的生产和供应业	2157799	24462	208502	111213	4487

表 7—2 规模以上工业企业主要产品产量

产品名称	2015年	2014年	增长（%）
铁矿石原矿（吨）	592778	885179	-33.0
饲料（吨）	313200	346742	-9.7
精制食用植物油（吨）	23042	12739	80.9
饮料酒（千升）	300841	301286	-0.1
软饮料（吨）	1234026	1108944	11.3
卷烟（万支）	3564190	3417829	4.3
纱（吨）	28566	27784	2.8
布（万米）	649	604	7.5
服装（万件）	33576	33529	0.1
皮革鞋靴（万双）	288	309	-6.8
家具（件）	1074840	867042	24.0
机制纸及纸板（吨）	2385	2680	-11.0
原油加工量（吨）	27884364	25010156	11.5
汽油（吨）	6082620	5109220	19.1
煤油（吨）	4088411	2896616	41.1
柴油（吨）	6370192	6029164	5.7
液化石油气（吨）	1559093	1410841	10.5
焦炭（吨）	4014872	4242850	-5.4
硫酸（折 100%）（吨）	586184	566997	3.4
烧碱（折 100%）（吨）	181380	188616	-3.8
乙烯（吨）	1522046	1523392	-0.1
纯苯（吨）	595303	645330	-7.8

表 7—2 续表 1

产品名称	2015年	2014年	增长（%）
浓硝酸（折 100%）（吨）	155159	191155	-18.8
合成氨（无水氨）（吨）	253803	192922	31.6
农用氮、磷、钾化学肥料总计（折纯）（吨）	172858	140571	23.0
化学农药原药（折有效成分 100%）（吨）	167793	156632	7.1
涂料（吨）	333491	345056	-3.4
初级形态的塑料（吨）	1850099	1718713	7.6
合成橡胶（吨）	344475	360701	-4.5
合成纤维单体（吨）	1528492	1505896	1.5
化学药品原药（吨）	29	732	-96.0
中成药（吨）	3586	2857	25.5
化学纤维（吨）	186839	186683	0.1
橡胶轮胎外胎（条）	6861896	7091431	-3.2
塑料制品（吨）	217960	212074	2.8
水泥熟料（吨）	8533513	7817185	9.2
水泥（吨）	7922814	8469578	-6.5
日用玻璃制品（吨）	63349	65619	-3.5
生铁（吨）	15178611	15179908	0.0
粗钢（吨）	15436722	15070371	2.4
钢材（吨）	14045290	13148015	6.8
泵（台）	63094	53698	17.5
气体压缩机（台）	3585	4034	-11.1

表7—2　续表2

产品名称	2015年	2014年	增长（%）
汽车（辆）	428755	494242	-13.2
其中：基本型乘用车（轿车）	202635	233523	-13.2
客车	131244	138150	-5.0
载货汽车	43109	60086	-28.3
改装汽车（辆）	3474	4427	-21.5
摩托车整车（辆）	89104	175402	-49.2
民用钢质船舶（载重吨）	3756436	3558859	5.6
发电机组（发电设备）（千瓦）	3260000	3962000	-17.7
交流电动机（千瓦）	963650	1571499	-38.7
变压器（千伏安）	31068531	31821665	-2.4
家用电风扇（台）	1300440	1201720	8.2
家用洗衣机（台）	5274776	5793728	-9.0
电光源（万只）	2263	8777	-74.2
移动通信手持机（手机）（台）	9887009	19198146	-48.5
电子计算机整机（台）	3207784	665318	382.1
彩色电视机（台）	3962787	5573996	-28.9
其中：液晶（LCD）电视机	2420466	4346473	-44.3
发电量（万千瓦小时）	4982928	4984991	0.0
煤气生产量（万立方米）	2791185	2739189	1.9
自来水生产量（万立方米）	105402	102483	2.8

表 7—3　规模以上国有工业企业主要经济指标（2015 年）

计量单位：千元

指　标	企业单位数（个）	#亏损企业	工业总产值
总　计	23	5	20966200
一、按轻重工业分组：			
轻工业	7	2	1570971
重工业	16	3	19395229
二、按企业规模分组：			
大型企业	3	1	10078251
中型企业	9	1	8474564
小微企业	11	3	2413385
三、按行业分组：			
采矿业			
煤炭开采和洗选业			
石油和天然气开采业			
黑色金属矿采选业			
有色金属矿采选业			
非金属矿采选业			
开采辅助活动			
其他采矿业			
制造业	17	4	17503753
农副食品加工业	1		290870
食品制造业			
酒、饮料和精制茶制造业			
烟草制品业			
纺织业			
纺织服装、服饰业	1		149719
皮革、毛皮、羽毛及其制品和制鞋业			
木材加工和木、竹、藤、棕、草制品业			
家具制造业			

表7—3 续表1

指标	企业单位数（个）	#亏损企业	工业总产值
造纸和纸制品业			
印刷和记录媒介复制业	1	1	39524
文教、工美、体育和娱乐用品制造业			
石油加工、炼焦和核燃料加工业			
化学原料和化学制品制造业	3		4168616
医药制造业			
化学纤维制造业			
橡胶和塑料制品业	1		117280
非金属矿物制品业	2	2	59738
黑色金属冶炼和压延加工业			
有色金属冶炼和压延加工业			
金属制品业			
通用设备制造业	1	1	198483
专用设备制造业	1		409310
汽车制造业			
铁路、船舶、航空航天和其他运输设备制造业	3		6461894
电气机械和器材制造业			
计算机、通信和其他电子设备制造业			
仪器仪表制造业	3		5608319
其他制造业			
废弃资源综合利用业			
金属制品、机械和设备修理业			
电力、燃气及水的生产和供应业	6	1	3462447
电力、热力生产和供应业	1		2295965
燃气生产和供应业			
水的生产和供应业	5	1	1166482

表 7—3　续表 2

指　标	资产总计	流动资产	固定资产原价	累计折旧	负债	流动负债
总　计	48788243	22945085	21733087	5649682	29998514	20279290
一、按轻重工业分组：						
轻工业	11234502	3227341	6346330	908994	5640760	2622297
重工业	37553741	19717744	15386757	4740688	24357754	17656993
二、按企业规模分组：						
大型企业	29110009	14121416	9562816	1791515	16658556	12946933
中型企业	16180896	6123997	11168055	3468723	10737924	6001255
小微企业	3497338	2699672	1002216	389444	2602034	1331102
三、按行业分组：						
采矿业						
煤炭开采和洗选业						
石油和天然气开采业						
黑色金属矿采选业						
有色金属矿采选业						
非金属矿采选业						
开采辅助活动						
其他采矿业						
制造业	32850100	18676867	11160638	3521403	19566031	16044176
农副食品加工业	89325	14190	119268	44133	26550	26550
食品制造业						
酒、饮料和精制茶制造业						
烟草制品业						
纺织业						
纺织服装、服饰业	93866	36090	72792	15015	72945	72945
皮革、毛皮、羽毛及其制品和制鞋业						
木材加工和木、竹、藤、棕、草制品业						
家具制造业						

表7—3 续表3

指 标	资产总计	流动资产	固定资产原价	累计折旧	负债	流动负债
造纸和纸制品业						
印刷和记录媒介复制业	112000	45298	64820	41130	99658	99658
文教、工美、体育和娱乐用品制造业						
石油加工、炼焦和核燃料加工业						
化学原料和化学制品制造业	5769131	1050282	4955259	1301671	2839710	1622369
医药制造业						
化学纤维制造业						
橡胶和塑料制品业	26103	12135	14089	8325	20257	7851
非金属矿物制品业	559987	232858	363995	57900	199595	199595
黑色金属冶炼和压延加工业						
有色金属冶炼和压延加工业						
金属制品业						
通用设备制造业	764110	378790	347735	40625	602810	447000
专用设备制造业	352615	313005	333604	293994	314282	314282
汽车制造业						
铁路、船舶、航空航天和其他运输设备制造业	8982600	6939173	2840803	1375057	5142693	5091582
电气机械和器材制造业						
计算机、通信和其他电子设备制造业						
仪器仪表制造业	16100363	9655046	2048273	343553	10247531	8162344
其他制造业						
废弃资源综合利用业						
金属制品、机械和设备修理业						
电力、燃气及水的生产和供应业	15938143	4268218	10572449	2128279	10432483	4235114
电力、热力生产和供应业	4975583	1130935	4463143	1310754	4975582	1796676
燃气生产和供应业						
水的生产和供应业	10962560	3137283	6109306	817525	5456901	2438438

表7—3 续表4

指　标	主营业务收入	主营业务税金及附加	利税总　额	盈亏相抵后利润总额	从业人员平均人数（人）
总　计	18971043	88693	2852602	2030000	14798
一、按轻重工业分组：					
轻工业	1439724	14253	16782	-67551	4393
重工业	17531319	74440	2835820	2097551	10405
二、按企业规模分组：					
大型企业	9777461	18217	641231	515145	7133
中型企业	8275159	60132	2049743	1416284	6219
小微企业	918423	10344	161628	98571	1446
三、按行业分组：					
采矿业					
煤炭开采和洗选业					
石油和天然气开采业					
黑色金属矿采选业					
有色金属矿采选业					
非金属矿采选业					
开采辅助活动					
其他采矿业					
制造业	15609312	59125	2078385	1633923	10772
农副食品加工业	289070	7350	80401	50181	88
食品制造业					
酒、饮料和精制茶制造业					
烟草制品业					
纺织业					
纺织服装、服饰业	128335	881	9240	1352	1050
皮革、毛皮、羽毛及其制品和制鞋业					
木材加工和木、竹、藤、棕、草制品业					
家具制造业					

表7—3 续表5

指 标	主营业务收入	主营业务税金及附加	利税总额	盈亏相抵后利润总额	从业人员平均人数（人）
造纸和纸制品业					
印刷和记录媒介复制业	39524	522	72	-450	110
文教、工美、体育和娱乐用品制造业					
石油加工、炼焦和核燃料加工业					
化学原料和化学制品制造业	4204222	29913	1056635	779241	1161
医药制造业					
化学纤维制造业					
橡胶和塑料制品业	115493	73	629	72	28
非金属矿物制品业	56592	584	-1342	-5291	379
黑色金属冶炼和压延加工业					
有色金属冶炼和压延加工业					
金属制品业					
通用设备制造业	188290	1000	-8260	-16030	940
专用设备制造业	181598	3063	17732	9584	367
汽车制造业					
铁路、船舶、航空航天和其他运输设备制造业	4822299	1818	191991	180144	3510
电气机械和器材制造业					
计算机、通信和其他电子设备制造业					
仪器仪表制造业	5583889	13921	731287	635120	3139
其他制造业					
废弃资源综合利用业					
金属制品、机械和设备修理业					
电力、燃气及水的生产和供应业	3361731	29568	774217	396077	4026
电力、热力生产和供应业	2303312	23730	832570	504248	818
燃气生产和供应业					
水的生产和供应业	1058419	5838	-58353	-108171	3208

表 7—4　规模以上集体工业企业主要经济指标（2015 年）

计量单位：千元

指　标	企业单位数（个）	#亏损企业	工业总产值
总　计	20	3	4620032
一、按轻重工业分组：			
轻工业	11	1	3826629
重工业	9	2	793403
二、按企业规模分组：			
大型企业			
中型企业	4		2279901
小微企业	16	3	2340131
三、按行业分组：			
采矿业			
煤炭开采和洗选业			
石油和天然气开采业			
黑色金属矿采选业			
有色金属矿采选业			
非金属矿采选业			
开采辅助活动			
其他采矿业			
制造业	19	3	4491583
农副食品加工业	2		353294
食品制造业			
酒、饮料和精制茶制造业			
烟草制品业			
纺织业	2		832107
纺织服装、服饰业	2		326563
皮革、毛皮、羽毛及其制品和制鞋业			
木材加工和木、竹、藤、棕、草制品业			
家具制造业			

表7—4 续表1

指 标	企业单位数（个）	#亏损企业	工业总产值
造纸和纸制品业			
印刷和记录媒介复制业			
文教、工美、体育和娱乐用品制造业	3	1	1640637
石油加工、炼焦和核燃料加工业	1		48566
化学原料和化学制品制造业	3		724851
医药制造业			
化学纤维制造业			
橡胶和塑料制品业			
非金属矿物制品业	1	1	164561
黑色金属冶炼和压延加工业	1		39262
有色金属冶炼和压延加工业			
金属制品业	2		299443
通用设备制造业	1		27318
专用设备制造业			
汽车制造业			
铁路、船舶、航空航天和其他运输设备制造业			
电气机械和器材制造业			
计算机、通信和其他电子设备制造业			
仪器仪表制造业			
其他制造业			
废弃资源综合利用业			
金属制品、机械和设备修理业	1	1	34981
电力、燃气及水的生产和供应业	1		128449
电力、热力生产和供应业	1		128449
燃气生产和供应业			
水的生产和供应业			

表 7—4 续表 2

指　标	资产总计	流动资产	固定资产原价	累计折旧	负债	流动负债
总　计	1119418	613960	556438	291116	494715	490448
一、按轻重工业分组：						
轻工业	818490	418640	470125	252667	294795	290528
重工业	300928	195320	86313	38449	199920	199920
二、按企业规模分组：						
大型企业						
中型企业	468373	281264	293670	147397	157752	157752
小微企业	651045	332696	262768	143719	336963	332696
三、按行业分组：						
采矿业						
煤炭开采和洗选业						
石油和天然气开采业						
黑色金属矿采选业						
有色金属矿采选业						
非金属矿采选业						
开采辅助活动						
其他采矿业						
制造业	1065003	561383	553837	290353	458621	454354
农副食品加工业	77364	38542	46455	17894	41062	41062
食品制造业						
酒、饮料和精制茶制造业						
烟草制品业						
纺织业	186157	71484	191632	76959	55152	55152
纺织服装、服饰业	37860	29165	11956	8439	7312	7312
皮革、毛皮、羽毛及其制品和制鞋业						
木材加工和木、竹、藤、棕、草制品业						
家具制造业						

表7—4 续表3

指 标	资产总计	流动资产	固定资产原价	累计折旧	负债	流动负债
造纸和纸制品业						
印刷和记录媒介复制业						
文教、工美、体育和娱乐用品制造业	318441	253367	71752	54436	133749	129482
石油加工、炼焦和核燃料加工业	24991	23211			11701	11701
化学原料和化学制品制造业	317204	75834	163742	96268	143226	143226
医药制造业						
化学纤维制造业						
橡胶和塑料制品业						
非金属矿物制品业	36759	35834			22946	22946
黑色金属冶炼和压延加工业	9835	4711	7865	3080	6439	6439
有色金属冶炼和压延加工业						
金属制品业	37771	13405	54034	29668	21553	21553
通用设备制造业	8051	5977	2960	886	7322	7322
专用设备制造业						
汽车制造业						
铁路、船舶、航空航天和其他运输设备制造业						
电气机械和器材制造业						
计算机、通信和其他电子设备制造业						
仪器仪表制造业						
其他制造业						
废弃资源综合利用业						
金属制品、机械和设备修理业	10570	9853	3441	2723	8159	8159
电力、燃气及水的生产和供应业	54415	52577	2601	763	36094	36094
电力、热力生产和供应业	54415	52577	2601	763	36094	36094
燃气生产和供应业						
水的生产和供应业						

表 7—4　续表 4

指　标	主营业务收入	主营业务税金及附加	利税总额	盈亏相抵后利润总额	从业人员平均人数（人）
总　计	6709232	29200	432983	259446	3695
一、按轻重工业分组：					
轻工业	5836451	26340	360745	210742	2546
重工业	872781	2860	72238	48704	1149
二、按企业规模分组：					
大型企业					
中型企业	4357996	20248	202588	111933	1633
小微企业	2351236	8952	230395	147513	2062
三、按行业分组：					
采矿业					
煤炭开采和洗选业					
石油和天然气开采业					
黑色金属矿采选业					
有色金属矿采选业					
非金属矿采选业					
开采辅助活动					
其他采矿业					
制造业	6590871	28325	407101	236286	3602
农副食品加工业	330916	1993	47002	28940	196
食品制造业					
酒、饮料和精制茶制造业					
烟草制品业					
纺织业	821748	3606	117332	68941	794
纺织服装、服饰业	323652	1168	20747	12711	445
皮革、毛皮、羽毛及其制品和制鞋业					
木材加工和木、竹、藤、棕、草制品业					
家具制造业					

表7—4 续表5

指 标	主营业务收入	主营业务税金及附加	利税总额	盈亏相抵后利润总额	从业人员平均人数（人）
造纸和纸制品业					
印刷和记录媒介复制业					
文教、工美、体育和娱乐用品制造业	3694768	16138	53085	17662	813
石油加工、炼焦和核燃料加工业	48566	284	4113	1451	19
化学原料和化学制品制造业	817475	3806	126612	84013	544
医药制造业					
化学纤维制造业					
橡胶和塑料制品业					
非金属矿物制品业	166441	18	-2618	-2636	219
黑色金属冶炼和压延加工业	39119	93	4688	2964	59
有色金属冶炼和压延加工业					
金属制品业	291418	976	34460	22538	403
通用设备制造业	27318	91	890	149	70
专用设备制造业					
汽车制造业					
铁路、船舶、航空航天和其他运输设备制造业					
电气机械和器材制造业					
计算机、通信和其他电子设备制造业					
仪器仪表制造业					
其他制造业					
废弃资源综合利用业					
金属制品、机械和设备修理业	29450	152	790	-447	40
电力、燃气及水的生产和供应业	118361	875	25882	23160	93
电力、热力生产和供应业	118361	875	25882	23160	93
燃气生产和供应业					
水的生产和供应业					

表7—5　规模以上有限责任公司工业企业主要经济指标（2015年）

计量单位：千元

指　标	企业单位数（个）	#亏损企业	工业总产值
总　计	1985	274	764968494
一、按经济类型分组：			
国有独资公司	34	4	48152556
私营有限责任公司	1186	138	197607253
与港澳台商合资经营	83	19	39473605
中外合资经营	147	20	245466001
其他有限责任公司	535	93	234269079
二、按轻重工业分组：			
轻工业	586	58	181900222
重工业	1399	216	583068272
三、按企业规模分组：			
大型企业	51	4	248092434
中型企业	286	34	196180178
小微企业	1648	236	320695882
四、按行业分组：			
采矿业	12	2	2463076
煤炭开采和洗选业			
石油和天然气开采业			
黑色金属矿采选业	2	1	260096
有色金属矿采选业	2	1	249953
非金属矿采选业	8		1953027
开采辅助活动			
其他采矿业			
制造业	1952	269	743319014
农副食品加工业	45	7	9249144
食品制造业	46	5	11714271
酒、饮料和精制茶制造业	11	1	4895469
烟草制品业	1		20562046
纺织业	28	2	4951677
纺织服装、服饰业	130	14	32360750
皮革、毛皮、羽毛及其制品和制鞋业	15	1	2701499
木材加工和木、竹、藤、棕、草制品业	9	1	1187998

表7—5 续表1

指　标	企业单位数（个）	#亏损企业	工业总产值
家具制造业	16	3	1503960
造纸和纸制品业	31	1	2719859
印刷和记录媒介复制业	41	7	3959385
文教、工美、体育和娱乐用品制造业	39	4	7783483
石油加工、炼焦和核燃料加工业	6		4164383
化学原料和化学制品制造业	151	22	76822348
医药制造业	41	3	13299827
化学纤维制造业	7	1	3087536
橡胶和塑料制品业	83	9	14400942
非金属矿物制品业	158	36	28724375
黑色金属冶炼和压延加工业	43	11	39094527
有色金属冶炼和压延加工业	46	6	24291845
金属制品业	161	19	30703252
通用设备制造业	179	29	34762242
专用设备制造业	136	12	18571189
汽车制造业	99	14	164625944
铁路、船舶、航空航天和其他运输设备制造业	71	4	28826667
电气机械和器材制造业	174	25	53637352
计算机、通信和其他电子设备制造业	111	20	91410638
仪器仪表制造业	62	9	10787073
其他制造业	2	1	36473
废弃资源综合利用业	8	1	2439207
金属制品、机械和设备修理业	2	1	43653
电力、燃气及水的生产和供应业	21	3	19186404
电力、热力生产和供应业	8		12784677
燃气生产和供应业	9	2	5567288
水的生产和供应业	4	1	834439

表 7—5　续表 2

指　标	资产总计	流动资产	固定资产原价	累计折旧	负债	流动负债
总　计	633789817	355714670	323662957	135729677	353238991	301622358
一、按经济类型分组：						
国有独资公司	80584408	46685039	39914230	18098242	34703837	29941008
私营有限责任公司	128772203	75919812	52809064	19714897	71756600	64789293
与港澳台商合资经营	34720577	18505097	17194341	6841366	15458628	14359504
中外合资经营	110899513	58121685	86399012	42946217	55791353	49466827
其他有限责任公司	278813116	156483037	127346310	48128955	175528573	143065726
二、按轻重工业分组：						
轻工业	111884018	65998227	47087750	18778723	46516317	41931428
重工业	521905799	289716443	276575207	116950954	306722674	259690930
三、按企业规模分组：						
大型企业	308454572	164566528	167165583	75777917	176751602	145207035
中型企业	146757099	86598922	71812971	27398289	80883614	70360948
小微企业	178578146	104549220	84684403	32553471	95603775	86054375
四、按行业分组：						
采矿业	1678877	764470	831964	419641	1031101	981601
煤炭开采和洗选业						
石油和天然气开采业						
黑色金属矿采选业	529768	175935	268246	151280	364310	364310
有色金属矿采选业	476840	230003	288031	158643	331120	281620
非金属矿采选业	672269	358532	275687	109718	335671	335671
开采辅助活动						
其他采矿业						
制造业	598750765	346458068	291688693	125023858	336956019	289899155
农副食品加工业	6209320	2491628	2437952	635856	3374790	2400436
食品制造业	10170388	3904733	4136559	1657080	3323243	2939955
酒、饮料和精制茶制造业	2796127	1351169	2218601	1068626	1517152	1496788
烟草制品业	21213876	17122127	3911008	2260801	2298259	2271667
纺织业	2355174	1212143	1471129	820968	1231351	1199952
纺织服装、服饰业	14650215	8987867	6341134	2631627	6356945	6089696
皮革、毛皮、羽毛及其制品和制鞋业	724368	344867	453723	141118	365597	365349
木材加工和木、竹、藤、棕、草制品业	474086	330093	239439	105738	332327	331936

表7—5 续表3

指 标	资产总计	流动资产	固定资产原价	累计折旧	负债	流动负债
家具制造业	1277236	717412	569058	123197	592286	542419
造纸和纸制品业	1730135	940879	938143	339290	1017669	914012
印刷和记录媒介复制业	5202101	2656867	3143955	1480696	2356262	2242943
文教、工美、体育和娱乐用品制造业	2225160	1147651	1295285	477985	1002565	971608
石油加工、炼焦和核燃料加工业	4013369	2600871	772715	418058	1377711	1318047
化学原料和化学制品制造业	81328483	34158927	72191512	36492153	45563462	38505171
医药制造业	13792436	8249238	4618651	1864226	5385107	4928967
化学纤维制造业	2911934	1135560	2810692	1157000	2003576	2000165
橡胶和塑料制品业	11212431	5981864	7091343	2904583	6339270	5043670
非金属矿物制品业	31524137	17714144	17590398	7283038	19700529	17735841
黑色金属冶炼和压延加工业	47789038	16962385	39295691	14857544	30451427	24314197
有色金属冶炼和压延加工业	7158924	4269290	2423729	953603	3418558	3288817
金属制品业	17991281	9858588	9809237	3687811	8947446	8132447
通用设备制造业	44770623	30123428	16928982	7422682	24370721	21833972
专用设备制造业	21798159	14367440	6243190	2018552	12299195	10887008
汽车制造业	78913699	53544460	32950997	16577103	52342198	44253166
铁路、船舶、航空航天和其他运输设备制造业	29644935	17200013	9464761	3901141	20856578	17735249
电气机械和器材制造业	50191560	38787109	10664032	4014941	27727229	26962736
计算机、通信和其他电子设备制造业	76944229	44162373	27044060	7238305	47581543	36906665
仪器仪表制造业	8847352	5583631	3932084	2014913	4384737	3849411
其他制造业	162883	125652	18311	2363	94506	94422
废弃资源综合利用业	671264	380524	665432	466008	315468	314131
金属制品、机械和设备修理业	55842	45135	16890	6852	28312	28312
电力、燃气及水的生产和供应业	33360175	8492132	31142300	10286178	15251871	10741602
电力、热力生产和供应业	20844940	3581548	22796320	8564237	8263305	5460222
燃气生产和供应业	4348666	999622	3368572	847393	2250742	2212365
水的生产和供应业	8166569	3910962	4977408	874548	4737824	3069015

表 7—5　续表 4

指　标	主营业务收入	主营业务税金及附加	利税总额	盈亏相抵后利润总额	从业人员平均人数（人）
总　计	723110472	19628950	109022817	62583202	487872
一、按经济类型分组：					
国有独资公司	50346108	12578786	21862997	5728610	35780
私营有限责任公司	193277516	1019733	23896247	15407279	192332
与港澳台商合资经营	38686687	237270	7468740	5000948	28863
中外合资经营	197531212	4225667	32783695	21641444	62497
其他有限责任公司	243268949	1567494	23011138	14804921	168400
二、按轻重工业分组：					
轻工业	175605498	13130470	35815094	14224809	153929
重工业	547504974	6498480	73207723	48358393	333943
三、按企业规模分组：					
大型企业	262829015	14792838	41327335	16777135	139635
中型企业	190995928	836402	22711591	15227341	148176
小微企业	269285529	3999710	44983891	30578726	200061
四、按行业分组：					
采矿业	2407135	24016	112560	-7394	3761
煤炭开采和洗选业					
石油和天然气开采业					
黑色金属矿采选业	218052	4040	-64662	-80562	899
有色金属矿采选业	213699	8698	9060	-17410	890
非金属矿采选业	1975384	11278	168162	90578	1972
开采辅助活动					
其他采矿业					
制造业	701897844	19476190	104360215	59080884	477849
农副食品加工业	9199020	44933	1142268	769106	7741
食品制造业	11991456	54807	1949044	1302927	13619
酒、饮料和精制茶制造业	4237380	28737	634337	386357	4480
烟草制品业	20396691	12424242	18530890	3437559	1803
纺织业	4789705	26544	587587	364170	7682
纺织服装、服饰业	31788897	138312	3563846	2048041	45688
皮革、毛皮、羽毛及其制品和制鞋业	2612837	18127	325662	196317	4421
木材加工和木、竹、藤、棕、草制品业	1158377	4943	120623	68104	903

表7—5 续表5

指标	主营业务收入	主营业务税金及附加	利税总额	盈亏相抵后利润总额	从业人员平均人数（人）
家具制造业	1528516	8948	199905	120176	2518
造纸和纸制品业	2751096	10962	281054	180742	3157
印刷和记录媒介复制业	3854125	21960	438727	279945	7430
文教、工美、体育和娱乐用品制造业	7459078	50412	839521	488607	11274
石油加工、炼焦和核燃料加工业	4618006	24658	384834	264027	1826
化学原料和化学制品制造业	78148858	293846	5700683	3116606	43984
医药制造业	12911104	157167	3774448	2340312	13224
化学纤维制造业	2725321	12940	90916	35355	3361
橡胶和塑料制品业	14339365	81399	1357082	767428	16119
非金属矿物制品业	28160017	130884	2570146	1474718	24277
黑色金属冶炼和压延加工业	37445921	225122	-359184	-1273558	18503
有色金属冶炼和压延加工业	23969029	45808	1741112	1111383	4938
金属制品业	29769976	185610	4191060	2867733	23389
通用设备制造业	33503798	228993	5286648	3743121	34681
专用设备制造业	19213126	100573	2779845	2049348	22009
汽车制造业	126585408	4522866	30340400	20465349	49630
铁路、船舶、航空航天和其他运输设备制造业	30513025	111947	3137936	2136730	27281
电气机械和器材制造业	50307870	239219	7971281	5708073	30839
计算机、通信和其他电子设备制造业	95038368	207091	5004057	3430452	40585
仪器仪表制造业	10537957	63682	1502433	1051401	10047
其他制造业	49481	472	-7662	-10700	159
废弃资源综合利用业	2250378	10597	274873	158819	2065
金属制品、机械和设备修理业	43658	389	5843	2236	216
电力、燃气及水的生产和供应业	18805493	128744	4550042	3509712	6262
电力、热力生产和供应业	13078337	100121	3869079	2973107	2862
燃气生产和供应业	4897747	16185	526538	421379	2423
水的生产和供应业	829409	12438	154425	115226	977

表 7—6　规模以上股份有限公司工业企业主要经济指标（2015 年）

计量单位：千元

指　标	企业单位数（个）	#亏损企业	工业总产值
总　计	233	37	231516942
一、按经济类型分组：			
股份有限公司	131	18	200238679
私营股份有限公司	90	14	29734345
港澳台商投资股份有限公司	7	2	1227912
外商投资股份有限公司	5	3	316006
二、按轻重工业分组：			
轻工业	57	13	17267918
重工业	176	24	214249024
三、按企业规模分组：			
大型企业	14	1	178277816
中型企业	51	3	30864058
小微企业	168	33	22375068
四、按行业分组：			
采矿业			
煤炭开采和洗选业			
石油和天然气开采业			
黑色金属矿采选业			
有色金属矿采选业			
非金属矿采选业			
开采辅助活动			
其他采矿业			
制造业	228	37	227964006
农副食品加工业	1		189920
食品制造业	2	1	115223
酒、饮料和精制茶制造业			
烟草制品业			
纺织业	3	1	539394
纺织服装、服饰业	9	3	1514592
皮革、毛皮、羽毛及其制品和制鞋业	1	1	237948
木材加工和木、竹、藤、棕、草制品业			

表7—6 续表1

指　标	企业单位数（个）	#亏损企业	工业总产值
家具制造业	2	1	1792790
造纸和纸制品业	2		171415
印刷和记录媒介复制业	3	2	312449
文教、工美、体育和娱乐用品制造业	5	1	1344547
石油加工、炼焦和核燃料加工业	1		70200060
化学原料和化学制品制造业	23	2	64893089
医药制造业	9		5518358
化学纤维制造业	1		1647970
橡胶和塑料制品业	7	2	977011
非金属矿物制品业	16	1	4197353
黑色金属冶炼和压延加工业	3	1	18119193
有色金属冶炼和压延加工业	5		4933116
金属制品业	20	4	9984341
通用设备制造业	22	3	3536416
专用设备制造业	19	3	3879507
汽车制造业	5	1	1857401
铁路、船舶、航空航天和其他运输设备制造业	6		1638765
电气机械和器材制造业	36	6	12791539
计算机、通信和其他电子设备制造业	14		4561208
仪器仪表制造业	12	4	12425912
其他制造业			
废弃资源综合利用业			
金属制品、机械和设备修理业	1		584489
电力、燃气及水的生产和供应业	5		3552936
电力、热力生产和供应业	3		3217640
燃气生产和供应业	1		56593
水的生产和供应业	1		278703

表 7—6　续表 2

指　标	资产总计	流动资产	固定资产原价	累计折旧	负债	流动负债
总　计	216457110	98810095	134890194	65570439	111925546	99809457
一、按经济类型分组：						
股份有限公司	189767515	83992852	122554272	60875347	97336631	86019934
私营股份有限公司	24591712	13874242	10799267	4144277	13566192	12831732
港澳台商投资股份有限公司	1602674	715489	1170716	455398	875400	820468
外商投资股份有限公司	495209	227512	365939	95417	147323	137323
二、按轻重工业分组：						
轻工业	21862020	11839942	10045906	3826208	9618700	8294055
重工业	194595090	86970153	124844288	61744231	102306846	91515402
三、按企业规模分组：						
大型企业	154024616	61856136	108994610	54946783	82722464	73497636
中型企业	37576196	23239013	15356924	7284562	17290771	16127887
小微企业	24856298	13714946	10538660	3339094	11912311	10183934
四、按行业分组：						
采矿业						
煤炭开采和洗选业						
石油和天然气开采业						
黑色金属矿采选业						
有色金属矿采选业						
非金属矿采选业						
开采辅助活动						
其他采矿业						
制造业	210114608	96685185	127507408	61923151	108796891	97691804
农副食品加工业	48820	32006	23362	6548	10754	9980
食品制造业	292422	163955	73263	18252	213146	203979
酒、饮料和精制茶制造业						
烟草制品业						
纺织业	227880	178037	42899	25951	193132	187132
纺织服装、服饰业	2965253	1868303	697767	130639	1105699	771098
皮革、毛皮、羽毛及其制品和制鞋业	436100	151767	78430	46831	342753	223555
木材加工和木、竹、藤、棕、草制品业						

表7—6 续表3

指 标	资产总计	流动资产	固定资产原价	累计折旧	负债	流动负债
家具制造业	1190689	82507	1873815	1182505	41872	41872
造纸和纸制品业	170220	99978	88773	25609	156027	90279
印刷和记录媒介复制业	650245	247127	546061	230425	226337	208800
文教、工美、体育和娱乐用品制造业	871767	512042	292480	156861	330179	327004
石油加工、炼焦和核燃料加工业	17968407	5320294	21141941	11213566	11088196	11043205
化学原料和化学制品制造业	35565719	11623545	40626730	24187600	13801744	13591772
医药制造业	6687068	3920041	3032586	967945	1775646	1724680
化学纤维制造业	4017760	1879570	1688647	550564	2587250	2585692
橡胶和塑料制品业	458215	273825	326684	161985	313895	303835
非金属矿物制品业	4537458	2329433	2515475	1237284	2366326	2099437
黑色金属冶炼和压延加工业	30317084	5383496	34918677	16021060	20237767	20036925
有色金属冶炼和压延加工业	4017708	2090145	2154017	837826	2409097	2296964
金属制品业	6917723	4334928	3244414	1029418	5109929	4927769
通用设备制造业	4192772	2442059	1985674	676675	1547293	1323949
专用设备制造业	5881641	4175403	1331135	486009	3210863	3118503
汽车制造业	716174	577038	159475	79601	473784	471584
铁路、船舶、航空航天和其他运输设备制造业	2667113	1906450	431814	128112	1592004	1574689
电气机械和器材制造业	22585583	15997114	4272922	1152270	15014527	14382055
计算机、通信和其他电子设备制造业	34670908	13465247	3705363	669677	14795991	6574404
仪器仪表制造业	21919668	17592730	2125657	672657	9788109	9508071
其他制造业						
废弃资源综合利用业						
金属制品、机械和设备修理业	140211	38145	129347	27281	64571	64571
电力、燃气及水的生产和供应业	6342502	2124910	7382786	3647288	3128655	2117653
电力、热力生产和供应业	4491884	849172	6821911	3484893	2049679	1453510
燃气生产和供应业	264061	87178	16008	6670	7259	7259
水的生产和供应业	1586557	1188560	544867	155725	1071717	656884

总

一、按经济类型分组：				
股份有限公司	[illegible]		10264105	
私营股份有限公司	28427598		7689938	
港澳台商投资股份有限公司	1230974	6654	76214	
外商投资股份有限公司	311690	1336	7296	
二、按轻重工业分组：				
轻工业	17789949	99046	2278983	1571920
重工业	213796731	24432608	41532045	8692185
三、按企业规模分组：				
大型企业	180591230	24206742	36264208	5069078
中型企业	29231286	194543	4804155	3324057
小微企业	21764164	130369	2742665	1870970
四、按行业分组：				
采矿业				
煤炭开采和洗选业				
石油和天然气开采业				
黑色金属矿采选业				
有色金属矿采选业				
非金属矿采选业				
开采辅助活动				
其他采矿业				
制造业				

指标	……	主营业务税金及附加	利税总额	盈亏相抵后利润总额	从业人员平均人数（人）
	1689799	13684	94279	7595	597
	134077	206	4785	4536	144
	302239	820	-580	-7384	613
…造业	1246487	9813	168962	92827	1310
	69355670	16395570	22157571	2355150	4733
	63271881	7597325	11316696	1463255	12225
	7023326	35026	1294316	1006804	7224
	1343170	8230	63620	19550	2952
	949005	5637	83128	45702	1056
	3944282	16037	400715	217508	6056
	20004784	59869	-750522	-1137606	5364
	4511609	17821	236303	53751	3042
	9941557	29309	1452294	1145821	5390
	3342407	21369	516306	349746	5435
	3825369	50200	890883	638115	4002
	1835738	4616	88621	32246	1155
…运输设备制造业	1631756	10767	198163	76299	2506
	14056747	90498	1723723	994180	12414
	4351634	22417	362069	195549	6468
	12232116	93428	2353370	1828743	8977
		…7	68226	50612	299
			907438	697969	1323
				571887	1003
				…21924	18
					302

…36
…662
1858
850
22468
74538
47787
26553
22666

…综合利用…
…制品、机械和设…
…力、燃气及水的生产和…
电力、热力生产和供应业
燃气生产和供应业
水的生产和供应业

表7—7 规模以上“三资”工业企业主要经济指标（2015年）

计量单位：千元

指 标	企业单位数（个）	#亏损企业	工业总产值
总 计	617	141	543012170
一、按轻重工业分组：			
轻工业	203	36	153925318
重工业	414	105	389086852
二、按企业规模分组：			
大型企业	44	9	227588022
中型企业	144	21	128590537
小微企业	429	111	186833611
三、按行业分组：			
采矿业			
煤炭开采和洗选业			
石油和天然气开采业			
黑色金属矿采选业			
有色金属矿采选业			
非金属矿采选业			
开采辅助活动			
其他采矿业			
制造业	605	141	531847039
农副食品加工业	10	1	5931261
食品制造业	16	3	4968038
酒、饮料和精制茶制造业	12	1	5858365
烟草制品业			
纺织业	13		4826379
纺织服装、服饰业	44	7	11667965
皮革、毛皮、羽毛及其制品和制鞋业	9	4	5370620
木材加工和木、竹、藤、棕、草制品业	1		400298

表7—7 续表1

指 标	企业单位数（个）	#亏损企业	工业总产值
家具制造业	5	3	764701
造纸和纸制品业	6	2	2080871
印刷和记录媒介复制业	5	1	871544
文教、工美、体育和娱乐用品制造业	17	2	2802870
石油加工、炼焦和核燃料加工业	1		36856
化学原料和化学制品制造业	70	25	54636316
医药制造业	15	2	13173447
化学纤维制造业	2		2699040
橡胶和塑料制品业	24	8	4846107
非金属矿物制品业	21	6	3918485
黑色金属冶炼和压延加工业	7		1323005
有色金属冶炼和压延加工业	9	1	17149262
金属制品业	20	4	2896244
通用设备制造业	63	16	15133570
专用设备制造业	38	7	5631472
汽车制造业	53	12	128895371
铁路、船舶、航空航天和其他运输设备制造业	13	1	7419506
电气机械和器材制造业	49	13	33302562
计算机、通信和其他电子设备制造业	65	21	188648035
仪器仪表制造业	16	1	6552863
其他制造业			
废弃资源综合利用业	1		41986
金属制品、机械和设备修理业			
电力、燃气及水的生产和供应业	12		11165131
电力、热力生产和供应业	4		5185338
燃气生产和供应业	6		5818932
水的生产和供应业	2		160861

表 7—7 续表 2

指 标	资产总计	流动资产	固定资产原价	累计折旧	负债	流动负债
总 计	284624605	146961951	193756371	84994501	145432482	122590618
一、按轻重工业分组：						
轻工业	68480364	37616920	38756518	15887456	30959672	27486561
重工业	216144241	109345031	154999853	69107045	114472810	95104057
二、按企业规模分组：						
大型企业	127031526	68119494	88310601	43794014	70613525	61434855
中型企业	76492010	37350296	51143746	19190137	35933024	30749525
小微企业	81101069	41492161	54302024	22010350	38885933	30406238
三、按行业分组：						
采矿业						
煤炭开采和洗选业						
石油和天然气开采业						
黑色金属矿采选业						
有色金属矿采选业						
非金属矿采选业						
开采辅助活动						
其他采矿业						
制造业	271537203	144451919	181285156	81489645	138997411	117240031
农副食品加工业	2129926	1453308	851895	380006	987786	805455
食品制造业	6712311	1962135	2791214	1382778	983168	889523
酒、饮料和精制茶制造业	5215932	2339064	4113816	1548317	2112732	2079120
烟草制品业						
纺织业	4055303	2081490	3168514	1468414	1495721	897706
纺织服装、服饰业	4172828	2006982	3218417	1715423	1484294	1398299
皮革、毛皮、羽毛及其制品和制鞋业	1268408	668299	704212	339911	355418	355418
木材加工和木、竹、藤、棕、草制品业	168026	133512	48072	19748	95624	95624

表7—7 续表3

指 标	资产总计	流动资产	固定资产原价	累计折旧	负债	流动负债
家具制造业	580543	322583	301184	59333	242408	242408
造纸和纸制品业	2575874	1269503	1594670	358075	1297487	810206
印刷和记录媒介复制业	946482	644826	639716	365952	521995	501995
文教、工美、体育和娱乐用品制造业	1179825	571839	732748	280449	352350	312631
石油加工、炼焦和核燃料加工业	45600	25889	31808	14698	25968	2883
化学原料和化学制品制造业	55963658	17647876	62461670	28961636	28051938	17395200
医药制造业	9419717	5177876	5043499	1578575	3285376	2822974
化学纤维制造业	2642100	1037359	2568443	1074405	1806673	1805113
橡胶和塑料制品业	5476968	2287575	5034736	2139545	3202195	2024574
非金属矿物制品业	6253552	2617405	4592886	2087769	2668191	2077146
黑色金属冶炼和压延加工业	940969	576511	485250	226108	279781	279781
有色金属冶炼和压延加工业	3096969	2049325	1342283	589784	1280700	953239
金属制品业	2201882	1741135	969189	574714	1332289	1286127
通用设备制造业	21787278	13124403	9626649	3559445	11712180	10416426
专用设备制造业	5717640	3810202	2095742	789998	2332391	2228808
汽车制造业	42774406	26308165	24845888	10970303	22635686	20745053
铁路、船舶、航空航天和其他运输设备制造业	5114292	4165116	1573985	765222	3750308	3697670
电气机械和器材制造业	23330487	14204920	10136092	4349390	14059858	12315109
计算机、通信和其他电子设备制造业	52228060	32426204	29771917	14642848	29691402	28107313
仪器仪表制造业	5496209	3765785	2520507	1234796	2942796	2683534
其他制造业						
废弃资源综合利用业	41958	32632	20154	12003	10696	10696
金属制品、机械和设备修理业						
电力、燃气及水的生产和供应业	13087402	2510032	12471215	3504856	6435071	5350587
电力、热力生产和供应业	7941034	1299222	8401289	2451759	3967710	2970456
燃气生产和供应业	4685030	1141731	3607917	923440	2316441	2274211
水的生产和供应业	461338	69079	462009	129657	150920	105920

表7—6 续表5

指　标	主营业务收入	主营业务税金及附加	利税总额	盈亏相抵后利润总额	从业人员平均人数（人）
家具制造业	1689799	13684	94279	7595	597
造纸和纸制品业	134077	206	4785	4536	144
印刷和记录媒介复制业	302239	820	-580	-7384	613
文教、工美、体育和娱乐用品制造业	1246487	9813	168962	92827	1310
石油加工、炼焦和核燃料加工业	69355670	16395570	22157571	2355150	4733
化学原料和化学制品制造业	63271881	7597325	11316696	1463255	12225
医药制造业	7023326	35026	1294316	1006804	7224
化学纤维制造业	1343170	8230	63620	19550	2952
橡胶和塑料制品业	949005	5637	83128	45702	1056
非金属矿物制品业	3944282	16037	400715	217508	6056
黑色金属冶炼和压延加工业	20004784	59869	-750522	-1137606	5364
有色金属冶炼和压延加工业	4511609	17821	236303	53751	3042
金属制品业	9941557	29309	1452294	1145821	5390
通用设备制造业	3342407	21369	516306	349746	5435
专用设备制造业	3825369	50200	890883	638115	4002
汽车制造业	1835738	4616	88621	32246	1155
铁路、船舶、航空航天和其他运输设备制造业	1631756	10767	198163	76299	2506
电气机械和器材制造业	14056747	90498	1723723	994180	12414
计算机、通信和其他电子设备制造业	4351634	22417	362069	195549	6468
仪器仪表制造业	12232116	93428	2353370	1828743	8977
其他制造业					
废弃资源综合利用业					
金属制品、机械和设备修理业	559781	5347	68226	50612	299
电力、燃气及水的生产和供应业	3511453	32291	907438	697969	1323
电力、热力生产和供应业	3184888	25975	771871	571887	1003
燃气生产和供应业	56594	130	23137	21924	18
水的生产和供应业	269971	6186	112430	104158	302

表7—6 续表4

指 标	主营业务收入	主营业务税金及附加	利税总额	盈亏相抵后利润总额	从业人员平均人数（人）
总 计	231586680	24531654	43811028	10264105	97006
一、按经济类型分组：					
股份有限公司	201616418	24390217	40059157	7689938	72636
私营股份有限公司	28427598	133447	3590871	2476214	21662
港澳台商投资股份有限公司	1230974	6654	153704	102193	1858
外商投资股份有限公司	311690	1336	7296	-4240	850
二、按轻重工业分组：					
轻工业	17789949	99046	2278983	1571920	22468
重工业	213796731	24432608	41532045	8692185	74538
三、按企业规模分组：					
大型企业	180591230	24206742	36264208	5069078	47787
中型企业	29231286	194543	4804155	3324057	26553
小微企业	21764164	130369	2742665	1870970	22666
四、按行业分组：					
采矿业					
煤炭开采和洗选业					
石油和天然气开采业					
黑色金属矿采选业					
有色金属矿采选业					
非金属矿采选业					
开采辅助活动					
其他采矿业					
制造业	228075227	24499363	42903590	9566136	95683
农副食品加工业	183330	188	25126	24191	69
食品制造业	111066	188	6505	2913	174
酒、饮料和精制茶制造业					
烟草制品业					
纺织业	534911	1673	37164	18617	541
纺织服装、服饰业	1481210	8196	117431	99568	2265
皮革、毛皮、羽毛及其制品和制鞋业	211276	1129	-5564	-12152	672
木材加工和木、竹、藤、棕、草制品业					

表 7—8　续表 2

指　标	资产总计	流动资产	固定资产原价	累计折旧	负债	流动负债
总　计	789295497	409622614	443158122	194736574	438644513	368781255
一、按登记注册类型分组						
内资企业	585771961	304152824	303703775	131752423	332097964	276596875
国有企业	45290905	20245413	20730871	5260238	27396480	18948188
集体企业	468373	281264	293670	147397	157752	157752
股份合作企业						
联营企业	103439	61969	56257	26886	82500	82500
有限责任公司	300874535	168608683	142047567	57644787	177105332	143814174
股份有限公司	172381418	74300544	115455251	58669232	89687198	79708546
私营企业	63567741	37757180	24999170	9970080	34591160	31503356
其他企业	3085550	2897771	120989	33803	3077542	2382359
港、澳、台商投资企业	50601564	25409382	28236408	10279218	23537546	20520013
外商投资企业	152921972	80060408	111217939	52704933	83009003	71664367
二、按轻重工业分组：						
轻工业	136343644	77933417	60804267	23067524	54827272	47113748
重工业	652951853	331689197	382353855	171669050	383817241	321667507
三、按企业规模分组：						
大型企业	549541221	274641309	319929532	148264140	309547773	260561957
中型企业	239754276	134981305	123228590	46472434	129096740	108219298
四、按行业分祖：						
采矿业	1120755	481330	595378	312135	591770	542270
煤炭开采和洗选业						
石油和天然气开采业						
黑色金属矿采选业	487155	146968	254071	150751	346625	346625
有色金属矿采选业	393078	206196	229917	143910	216592	167092
非金属矿采选业	240522	128166	111390	17474	28553	28553
开采辅助活动						
其他采矿业						
制造业	741249709	398925888	399095523	180480783	414879993	354464594
农副食品加工业	3918097	1048363	1652102	377093	2074816	1238019
食品制造业	7263148	2355325	3008105	1471806	1977342	1811233
酒、饮料和精制茶制造业	3329973	1767909	2347532	967611	1480030	1450146
烟草制品业	21213876	17122127	3911008	2260801	2298259	2271667

表7—8 续表3

指 标	资产总计	流动资产	固定资产原价	累计折旧	负债	流动负债
纺织业	4876186	2526465	3633601	1685412	2077664	1460825
纺织服装、服饰业	15770099	10179104	5895342	2628482	6376769	5843967
皮革、毛皮、羽毛及其制品和制鞋业	1031019	498100	404611	133696	533140	413942
木材加工和木、竹、藤、棕、草制品业						
家具制造业	1747876	308760	2206060	1221638	285575	239031
造纸和纸制品业	545589	380789	312318	172888	150754	150754
印刷和记录媒介复制业	2280033	1219873	1075459	527335	928759	890307
文教、工美、体育和娱乐用品制造业	1921690	1010948	1094529	428104	603176	579377
石油加工、炼焦和核燃料加工业	21085659	7144946	21568427	11388233	12382369	12337378
化学原料和化学制品制造业	111757130	38802324	114615079	59270635	57748835	48045658
医药制造业	19738039	11227697	9037448	3254842	6510498	5804037
化学纤维制造业	6659860	2916929	4257090	1624969	4393923	4390805
橡胶和塑料制品业	7030796	3557490	5379370	2306084	4005593	2757976
非金属矿物制品业	18442939	10503013	9694810	4608922	11944687	10478010
黑色金属冶炼和压延加工业	73006220	19364726	72001495	29975358	48708402	42430542
有色金属冶炼和压延加工业	3448079	1753191	2105151	816795	2093553	1983121
金属制品业	13526168	8257269	7774876	3136319	7882333	7541041
通用设备制造业	39328272	26599727	13973569	5618465	19630798	16899996
专用设备制造业	13025072	8848821	3713506	1449535	7405129	6786824
汽车制造业	68755943	45812412	27292694	13423191	49295502	40329924
铁路、船舶、航空航天和其他运输设备制造业	33700825	21146065	9890821	4495798	22694388	20754749
电气机械和器材制造业	69584764	51942973	15502053	5541539	42507705	39819092
计算机、通信和其他电子设备制造业	135942196	72383023	49425602	18505555	76110350	57510901
仪器仪表制造业	41991572	30063734	6777957	2756653	22677869	20143497
其他制造业						
废弃资源综合利用业	328589	183785	544908	433024	101775	101775
金属制品、机械和设备修理业						
电力、燃气及水的生产和供应业	46925033	10215396	43467221	13943656	23172750	13774391
电力、热力生产和供应业	26716272	4742632	29834289	11761444	13367429	7334871
燃气生产和供应业	4254147	848652	3511224	881115	2200635	2158405
水的生产和供应业	15954614	4624112	10121708	1301097	7604686	4281115

表 7—8　续表 4

指　标	主营业务收入	主营业务税金及附加	利税总额	盈亏相抵后利润总额	从业人员平均人数（人）
总　计	861687917	40507610	117997680	49346295	514394
一、按登记注册类型分组					
内资企业	537593415	38631212	91545391	32722291	311881
国有企业	18052620	78349	2690974	1931429	13352
集体企业	4357996	20248	202588	111933	1633
股份合作企业					
联营企业	286267	1282	38427	22903	480
有限责任公司	235525397	13780565	38678447	16569162	151323
股份有限公司	188934868	24310203	38385898	6493246	60916
私营企业	89527987	440565	11664851	7708927	83927
其他企业	908280		-115794	-115309	250
港、澳、台商投资企业	55172589	288946	9841891	6903235	45635
外商投资企业	268921913	1587452	16610398	9720769	156878
二、按轻重工业分组：					
轻工业	215453267	13195532	37031358	15130882	152461
重工业	646234650	27312078	80966322	34215413	361933
三、按企业规模分组：					
大型企业	577138394	39163591	81808454	24880643	291372
中型企业	284549523	1344019	36189226	24465652	223022
四、按行业分祖：					
采矿业	1212402	20117	49496	-35742	2986
煤炭开采和洗选业					
石油和天然气开采业					
黑色金属矿采选业	89482	2836	-82676	-93975	851
有色金属矿采选业	163217	8644	27751	837	736
非金属矿采选业	959703	8637	104421	57396	1399
开采辅助活动					
其他采矿业					
制造业	840211640	40324033	112399373	45374248	501206
农副食品加工业	4581357	27963	611939	398415	3281
食品制造业	7456531	31403	1259342	854596	9348
酒、饮料和精制茶制造业	4128213	83476	649543	341760	4336
烟草制品业	20396691	12424242	18530890	3437559	1803

表7—8 续表5

指 标	主营业务收入	主营业务税金及附加	利税总额	盈亏相抵后利润总额	从业人员平均人数（人）
纺织业	7076227	32454	631398	384176	9660
纺织服装、服饰业	30046729	123132	3329068	1948456	42262
皮革、毛皮、羽毛及其制品和制鞋业	2093771	16584	243679	150718	4423
木材加工和木、竹、藤、棕、草制品业					
家具制造业	2353369	18387	211466	84442	1570
造纸和纸制品业	502414	349	41533	33693	726
印刷和记录媒介复制业	1335757	9318	150319	99725	2993
文教、工美、体育和娱乐用品制造业	9411928	54187	865193	498153	9791
石油加工、炼焦和核燃料加工业	72876591	16418417	22477249	2574381	6307
化学原料和化学制品制造业	133336814	7848313	17269450	5015615	44691
医药制造业	22661729	182265	5472964	3601057	17228
化学纤维制造业	3684925	18696	116368	32970	5849
橡胶和塑料制品业	7458167	41689	638036	339570	9703
非金属矿物制品业	12560510	53880	1074345	598525	12563
黑色金属冶炼和压延加工业	49699079	157978	-2136997	-3079401	19255
有色金属冶炼和压延加工业	4088284	17175	218756	41029	2896
金属制品业	22534360	95873	3506639	2613495	13091
通用设备制造业	24569152	169428	4127368	3056997	28808
专用设备制造业	10889663	88239	2071029	1594322	12439
汽车制造业	81261570	1673951	9418447	5327707	44990
铁路、船舶、航空航天和其他运输设备制造业	28571395	84902	2519688	1755076	24855
电气机械和器材制造业	60186171	286356	9161209	6434815	37094
计算机、通信和其他电子设备制造业	191229771	216442	5991672	4118640	110394
仪器仪表制造业	23528818	140920	3730356	2990444	19184
其他制造业					
废弃资源综合利用业	1691654	8014	218424	127313	1666
金属制品、机械和设备修理业					
电力、燃气及水的生产和供应业	20263875	163460	5548811	4007789	10202
电力、热力生产和供应业	15099717	138117	5066933	3694876	4306
燃气生产和供应业	3804673	10549	513102	396666	2533
水的生产和供应业	1359485	14794	-31224	-83753	3363

表7—9　规模以上工业企业能源购进、消费及库存（2015年）

项　目	购进量合计	消费量合计	#工业生产消　费	年末库存
原煤（吨）	27286656	27411401	27406738	1126351
洗精煤（吨）	5659226	5794466	5794466	64383
其他洗煤（吨）	18	18	18	
焦炭（吨）	2564209	6601328	6601328	36880
焦炉煤气（万立方米）	11	108317	108317	
高炉煤气（万立方米）	11195	2078773	2068350	
转炉煤气（万立方米）		126808	126523	
发生炉煤气（万立方米）				
天然气（气态）（万立方米）	245105	245165	244875	
原油（吨）	27922473	27903859	27903859	886677
汽油（吨）	26346	26774	15803	117
煤油（吨）	322	198	187	154
柴油（吨）	78089	78941	69789	1840
燃料油（吨）	7188	8030	6223	885
液化石油气（吨）	86806	200397	200336	508
炼厂干气（吨）	63813	925663	925663	
石脑油（吨）	2293354	2230048	2230048	109770
润滑油（吨）	2016	2005	1794	59
石蜡（吨）	19	19	19	
溶剂油（吨）	2388	2615	2615	5
其他石油制品（吨）	3250405	11487999	11487999	48627
热力（百万千焦）	43788083	94016744	93531560	
电力（万千瓦时）	2234310	2978401	2940076	

注：本表口径为年主营业务收入在2000万元及以上的工业企业。

表 7—10　规模以上工业企业能源产品生产销售与库存（2015 年）

产品名称	年初库存	本年生产	本年销售	年末库存
原油加工量（吨）	—	27884364	—	—
汽油（吨）	26840	6082620	6055502	53864
煤油（吨）	35947	4088411	4072600	51738
柴油（吨）	43372	6370192	6291940	121430
燃料油（吨）	565	38667	37629	565
石脑油（吨）	5105	2868779	2873882	
溶剂油（吨）	1266	21719	22095	886
液化石油气（吨）	5463	1559093	1372098	6480
石油焦（吨）	5269	1659039	1644075	12587
石油沥青（吨）		1270739	1270737	
焦炭（吨）	3335	4014872		3799
其中：机焦（吨）	3335	4014872		3799
发电量（万千瓦时）	—	4982927.62	4117709.83	—
其中：火力发电量（万千瓦时）	—	4948373.62	4083155.83	—
煤气生产量（万立方米）	—	2791185	77426	—

注：本表口径为年主营业务收入在2000万元及以上的工业企业。

表 7—11 主要能源品种按工业行业分组消费量（2015 年）

行业分类	原煤（吨）	洗精煤（吨）	其他洗煤（吨）	煤制品（吨）
总 计	27411401	5794466	18	4234
黑色金属矿采选业	85			
有色金属矿采选业				
非金属矿采选业				
农副食品加工业	858			
食品制造业	4717			
酒、饮料和精制茶制造业	841			
烟草制品业				
纺织业	310			
纺织服装、服饰业	2362			
皮革、毛皮、羽毛及其制品和制鞋业	99			
木材加工及木、竹、藤、棕、草制品业				
家具制造业				
造纸及纸制品业	5300			4234
印刷业和记录媒介复制业				
文教、工美、体育和娱乐用品制造业				
石油加工、炼焦及核燃料加工业	1775653			
化学原料及化学制品制造业	3181511			
医药制造业	2			
化学纤维制造业	192158			
橡胶和塑料制品业	2430			
非金属矿物制品业	1367880	1450		
黑色金属冶炼及压延加工业	2602474	5793016		
有色金属冶炼及压延加工业	2344			
金属制品业	6006			
通用设备制造业	87			
专用设备制造业	45			
汽车制造业	19649		18	
铁路、船舶、航空航天和其他运输设备制造业				
电气机械及器材制造业	292			
计算机、通信和其他电子设备制造业	161			
仪器仪表制造业				
其他制造业				
废弃资源综合利用业	89			
金属制品、机械和设备修理业				
电力、热力的生产和供应业	18246047			
燃气生产和供应业				
水的生产和供应业				

注：本表口径为年主营业务收入在2000万元及以上的工业企业。

表 7—11　续表 1

行业分类	焦炭（吨）	其它焦化产品　（吨）	焦炉煤气（万立方米）	高炉煤气（万立方米）
总　计	6601328		108317	2078773
黑色金属矿采选业				
有色金属矿采选业				
非金属矿采选业				
农副食品加工业	115			
食品制造业				
酒、饮料和精制茶制造业				
烟草制品业				
纺织业				
纺织服装、服饰业	489			
皮革、毛皮、羽毛及其制品和制鞋业				
木材加工及木、竹、藤、棕、草制品业				
家具制造业				
造纸及纸制品业				
印刷业和记录媒介复制业				
文教、工美、体育和娱乐用品制造业				
石油加工、炼焦及核燃料加工业			2	
化学原料及化学制品制造业	246			
医药制造业				
化学纤维制造业				
橡胶和塑料制品业				
非金属矿物制品业	97		9	11195
黑色金属冶炼及压延加工业	6595841		108220	2067578
有色金属冶炼及压延加工业	633			
金属制品业	3801			
通用设备制造业	107			
专用设备制造业				
汽车制造业			86	
铁路、船舶、航空航天和其他运输设备制造业				
电气机械及器材制造业				
计算机、通信和其他电子设备制造业				
仪器仪表制造业				
其他制造业				
废弃资源综合利用业				
金属制品、机械和设备修理业				
电力、热力的生产和供应业				
燃气生产和供应业				
水的生产和供应业				

注：本表口径为年主营业务收入在2000万元及以上的工业企业。

表7—11 续表2

行业分类	转炉煤气（万立方米）	发生炉煤气（万立方米）	天然气（气态）（万立方米）	液化天然气（液态）（吨）
总 计	126808		245165	1091
黑色金属矿采选业				
有色金属矿采选业				
非金属矿采选业				
农副食品加工业			297	4
食品制造业			622	22
酒、饮料和精制茶制造业				
烟草制品业			397	
纺织业			734	
纺织服装、服饰业			231	
皮革、毛皮、羽毛及其制品和制鞋业				
木材加工及木、竹、藤、棕、草制品业				
家具制造业			2	
造纸及纸制品业			123	
印刷业和记录媒介复制业			65	
文教、工美、体育和娱乐用品制造业				
石油加工、炼焦及核燃料加工业			11417	
化学原料及化学制品制造业			125375	
医药制造业			257	
化学纤维制造业			838	
橡胶和塑料制品业			1118	
非金属矿物制品业			4592	
黑色金属冶炼及压延加工业	126808		575	
有色金属冶炼及压延加工业			1854	
金属制品业			97	
通用设备制造业			523	48
专用设备制造业			139	
汽车制造业			3356	767
铁路、船舶、航空航天和其他运输设备制造业			167	236
电气机械及器材制造业			657	14
计算机、通信和其他电子设备制造业			657	
仪器仪表制造业			31	
其他制造业				
废弃资源综合利用业				
金属制品、机械和设备修理业				
电力、热力的生产和供应业			91041	
燃气生产和供应业				
水的生产和供应业				

注：本表口径为年主营业务收入在2000万元及以上的工业企业。

表 7—11　续表 3

行业分类	煤层气（煤田）（万立方米）	原油（吨）	汽油（吨）	煤油（吨）
总　计		27903859	26774	198
黑色金属矿采选业				
有色金属矿采选业				
非金属矿采选业			15	
农副食品加工业			208	
食品制造业			248	
酒、饮料和精制茶制造业			29	
烟草制品业			0	
纺织业			184	
纺织服装、服饰业			332	
皮革、毛皮、羽毛及其制品和制鞋业			78	
木材加工及木、竹、藤、棕、草制品业			65	
家具制造业			42	
造纸及纸制品业			112	
印刷业和记录媒介复制业			301	
文教、工美、体育和娱乐用品制造业			451	
石油加工、炼焦及核燃料加工业		17520467	85	1
化学原料及化学制品制造业		10383392	5915	24
医药制造业			392	9
化学纤维制造业			34	
橡胶和塑料制品业			400	
非金属矿物制品业			1817	60
黑色金属冶炼及压延加工业			1194	32
有色金属冶炼及压延加工业			238	
金属制品业			614	1
通用设备制造业			4450	22
专用设备制造业			1160	2
汽车制造业			2501	6
铁路、船舶、航空航天和其他运输设备制造业			518	2
电气机械及器材制造业			3281	34
计算机、通信和其他电子设备制造业			1080	
仪器仪表制造业			605	
其他制造业				
废弃资源综合利用业			6	
金属制品、机械和设备修理业			3	
电力、热力的生产和供应业			20	
燃气生产和供应业			206	
水的生产和供应业			191	

注：本表口径为年主营业务收入在2000万元及以上的工业企业。

表 7—11 续表 4

行业分类	柴油（吨）	燃料油（吨）	液化石油气（吨）	炼厂干气（吨）
总 计	78941	8030	200397	925663
黑色金属矿采选业	422			
有色金属矿采选业				
非金属矿采选业	199			
农副食品加工业	703	193	43	
食品制造业	803	50	54	
酒、饮料和精制茶制造业	130			
烟草制品业	387			
纺织业	860			
纺织服装、服饰业	492		7	
皮革、毛皮、羽毛及其制品和制鞋业	22		590	
木材加工及木、竹、藤、棕、草制品业	151			
家具制造业	22			
造纸及纸制品业	520			
印刷业和记录媒介复制业	91		8	
文教、工美、体育和娱乐用品制造业	306	8		
石油加工、炼焦及核燃料加工业	273	1038	6246	608826
化学原料及化学制品制造业	6487	1476	183944	313586
医药制造业	1697	66		
化学纤维制造业	1997		112	
橡胶和塑料制品业	342	118		
非金属矿物制品业	40716	2414	1179	3251
黑色金属冶炼及压延加工业	5680	11	2770	
有色金属冶炼及压延加工业	368	512	4032	
金属制品业	2035	5	81	
通用设备制造业	2139		551	
专用设备制造业	933	304	2	
汽车制造业	2140		228	
铁路、船舶、航空航天和其他运输设备制造业	4415	1790	435	
电气机械及器材制造业	909		107	
计算机、通信和其他电子设备制造业	659		9	
仪器仪表制造业	188			
其他制造业				
废弃资源综合利用业	1479			
金属制品、机械和设备修理业	5			
电力、热力的生产和供应业	949	44		
燃气生产和供应业	356			
水的生产和供应业	63			

注：本表口径为年主营业务收入在2000万元及以上的工业企业。

表 7—11　续表 5

行业分类	石脑油（吨）	润滑油（吨）	石蜡（吨）	溶剂油（吨）
总　计	2230048	2005	19	2615
黑色金属矿采选业				
有色金属矿采选业				
非金属矿采选业				
农副食品加工业				
食品制造业				
酒、饮料和精制茶制造业				
烟草制品业				
纺织业				
纺织服装、服饰业				
皮革、毛皮、羽毛及其制品和制鞋业				
木材加工及木、竹、藤、棕、草制品业				
家具制造业				
造纸及纸制品业				404
印刷业和记录媒介复制业				
文教、工美、体育和娱乐用品制造业				
石油加工、炼焦及核燃料加工业				4
化学原料及化学制品制造业	2230046	14		2201
医药制造业				
化学纤维制造业				
橡胶和塑料制品业				
非金属矿物制品业		44		
黑色金属冶炼及压延加工业		304	19	
有色金属冶炼及压延加工业				
金属制品业		29		
通用设备制造业		1330		7
专用设备制造业		40		
汽车制造业		225		
铁路、船舶、航空航天和其他运输设备制造业		20		
电气机械及器材制造业				
计算机、通信和其他电子设备制造业				
仪器仪表制造业				
其他制造业				
废弃资源综合利用业				
金属制品、机械和设备修理业				
电力、热力的生产和供应业				
燃气生产和供应业				
水的生产和供应业				

注：本表口径为年主营业务收入在2000万元及以上的工业企业。

表 7—11　续表 6

行业分类	其它石油制品（吨）	热力（百万千焦）	电力（万千瓦时）
总　计	11487999	94016744	2978401
黑色金属矿采选业			3228
有色金属矿采选业			3029
非金属矿采选业			3996
农副食品加工业		654745	14629
食品制造业		732755	15363
酒、饮料和精制茶制造业		504519	11731
烟草制品业			2997
纺织业		615539	27429
纺织服装、服饰业		61462	24309
皮革、毛皮、羽毛及其制品和制鞋业		58	4123
木材加工及木、竹、藤、棕、草制品业			1061
家具制造业			2764
造纸及纸制品业		38842	12108
印刷业和记录媒介复制业		28920	11484
文教、工美、体育和娱乐用品制造业		3	6432
石油加工、炼焦及核燃料加工业	6517725	9459629	177429
化学原料及化学制品制造业	4959656	46309934	889717
医药制造业		1024551	19710
化学纤维制造业		2863717	32573
橡胶和塑料制品业		126872	39216
非金属矿物制品业	12	49948	113467
黑色金属冶炼及压延加工业	8968	28944873	717888
有色金属冶炼及压延加工业		27442	23388
金属制品业		101990	44569
通用设备制造业	561	13423	78981
专用设备制造业	225	120717	26909
汽车制造业		434550	103906
铁路、船舶、航空航天和其他运输设备制造业		19262	31139
电气机械及器材制造业		53673	57454
计算机、通信和其他电子设备制造业		1133126	168900
仪器仪表制造业		11576	16809
其他制造业			22
废弃资源综合利用业			2661
金属制品、机械和设备修理业			164
电力、热力的生产和供应业	852	684619	255247
燃气生产和供应业			1670
水的生产和供应业			31895

注：本表口径为年主营业务收入在2000万元及以上的工业企业。

表 7—12 工业行业综合能耗汇总表（2015 年）

行业分类	综合能源消费量（吨标准煤）	工业总产值（万元）	产值能耗（吨标准煤/万元）	增幅（%）		
				综合能源消费量	工业总产值	产值能耗
全部工业企业	36709469	130658024	0.281	0.87	-1.61	2.52
黑色金属矿采选业	4006	26010	0.154	-21.79	-34.75	19.86
有色金属矿采选业	3723	24995	0.149	-29.66	-18.64	-13.55
非金属矿采选业	4672	212042	0.022	-3.98	12.97	-15.00
农副食品加工业	46039	1560002	0.030	8.90	6.84	1.92
食品制造业	58012	1220447	0.048	-11.33	5.17	-15.69
酒、饮料和精制茶制造业	38245	674590	0.057	-6.16	7.48	-12.68
烟草制品业	8127	2056493	0.004	-4.37	6.01	-9.79
纺织业	71488	912511	0.078	3.32	0.37	2.94
纺织服装、服饰业	37969	4205580	0.009	1.58	0.65	0.93
皮革、毛皮、羽毛及其制品和制鞋业	6105	824790	0.007	-3.34	9.72	-11.90
木材加工及木、竹、藤、棕、草制品业	1610	168513	0.010	-8.70	10.71	-17.53
家具制造业	3468	315381	0.011	45.41	45.13	0.20
造纸及纸制品业	26065	481830	0.054	-11.93	12.06	-21.41
印刷业和记录媒介复制业	17922	445144	0.040	9.54	-7.45	18.35
文教、工美、体育和娱乐用品制造业	9958	1215984	0.008	-1.40	-2.61	1.24
石油加工、炼焦及核燃料加工业	2984882	7444673	0.401	-1.83	-24.51	30.03
化学原料及化学制品制造业	13896440	17205047	0.808	2.54	-8.96	12.62
医药制造业	65538	2598044	0.025	39.10	8.56	28.14
化学纤维制造业	173541	483675	0.359	2.24	6.85	-4.32
橡胶和塑料制品业	68962	1889038	0.037	-7.94	4.47	-11.88
非金属矿物制品业	1267914	3525776	0.360	6.21	2.13	4.00
黑色金属冶炼及压延加工业	9514317	6065648	1.569	1.65	-18.11	24.14
有色金属冶炼及压延加工业	66770	3050076	0.022	-12.26	-4.25	-8.37
金属制品业	71073	4399942	0.016	-6.29	7.27	-12.65
通用设备制造业	113810	4699444	0.024	4.33	5.71	-1.30
专用设备制造业	42260	2576921	0.016	-3.82	-3.56	-0.27
汽车制造业	192767	17808506	0.011	-5.36	2.27	-7.46
铁路、船舶、航空航天和其他运输设备制造业	46258	3904915	0.012	-8.40	-2.58	-5.97
电气机械及器材制造业	83524	8865472	0.009	-6.04	3.10	-8.86
计算机、通信和其他电子设备制造业	251022	25278362	0.010	4.27	5.82	-1.47
仪器仪表制造业	21648	3413161	0.006	-11.49	6.85	-17.16
其他制造业	28	3647	0.008	-1.29	-22.14	26.77
废弃资源综合利用业	5498	301698	0.018	2.69	-1.04	3.76
金属制品、机械和设备修理业	213	66312	0.003	-30.20	0.05	-30.23
电力、热力的生产和供应业	7464254	1857620	4.018	-2.43	-3.83	1.46
燃气生产和供应业	2208	666886	0.003	-14.04	-5.11	-9.41
水的生产和供应业	39133	208851	0.187	1.00	6.42	-5.09

注：本表口径为年主营业务收入在2000万元及以上的工业企业。

表 7—13　规模以上工业企业主要单位产品能源消耗（2015 年）

指标名称	计量单位	本期	上年同期	比上年增减%
吨粘胶纤维综合能耗（长丝）	千克标准煤 / 吨	2524.87	2688.33	-6.08
吨粘胶纤维用电量（长丝）	千瓦时 / 吨	6307.17	6445.15	-2.14
炼焦工序单位能耗	千克标准煤 / 吨	86.90	94.76	-8.30
原油加工单位耗电	千瓦时 / 吨	62.70	61.34	2.22
原油加工单位综合能耗	千克标准油 / 吨	54.89	55.23	-0.62
单位烧碱生产综合能耗（离子膜法 30%）	千克标准煤 / 吨	348.67	329.00	5.98
单位烧碱生产耗交流电（离子膜法 30%）	千瓦时 / 吨	2025.60	2027.20	-0.08
单位乙烯生产综合能耗	千克标准煤 / 吨	803.37	829.46	-3.15
单位乙烯生产耗电	千瓦时 / 吨	113.34	125.31	-9.55
单位合成氨生产综合能耗	千克标准煤 / 吨	1466.08	1675.35	-12.49
单位合成氨耗电	千瓦时 / 吨	283.54	334.21	-15.16
单位合成氨耗原料煤	千克标煤 / 吨	1047.22	1136.73	-7.87
吨水泥熟料综合能耗	千克标准煤 / 吨	115.62	112.79	2.51
吨水泥熟料综合电耗	千瓦时 / 吨	59.85	56.47	5.99
吨水泥熟料烧成标准煤耗	千克标准煤 / 吨	104.01	100.76	3.22
吨水泥综合能耗	千克标准煤 / 吨	92.49	88.57	4.42
吨水泥综合电耗	千瓦时 / 吨	68.84	71.18	-3.29
吨水泥标准煤耗	千克标准煤 / 吨	81.71	76.90	6.25
每重量箱平板玻璃综合能耗	千克标准煤 / 重量箱			
每重量箱平板玻璃耗电	千瓦时 / 重量箱			
每重量箱平板玻璃耗燃油	千克 / 重量箱			
吨钢综合能耗	千克标准煤 / 吨	601.33	607.20	-0.97
吨钢耗电	千瓦时 / 吨	442.24	459.67	-3.79
吨钢可比能耗	千克标准煤 / 吨	534.55	540.13!	-1.03
炼铁工序单位能耗	千克标准煤 / 吨	393.96	391.47	0.64
铁矿烧结工序单位能耗	千克标准煤 / 吨	48.91	51.21	-4.50
转炉炼钢综合工序单位能耗	千克标准煤 / 吨	-12.75	-10.36	23.05
电炉炼钢综合工序单位能耗	千克标准煤 / 吨	58.24	53.33	9.21
电炉炼钢综合电力消耗	千瓦时 / 吨	259.43	231.15	12.23
轧钢工序单位能耗	千克标准煤 / 吨	58.51	59.49	-1.65
轧钢工序单位电力消耗	千瓦时 / 吨	107.61	109.53	-1.75
吨钢耗新水	吨 / 吨	3.15	3.49	-9.73
电厂火力发电标准煤耗	克标准煤 / 千瓦时	281.98	285.96	-1.39
电厂火力供电标准煤耗	克标准煤 / 千瓦时	294.93	299.00	-1.36
发电厂用电率	%	4.30	4.27	0.71

注：1、本表口径为年耗能万吨及以上工业企业。
　　2、本表中的本同期指标值为按国家目录统计的生产每单位产品的能源消耗量。

表7—14 规模以上工业企业取水总量按行业分类（2015年）

计量单位：万立方米

行业分类	工业取水总量				重复用水总量
	合 计	#自来水	地表水	地下水	
总 计	152184.53	20566.53	129294.00	100.06	699607.48
黑色金属矿采选业	46.53	0.01	46.52		11.18
有色金属矿采选业	77.75	13.20		64.55	180.69
非金属矿采选业	4.05	1.74	1.83		8.00
农副食品加工业	144.03	143.27	0.31	0.40	0.58
食品制造业	360.50	359.43	1.07		1.74
酒、饮料和精制茶制造业	373.50	373.50			248.93
烟草制品业	37.27	34.15			605.68
纺织业	351.58	324.70	26.88		16.83
纺织服装、服饰业	281.10	276.85	3.94	0.31	1.70
皮革、毛皮、羽毛及其制品和制鞋业	49.08	49.08			
木材加工及木、竹、藤、棕、草制品业	8.90	8.90			
家具制造业	17.95	17.89		0.05	0.50
造纸及纸制品业	140.54	136.71	3.83		
印刷业和记录媒介复制业	81.59	75.94	5.13	0.53	8.02
文教、工美、体育和娱乐用品制造业	48.18	47.57	0.44	0.17	1.41
石油加工、炼焦及核燃料加工业	2586.83	126.89	2459.93		1495.01
化学原料及化学制品制造业	15550.46	9651.93	5827.00	0.17	393381.16
医药制造业	454.58	433.50		0.71	408.40
化学纤维制造业	1545.55	796.08	749.47		412.21
橡胶和塑料制品业	199.13	198.13	0.45	0.55	551.52
非金属矿物制品业	1565.98	735.82	799.94	23.99	1353.88
黑色金属冶炼及压延加工业	5795.72	100.11	5694.49	0.51	265206.29
有色金属冶炼及压延加工业	137.27	131.75		5.51	103.44
金属制品业	338.16	336.99	1.14	0.02	11.19
通用设备制造业	451.02	449.58	0.18	1.17	136.03
专用设备制造业	282.54	281.50	0.01	1.03	32.54
汽车制造业	926.78	925.59	0.06	0.25	855.53
铁路、船舶、航空航天和其他运输设备制造业	300.03	300.03			648.92
电气机械及器材制造业	518.21	518.08		0.13	47.22
计算机、通信和其他电子设备制造业	2262.66	2189.66			150.38
仪器仪表制造业	127.40	127.40			3.11
其他制造业	0.04	0.03	0.01		
废弃资源综合利用业	37.62	21.36	16.26		26.00
金属制品、机械和设备修理业	1.72	1.10			
电力、热力的生产和供应业	12166.46	257.08	10201.00		33699.38
燃气生产和供应业	31.45	31.45			
水的生产和供应业	104882.36	1089.51	103454.08		

注：本表口径为年主营业务收入在2000万元及以上的工业企业。

表7—15　主要年份工业总产值

计量单位：万元

年份	全部工业总产值（不变价）	#国有工业	全部工业总产值（现行价）	#国有工业
1949	4545	1407		
1952	28887	14678		
1957	84484	69886		
1962	120146	102393		
1965	221733	188043		
1970	420409	359978		
1975	604664	475537		
1978	845115	649434		
1979	942842	717360		
1980	1050111	747636		
1985	1773545	1187474		
1990	3089759	1990637		
1995	8798479	4137823	10381596	5307304
1997	12756605	4931719	13831951	5762074
1998	13147188	5996638	14112659	6437752
1999	13697772	5845505	15455462	6928660
2000	16869869	8317084	18430481	9036654
2004	—	—	34285905	12080749
2005	—	—	43828843	16767938
2007	—	—	63016700	21337481
2008	—	—	69858400	22088550
2009	—	—	71824500	23046627
2010	—	—	90198900	30524263
2011	—	—	109255852	35991523
2012	—	—	120592300	39576980
2013	—	—	131157281	43394322
2014	—	—	139090314	43871965
2015	—	—	135986658	49463742

注：1995年以后的产值数按新规定计算；1998年以后国有工业产值数为国有控股数。

表 7—16　主要年份规模以上工业企业职工人数、主营业务收入和利税总额

年　份	职工人数（万人）	主营业务收入（万元）	利税总额（万元）
1978	—	479852	124043
1979	55.26	567621	136507
1980	58.66	616995	93441
1981	62.90	610863	85509
1982	65.58	668852	87733
1983	70.87	752944	127087
1984	71.41	876503	165675
1985	78.50	1120919	260540
1986	81.32	1151405	241801
1987	85.18	1508476	254047
1988	86.52	1845851	284969
1989	85.66	2202471	324272
1990	86.26	2477840	310481
1992	89.50	4081394	451528
1993	87.95	5642341	495640
1994	90.74	6608363	681163
1995	92.17	8645998	723396
1996	86.92	9197414	693749
1997	81.97	10077056	851273
1998	75.04	11624513	975555
1999	68.13	12534665	1200216
2000	62.04	15402200	1423719
2004	55.24	30914407	3442973
2005	56.27	40273019	3650834
2007	59.29	58189978	6172559
2008	70.96	66355400	4703237
2009	73.39	67309878	7388915
2010	80.59	86253519	10799554
2011	78.11	104723129	11925432
2012	79.71	112832558	13727842
2013	79.71	124252054	17891738
2014	80.64	130038382	17248720
2015	78.42	121806956	16958610

主要统计指标解释

工业 指从事自然资源的开采，对采掘品和农产品进行加工和再加工的物质生产部门。具体包括：（1）对自然资源的开采，如采矿、晒盐、森林采伐等（但不包括禽兽捕猎和水产捕捞）；（2）对农副产品的加工、再加工，如粮油加工、食品加工、轧花、缫丝、纺织、制革等；（3）对采掘品的加工、再加工，如炼铁、炼钢、化工生产、石油加工、机器制造、木材加工等，以及电力、自来水、煤气的生产和供应等；（4）对工业品的修理、翻新，如机器设备的修理、交通运输工具（包括小卧车）的修理等。

1984 年以前农村的村及村以下办工业归属农业，1984 年以后划归工业。

国有及国有控股企业 指国有企业加上国有控股企业。国有企业是指企业全部资产归国家所有，并按《中华人民共和国企业法人登记管理条例》规定登记注册的非公司制的经济组织。1957 年以前的公私合营和私营工业，后均改造为国营工业，1992 年改为国有工业，这部分工业的资料不单独分列时，均包括在国有企业内。国有控股企业是对混合所有制经济的企业进行的“国有控股”分类。它是指这些企业的全部资产中国有资产（股份）相对其他所有者中的任何一个所有者占资（股）最多的企业。该分组反映了国有经济控股情况。

集体企业 指企业资产归集体所有，并按《中华人民共和国企业法人登记管理条例》规定登记注册的经济组织。是社会主义公有制经济的组成部分。包括城乡所有使用集体投资举办的企业，以及部分个人通过集资自愿放弃所有权并依法经工商行政管理机关认定为集体所有制的企业。

股份合作企业 指以合作制为基础，由企业职工共同出资入股，吸收一定比例的社会资产投资组建，实行自主经营，自负盈亏，共同劳动，民主管理，按劳分配与按股分红相结合的一种集体经济组织。

联营企业 指两个及两个以上相同或不同所有制性质的企业法人或事业单位法人，按自愿、平等、互利的原则，共同投资组成的经济组织。联营企业包括：国有联营企业指国有企业与国有企业间的联营；集体联营企业指集体企业与集体企业间的联营；国有与集体联营企业指国有企业与集体企业间的联营。

有限责任公司 指根据《中华人民共和国公司登记管理条例》规定登记注册，由两个以上，五十个以下的股东共同出资，每个股东以其所认缴的出资额对公司承担有限责任，公司以其全部资产对其债务承担责任的经济组织。

有限责任公司包括国有独资公司以及其他有限责任公司。

股份有限公司 指根据《中华人民共和国企业法人登记管理条例》规定登记注册，其全部注册资本由等额股份构成并通过发行股票筹集资本，股东以其认购的股份对公司承担有限责任，公司以其全部资产对其债务承担责任的经济组织。

私营企业 指由自然人投资设立或由自然人控股，以雇佣劳动为基础的营利性经济组织。包括按照《公司法》、《合伙企业法》、《私营企业暂行条例》规定登记注册的私营有限责任公司、私营股份有限公司、私营合伙企业和私营独资企业。

港、澳、台商投资企业 指企业注册登记类型中的港、澳、台资合资、合作、独资经营企业和股份有限公司之和。

外商投资企业 指企业注册登记类型中的中外合资、合作经营企业、外资企业和外商投资股份有限公司之和。

“三资”企业 系指港、澳、台商投资企业和外资企业的简称。

轻工业 指主要提供生活消费品和制作手工工具的工业。按其所使用的原料不同，可分为两大类：(1)以农产品为原料的轻工业，是指直接或间接以农产品为基本原料的轻工业。主要包括食品制造、饮料制造、烟草加工、纺织、缝纫、皮革和毛皮制作、造纸以及印刷等工业；(2)以非农产品为原料的轻工业，是指以工业品为原料的轻工业。主要包括文教体育用品、化学药品制造、合成纤维制造、日用化学制品、日用玻璃制品、日用金属制品、手工工具制造、医疗器械制造、文化和办公用机械制造等工业。

重工业 是指为国民经济各部门提供物质技术基础的主要生产资料的工业。按其生产性质和产品用途，可以分为下列三类：(1)采掘(伐)工业，是指对自然资源的开采，包括石油开采、煤炭开采、金属矿开采、非金属矿开采和木材采伐等工业；(2)原材料工业，指向国民经济各部门提供基本材料、动力和燃料的工业。包括金属冶炼及加工、炼焦及焦炭、化学、化工原料、水泥、人造板以及电力、石油和煤炭加工等工业；(3)加工工业，是指对工业原材料进行再加工制造的工业。包括装备国民经济各部门的机械设备制造工业、金属结构、水泥制品等工业，以及为农业提供的生产资料如化肥、农药等工业。

根据上述划分原则，修理业中以重工业产品为修理作业对象的划为重工业，反之划为轻工业。

工业总产值 是以货币表现的工业企业在一定时期内生产的已出售或可供出售工业产品总量，它反映一定时间内工业生产的总规模和总水平。它包括：在本企业内不再进行加工，经检验、包装入库(规定不需包装的产品除外)的成品价值，对外加工费收入，自制半成品、在产品期末初差额价值。工业总产值采用“工厂法”计算，即以工业企业作为一个整体，按企业工业生产活动的最终成果来计算，企业内部不允许重复计算，不能把企业内部各个车间(分厂)生产的成果相加。但在企业之间、行业之间、地区之间存在着重复计算。

轻重工业总产值的划分是按“工厂法”计算的，即一个工业企业生产的主要产品性质属于轻工业，则该企业的全部总产值作为轻工业总产值；如它的主要产品性质属于重工业，则该企业的全部总产值作为重工业总产值。

实收资本 指企业实际收到的投资人投入的资本。按投资主体可分为国家资本、集体资本、法人资本、个人资本、港澳台资本和外商资本等。

资产合计　指企业拥有或控制的能以货币计量的经济资源。包括各种财产、债权和其他权利。资产按其流动性划分为流动资产、长期投资、固定资产、无形及递延资产和其他资产。

（1）流动资产　指企业可以在一年内或者超过一年的一个生产周期内变现或耗用的资产合计。包括现金及各种存款、短期投资、应收及预付款项、存货等。

（2）固定资产　指企业固定资产净值、固定资产清理、在建工程、待处理固定资产损失所占用的资金合计。

（3）无形资产　指企业长期使用而没有实物形态的资产。包括专利权、非专利技术、商标权、著作权、土地使用权、商誉等。

负债合计　指企业承担的能以货币计量，将以资产或劳务偿付的债务。负债一般按偿还期长短分为流动负债和长期负债、递延税项等。

（1）流动负债　指企业在一年内或者超过一年的一个营业周期内需要偿还的债务合计，其中包括短期借款、应付及预收款项、应付工资、应交税金和应交利润等。

（2）长期负债　指企业在一年以上或者超过一年的一个营业周期以上需要偿还的债务合计，其中包括长期借款、应付债务、长期应付款项等。

所有者权益　指企业投资人对企业净资产的所有权。企业净资产等于企业全部资产减去全部负债后的余额，其中包括投资者对企业的最初投入，以及资本公积金、盈余公积金和未分配利润，对股份制企业即为股东权益。

固定资产原价　指企业在建造、购置、安装、改建、扩建、技术改造某项固定资产时所支出的全部货币总额。它一般包括买价、包装费、运杂费和安装费等。

固定资产净值　是指固定资产原价减去历年已提折旧额后的净额。

流动资产　是指可以在一年或者超过一年的一个营业周期内变现或者耗用的资产，包括现金及各种存款、短期投资、应收及预付货款、存货等。

主营业务收入　指企业销售产品和提供劳务等主要经营业务取得的收入总额。

主营业务成本　指企业销售产品和提供劳务等主要经营业务的实际成本。

主营业务税金及附加　指企业销售产品和提供工业性劳务等主要经营业务应负担的城市维护建设税、消费税、资源税和教育费附加。

主营业务利润　指企业销售产品和提供工业性劳务等主要经营业务收入扣除其成本、费用、税金后的利润。

利润总额　指企业实现的利润。

应交增值税　指企业在报告期内应交纳的增值税额。

能源购进量　根据企业生产、经营性质划分，购进量分两种情况，一种是能源经销企业（批发、零售企业）

用于销售的能源购进数量，另一种是能源使用企业用于消费的能源购进数量，分别在不同表式中统计。

能源经销企业能源购进量，指能源经销企业在报告期内购入的、用于销售的各种一次能源和二次能源。能源经销企业能源购进量由能源经销企业（批发、零售企业）填报。

能源使用企业能源购进量，指能源使用单位在报告期内外购的、用于企业消费的各种一次能源和二次能源。能源使用企业能源购进量由能源使用企业填报。

购进量金额 指本单位在报告期实际购进的、已办理验收入库手续的各种一次能源和二次能源的金额。其金额以购货发票上的总金额（含增值税）计算，统计原则、范围与购进量相同。

能源消费量 指能源使用单位在报告期内实际消费的一次能源或二次能源的数量。

能源消费量统计的原则是：

（1）谁消费、谁统计。

（2）何时投入使用，何时计算消费量。

（3）消费量只能计算一次。

（4）耗能工质（如水、氧气、压缩空气等），不论是外购的还是自产自用的，均不统计在能源消费量中（计算单位产品能耗时除外）。

（5）企业自产的能源，凡作为企业生产另一种产品的原材料、燃料，又分别计算产量的，消费量要统计，

工业企业能源消费量 工业企业能源消费包括工业企业在生产过程中作为燃料、动力、原料、辅助材料使用的能源以及工艺用能、非生产用能；作为能源加工转换企业，还要包括能源加工转换的投入量.

工业生产能源消费 指工业企业为进行工业生产活动所使用的能源。

车辆用油 指在厂区内、外进行交通运输活动的车辆所消费的成品油。但是如果工业企业所属的车队是独立核算的企业，其消费的成品油既不能包括在“工业企业能源消费”中，亦不能包括在“车辆用油”中，它的消费应为交通运输业企业消费。

能源加工、转换消费 能源加工、转换是指为了特定的用途，将一种能源（一般为一次能源），经过一定的工艺，加工或转换成另外一种能源（二次能源）。

能源加工转换产出量 指各种能源经过加工转换后产出的各种二次能源产品（包括不作能源使用的其他副产品和联产品），比如火力发电产出的电力，热电联产同时产出的电力、蒸汽、热水，洗煤产出的洗精煤、洗中煤、煤泥等；炼焦产出的焦炭、焦炉煤气和其他焦化产品；炼油产出的汽油、煤油、柴油、燃料油、液化石油气、炼厂干气和其他石油制品（石脑油、各种原料油、溶剂油、石蜡、润滑油、石油沥青等）；制气产出的是焦炉煤气、其他煤气、焦炭和其他焦化产品（煤焦油、粗苯等）。

能源加工转换损失量 指在能源加工、转换过程中产生的各种损失量，即能源加工、转换过程中投入的能源数量和产出的能源数量之差。

能源用作原材料 指能源产品不作能源使用，即不作燃料、动力使用，而作为生产另外一种产品（非能源产品）的原料或作为辅助材料使用，作原料使用时通常构成这种产品的实体。

综合能源消费量 指报告期内企业实际消费的各种能源的总和。计算综合能源消费量时，需要先将使用的各种能源折算成标准燃料后再进行计算。

能源库存量 本制度中所涉及的能源库存量是指企业能源库存量，它是企业在报告期的某时间点所拥有的各种能源数量。根据企业的生产经营活动性质，企业库存量分为生产企业产成品库存、经销企业（批发、零售企业）用于经营销售的库存、使用企业用于消费的库存。

库存量的核算原则：（1）时点性原则；（2）实际数量原则。

工业取水总量 指工业企业从各种水源提取的，并用于工业生产活动的水量总和，包括自来水、地下水、地表水、海水、苦咸水、经城市污水处理厂处理后回用于工业的水量，以及企业从市场购得的其他水或水的产品（如纯净水、矿泉水、蒸汽、热水、地热水等）。工业取水总量包括主要工业生产用水、辅助生产（包括机修、运输、空压站等）用水和附属生产（包括厂内绿化、职工食堂、非营业的浴室及保健站、厕所等）用水；不包括非工业生产单位的用水，如厂内居民家庭用水和企业附属幼儿园、学校、对外营业的浴室、游泳池等的用水量。

(八)
交通运输和邮电通讯业

CHAPTER 8
TRANSPORTATION, POST AND TELECOMMUNICATION SERVICES

表 8—1　铁路运输基本情况（南京市辖范围）

指　标	2015年	2014年
车站（个）	23	19
货物发送量（万吨）	498.89	554.26
旅客发送量（万人次）	4482.68	4220.76

表 8—2　航空运输情况

指　标	2015年	2014年
民用航空里程（公里）	132422	149416
#国际航线（公里）	11522	9716
民用机场数（个）	1	1
飞机架数（架）	47	45
旅客吞吐量（万人）	1916.38	1628.38
#旅客发出量	1022.18	869.02
货邮吞吐量（吨）	326027	304325
#货邮发出量	176627	162582
年末职工人数（人）	8386	7861

注：货邮吞吐量中不含行李重量；民用航空里程按不重复距离计算。

表8—3 全社会客货运输（吞吐）量（2015年）

指　标	客运量（万人）	旅客周转量（万人公里）	货运量（万吨）	货物周转量（万吨公里）	货物吞吐量（万吨）	集装箱（万标箱）
全社会	15929.11	4034210.04	29823.87	29400713	22249.60	294
公路运输	10892	1288416	12365	1821582		
#个体及联户			3528	312903		
水上运输	20.18	38.14	13322	26468374		
内河	20.18	38.14	3500	1711845		
沿海			6869	8415715		
远洋			2953	16340814		
港口					22217	294
铁路运输	4135.35	1593946	1266.45	751322		
民航运输	881.58	1151810	7.01	9918	32.60	
管道运输			2863.41	349517		

注：本表数据不含城市公共交通，管道运输包括输油管道运输和天然气管道运输；全社会货运量和货物周转量包含管道运输。2015年公路客运及货运统计口径根据2014年交通部和国家统计局相关规定进行了调整。

表 8—4　公路基本情况

计量单位：公里

指　标	2015年	2014年
公路总里程	11303	11354
按等级分		
高速	613	613
一级	1026	1001
二级	1446	1453
三级	1222	1147
四级	6220	6186
按行政等级分		
国道	682	636
省道	752	743
县道	1844	1877
乡道	5001	5008
村道	3021	3008
按路面标准分		
高级	10179	10013
次高级	50	55
其他	1073	1286

表 8—5 独立核算内河（沿海）港主要设备及吞吐量

指 标	2015年	2014年
码头长度（米）	31151	33538
泊位个数（个）	291	308
# 万吨级	58	58
仓库总面积（平方米）	286,998	308783
容量（吨）	483300	505201
堆场总面积（平方米）	2315354	2589826
容量（吨）	10187558	11364741
货物吞吐量（千吨）	214543	210010
出口量	84899	82200
# 外贸	11417	10340
进口量（千吨）	129644	127810
# 外贸	11094	9410
箱数（标箱）	2940106	2764574
# 40 英尺	621,311	1015475
重量（千吨）	26,800	25170

表8—6　全市民用车辆拥有量（2015年）

计量单位：辆

指　标	总 计	#私 人
一、汽车	1979311	1720670
1、载客汽车	1871052	1671872
#大型	21131	183
轿车	1373521	1265002
2、载货汽车	98117	45427
#重型	39123	10894
中型	7394	3340
#普通载货	38474	23717
3、其他汽车	10142	3371
二、摩托车	235928	234340
1、普通	219268	217704
2、轻便	16660	16636
三、拖拉机	16824	16824
1、大型	3649	3649
2、小型	779	779
四、挂车	8498	596
五、其他类型车		

表8—7　民用运输船舶拥有量（2015年）

指　标	总 计	#交通部门	#私 人
一、机动船（艘）	1713	1709	4
载客量（客位）	2707	2707	
净载重量（吨位）	11566481	11564841	1640
总功率（千瓦）	2558496	2557696	800
（一）客船（艘）	25	25	
载客量（客位）	2707	2707	
（二）货船（艘）	1647	1643	4
净载重量（吨位）	11566480	11564840	1640
（三）拖船（艘）	41	41	
功率（千瓦）	71400	71400	
二、驳船（艘）	87	87	
净载重量（吨位）	289895	289895	

表 8—8　邮政电信基本情况

指　标	2015年	2014年
一、局所及通信网络		
营业网点（所）	1000	1572
# 邮政	180	179
信筒信箱（个）	675	531
邮运汽车（辆）	421	355
邮路总长度（公里）	24016	22695
# 邮路	24016	17581
铁路邮路		5114
农村投递线路总长度（公里）	14380	10066
二、通信业务		
邮电业务总量（亿元）	250.92	211.17
# 邮政业务总量	102.54	64.96
邮电业务收入（亿元）	185.68	175.07
# 邮政业务收入	77.14	54.87
函件（万件）	7658.05	9820.43
# 国际函件	1358.88	685.80
汇票（万张）	76.65	88.11
# 国际汇票（张）	39	42
包裹（万件）	33.86	36.49
# 国际包裹	0.76	1.20
快递（万份）	50251.90	28391.36
# 国际快递	686.10	654.74
订销报纸累计份数（万份）	15486.18	17388.40

注：邮电业务总量为2010年不变价计算，2014年市邮政管理局成立，2015年邮政业务总量、邮政业务收入等指标口径进行了调整，2015年邮政业务总量、邮政业务收入由基本邮政业务调整为含快递业务。

表8—8 续表

指 标	2015年	2014年
订销杂志累计份数（万份）	1055.45	1159.14
邮政储蓄平均余额（亿元）	351.34	319.11
集邮业务（万枚）	4356.56	2871.59
固定电话年末用户（万户）	247.83	261.13
#城市电话用户	212.81	204.00
住宅电话年末用户（万户）	127.50	107.70
#农村住宅电话用户	21.96	43.82
公用电话（万户）	38.71	31.50
互联网接入用户（万户）	313.04	325.48
#宽带用户	313.04	325.48
移动电话用户（万户）	1034.87	1097.00
三、电信主要通信能力		
城乡电话交换机总容量（万门）	215.46	225.00
移动电话交换机容量（万户）	2386.20	2875.00

注：邮路总长度不含航空速递公司数据。

表 8—9 城市公共交通情况

指　　标	2015年	2014年
一、公共汽电车		
1、运营车数（辆）	8395	8345
# 天然气燃料车 CNG	3039	2904
2、标准运营车数（标台）	10281	10455
3、运营线路网长度（公里）	9653.6	9148.8
4、公交专用车道长度（公里）	137	91
5、客运总量（万人次）	102359.90	106224.10
二、出租汽车		
1、运营车辆（辆）	14239	14136
2、客运总量（万人次）	31146.60	30964.70
三、轨道交通		
1、运营车数（辆）	1120	746
# 地铁	1090	726
2、标准运营车数（标台）	2746	1790
3、运营线路长度（公里）	231.8	187
（1）地铁	224	179
（2）轻轨		
（3）有轨电车	7.8	7.8
4、客运总量（万人次）	71712.10	50317.40
四、客运轮渡		
1、运营船数（艘）	15	15
2、客运总量（万人次）	485.60	509.00

表 8—10　主要年份旅客和货物运输量、邮电业务总量

年　份	旅客运输量（万人）	#公路	货物运输量（万吨）	#公路	#水运	邮电业务总量（万元）
1987	5230	3693	10455	4718	3366	5021
1988	5360	3680	10475	4253	3761	6521
1989	4943	3618	9552	3472	3733	7410
1990	4595	3211	9304	3756	3337	9339/19628
1991	4512	3099	9043	3406	3538	26633
1992	4625	3100	9555	3773	3696	37882
1993	4343	2823	9142	3366	3749	57924
1994	7918	6427	10365	4103	4287	89371
1995	10068	8765	12168	5666	4600	117843
1996	11098	9926	13632	7094	4644	155441
1997	13051	11795	12612	7249	3531	206193
1998	13784	12523	11941	6368	3703	271030
1999	14218	12838	12389	6285	4037	355474
2000	15294	13869	14102	7590	4275	515111
2001	16197	14778	15749	9156	4123	682007/307959
2004	19394	17641	16942	9741	6206	523906
2005	20537	18660	18083	10530	6483	717821
2007	24810	22212	19861	12686	6077	937675
2008	26641	23720	24118	13650	9485	1045995
2009	36071	32895	26014	14983	9561	1217155
2010	39104	36004	34225	17683	11292	1390704
2011	42289	39080	35737	19820	14090	1209088/1514472
2012	46255	42519	41999	22020	15090	1348100
2013	49407	45070	44052	23738	15556	1822877
2014	15269	10596	31798	12143	15056	2111700
2015	15929	10892	29824	12365	13322	2509169

注：邮电业务总量1990年以前为1980年不变价，1990年以后为1990年不变价；1990年当年有两个价格计算的数字。 2000年以前为1990年不变价，2001年当年有1990年不变价和2000年不变价两个价格计算的数字，其中：682007万元为按1990年不变价计算，307959万元为2000年不变价计算。2011年为2010年不变价计算。根据2014年交通部和国家统计局开展交通运输经济专项调查的规定，2015年对公路客运及货运的统计口径进行了调整。

主要统计指标解释

（一）铁路运输

铁路运输 指有固定的运行轨道，以铁路机车、客、货车辆为运输工具，承担旅客、货物运送任务的一种运输方式。具有全天候、大批量、长距离、成本低、高效率的现代化运输特点，是我国综合运输体系中，起骨干力量的重要运输方式。我国铁路运输是由国家铁路、地方铁路、合资铁路和铁路专用线及专用铁道组成，主要承担大宗货物中长距离运输和中长途旅客运输。

铁路旅客周转量 指一定时期内使用铁路客车运送的旅客人数与运输距离的乘积之和。计算公式为：

旅客周转量（人公里）=∑（实际运送的每一乘客 × 该旅客出发站与到达站间距离）

=实际运送的旅客人数 × 旅客平均运程

铁路货物周转量 指一定时期内使用铁路货车完成的货物运量与运送距离的乘积之和。计算公式为：

货物周转量（吨公里）=∑（每批货物重量 × 该批货物的运送距离）

=实际运送货物吨数 × 货物平均运程

铁路运输总收入 指铁路运输企业在完成客货运输工作中，按照国家批准的运费标准收取的货币收入。包括货运收入，客运收入，行李、包裹收入，邮运收入，车站和列车补收的旅客客票收入，到站补收的货物和行包运费、货物行包变更手续费等。

（二）公路运输

公路运输 指以汽车为主在公路上运送旅客和货物的一种运输方式。具有线路网密度大、分布广、运输中转环节少等特点，适合承担短途旅客、货物运输及铁路、公路、航空港（站）的集散和接运任务。

公路里程 指在一定时期内实际达到《公路工程技术标准 JTG B01-2003》规定的技术等级的公路，并经公路主管部门正式验收交付使用的公路里程数。包括大、中城市的郊区公路，以及公路通过小城镇（指县城、集镇）街道的公路里程和公路桥梁长度、隧道长度、渡口的宽度以及分期修建的公路已验收交付使用的里程，不包括大中城市的街道、厂矿、林区生产用道和农业生产用道的里程。两条或多条公路共同经由同一路段，只计算一次，不得重复计算里程长度。按公路技术等级分为等级公路和等外公路，其中等级公路分为高速公路、一级公路、二级公路、三级公路和四级公路。

民用汽车拥有量 指报告期末，在公安交通管理部门按照《机动车注册登记工作规范》，已注册登记领有民用车辆牌照的全部汽车数量。汽车拥有量统计的主要分类：根据汽车结构分为载客汽车、载货汽车、其他汽车；根据汽车所有者不同分为个人（私人）汽车、单位汽车；根据汽车的使用性质分为营运汽车、非营运汽车；根据汽车大小规格不同，载客汽车分为大型、中型、小型和微型，载货汽车分为重型、中型、轻型和微型。

其他类型车 指除民用汽车、摩托车及拖拉机以外的其他民用机动车辆，如简易机动车、电瓶车等。

载货挂车 指自身没有动力，需依靠机动牵引车拖带的公路载货用挂车。

机动车驾驶员 指持有正式驾驶执照的各类机动车驾驶人员。

公路运输汽车 指在公路运输管理部门注册登记的从事公路运输的营业性及非营业性运输工具。

公路营运汽车拥有量 指报告期末公路运输管理部门注册登记的未办理报废、销、转出手续从事公路运输的营业性客货汽车数量。不包括出租汽车、公共汽车。

普通载货汽车 指具有一般构造的栏板式、平板式及厢式货运汽车，包括自卸车、半挂车、厢式车等。

专用载货汽车 指具有特殊构造及附属设备从事专门用途的货运汽车，包括集装箱车、大件运输车、商品汽车运输车、冷藏保温车、罐车和其他货车。

公路货运量 指一定时期内由各种公路运输工具实际运送到目的地并卸完的货物数量。反映公路货运量的指标有发送货物吨数、到达货物吨数和运送货物吨数。

公路货物周转量 指一定时期内由各种公路运输工具实际完成的货物运量与相应的运送距离的乘积之和。计算公式为：

货物周转量（吨公里）=∑（每批货物重量 × 该批货物的运送距离）

公路客运量 指公路运输企业及由其组织的其他单位在一定时期内实际运送的旅客人数。公路客运量的计算方法：不论乘车路程远近和票价的多少，以客票为依据，“人”为计量单位；不足购票年龄的免票儿童不计算客运量。

公路旅客周转量 指一定时期内由各种公路运输工具实际运送的旅客人数与相应的运送距离的乘积之和。计算公式为：

旅客周转量（人公里）=∑（实际运送的每一旅客 × 该旅客出发站与到达站间距离）

（三）水路运输

水路运输 指利用船舶、排筏和其他浮运工具，在江、河、湖泊、水库、人工水道和海上运送旅客和货物的一种运输方式。在水运运输中，远洋及江海水运干线具有成本低、运量大的特点，适合于大宗货物的运送；支流小河运输线星罗密布，深入小港小巷，沟通城乡货物运输和人员出入。

内河航道通航里程 指在一定时期内，能通航运输船舶及排筏的天然河流、湖泊水库、运河及通航渠道的长度。包括全年季节性通航累计三个月以上的航道，不包括仅供零散流放竹、木排的河道。两省以河为界的航道里程，双方均按一半计算，以免重复。该指标可以反映内河水运网的规模、水平和发展情况。

民用运输船舶拥有量 指报告期末在水路运输管理部门注册登记的从事水上客、货运输活动的我国企业或私人拥有的营业性运输船舶（含我国企业或私人拥有的悬挂外国旗的船舶）数量。不包括非运输船舶及农业、渔业生产船舶。

机动船 又称自航船，指装有各种发动机推进装置，以机械动力行驶的船舶。

驳船 指本身无动力装置，或只设简易动力装置，依靠拖船或推船带动的平底船。

拖船 指专门拖带其他船舶、船队、木排的船舶。

船舶净载重量 指报告期末所拥有船舶的总载重量减去燃（物）料、淡水、粮食及供应品、人员及其行李等的重量及船舶常数后，能够装载货物的实际重量。

水路货运量 指在一定时期内由各种水运工具实际运送的货物数量，包括内河、江海、远洋货运量。

水路货物周转量 指一定时期内由各种水路运输工具实际完成的货物运量与相应的运送距离的乘积之和。

水路客运量 指水运企业及由其组织的其他单位在一定时期内实际运送的旅客人数。

水路旅客周转量 指水运企业和由其组织的其他单位在一定时期内实际运送的旅客人数与相应的运送距离的乘积之和。

自有和租用船舶数量 指该企业自己所有的和租用外单位的从事营业性水路运输的船舶数量，包括悬挂外国旗的船舶，不包括非运输船舶、驳船及农业、渔业生产船舶。

挂靠船舶数量 指挂靠到该企业的从事营业性水路运输的船舶数量，不包括非运输船舶、驳船及农业、渔业生产船舶。

柴油消费量 指该企业从事生产运输和行政管理等全部的柴油消费总量，包括企业租用和挂靠到该企业的从事营业性水路运输的船舶的柴油消费量。

（四）港口

港口 指位于江河湖海或水库沿岸，具有一定的设施和条件（如装卸机械、仓库堆场、码头泊位、客运设备等），供船舶停靠、旅客上下、货物装卸、生活物料供应或其他专门业务的地方。包括港内水域及紧接水域的陆地。按港口所处的水域分为海港、河港、湖港等；按港口是否对外国船舶开放分为对外开放港口和不对外开放港口。

港口码头长度 指报告期末港口用于靠泊船舶，进行装卸货物和上下旅客地段的实际长度，包括固定的、浮动的各种形式码头的长度。固定式码头，指顺水域自码头的一端至另一端的全部长度。浮动式码头，只计算其本身可靠泊船舶的正面长度，不包括浮动码头两端及其靠岸边的内档长度。

港口码头泊位个数 指设有系靠船舶装置、同时可供靠泊船舶的泊位数量，包括码头泊位、浮筒泊位以及供船舶锚泊的锚地泊位、水路过驳的平台泊位等。供停泊一艘船舶所备的位置，称为一个泊位。按泊位的使用性质可分为生产用泊位和非生产用泊位，按靠泊能力可分为万吨级泊位。

港口货物吞吐量 指经由水路进、出港区范围，并经过装卸的货物数量。按货物流向分为进港吞吐量和出港吞吐量,按货物的贸易性质分为内贸和外贸吞吐量。按货物的类别分,可根据现行的交通行业标准《运输货物分类和代码》分类。

港口旅客吞吐量 指由水路乘船进、出港区范围的旅客人数，不包括免票儿童、船舶船员人数、轮渡和港区内短途客运的旅客人数。按旅客流向分为旅客发送量和旅客到达量。

柴油消费量 指该港口从事装卸生产、辅助生产和行政管理等全部的柴油消费总量。

（五）民用航空运输

民用航空运输 指利用飞机和空中航线运送旅客和货邮的一种运输方式，具有速度快和不受地形限制的特点。航空运输成本高、运量小，适合对时间要求高的运输事务。

航线条数 指定期航班营运的航线条数。按国内航线（其中：港澳航线）、国际航线分类统计。

国际航线 指航线中任一航段的起讫点（技术经停点除外）在外国领土上的航线。

国内航线 指航线中各航段的起讫点（技术经停点除外）都在国内的航线。

地区航线 指航线中任一航段的起讫点在香港、澳门或台湾的航线（经香港、澳门、台湾飞往外国的航线统计为国际航线）。

定期航班航线长度 指定期航班营运里程的总长度，以万公里为计算单位。航线里程的统计分为按重复距离计算和按不重复距离计算两种形式。“按重复距离计算”是指不同航线的相同航段距离可以重复累加；“按不重复距离计算”则不同航线相同航段只统计一次。

定期航班通航机场 指有定期航班执飞的机场。

民用飞机期末架数 指报告期末实有的、持有有效适航证书的飞机数量。

运输飞机 指从事公共航空运输的民用飞机。分为大中型飞机和小型飞机，大中型飞机指100座及以上的运输飞机，小型飞机指100座以下的运输飞机。

民用航空飞机平均在册架数 指报告期平均每天在册的飞机架数。计算公式为：

民用航空飞机平均在册架数＝报告期在册飞机总架 / 报告期日历天数

民用航空飞机班次 指飞机自始发到终点航站的一次飞行，去回程各按一个班次统计。专、包机飞行，按任务和架次统计。一项任务和一项包机，是由一架飞机完成的，按一架次统计；由两架飞机或由一架飞机两次完成的，按两架次统计。

民用航空客运量 指公共航空运输飞行所载运的旅客人数。成人和儿童各按一人计算，婴儿不计人数。每一特定航班的每一旅客只计算一次。唯一例外的是,乘坐定期航班既经过国内航段又经过国际航段的旅客,同时计算一个国内旅客和一个国际旅客。不定期航班运送的旅客每一特定航班（同一航班）只计算一次。

民用航空旅客周转量 反映旅客在空中实现位移的综合性生产指标，体现航空运输企业所完成的旅客运输工作量。计算单位为人公里（或称“客公里”）。计算公式为：

旅客周转量（人公里）= ∑（航段旅客运输量 × 航段距离）

民用航空货邮运量 指公共航空运输飞行所载运的货物、邮件重量。每一特定航班的货邮只计算一次。唯一例外的是，定期航班既经过国内航段又经过国际航段运输的货邮，同时各计算一次国内货邮和一次国际货邮。不定期航班运输的货物每一特定航班（同一航班）只计算一次。

民用航空货邮周转量 指一定时期内，公共航空运输单位实际运送的货物、邮件的重量与相应的货邮运输距离乘积之和。计算公式为：

货邮周转量（吨公里）= ∑（每批货邮重量 × 该批货邮运送距离）

民用航空总周转量 指反映旅客、货邮在空中运载工具的作用下发生位移的综合性指标，体现航空运输过程的生产效果。计算公式为：

民用航空总周转量 = 旅客周转量 + 邮件周转量 + 货物周转量

旅客的重量换算：成人 90 公斤，儿童 45 公斤，婴儿 9 公斤。

通用航空 指用民用航空器从事公共航空运输以外的民用航空活动，包括从事工业、农业、林业、渔业和建筑业的作业飞行以及医疗卫生、抢险救灾、气象探测、海洋监测、科学实验、教育训练、文化体育等方面的飞行活动。

飞行小时 指从飞机滑动前撤除轮档起至飞机着陆停稳后安放轮档止的全部时间。为方便操作，可以计为飞机靠自身动力开始滑行起至飞行航段结束至停机位置的全部时间，即飞机地面滑行时间和空中飞行时间之和。

（六）管道运输

管道运输 指以管道输送的方式将原油、天然气、成品油、其他气体等输送到用户的一种运输形式。包括油气田企业直接通向炼油厂、化工厂、电站等用户及装车站、油码头的管道，炼油厂通向用户（包括商业石油公司油库）的成品油、气管道，管道运输企业通向用户及装车（站）栈桥、油码头的管道；不包括油气田、炼油厂内的集输管线和工艺管线，油气井口输送到集气站或经集气站到净化处理装置的管线。

输油（气）能力 指在油气产量及设备正常的条件下，在年度有效工作时间内，最大可能的输油（气）量。一般按设计能力填报，当实际条件发生很大变化时，则按上级批准的查定能力计算。在计算输油气管道的输送能力时，对于一条输油气管道的输送能力只能根据干线的输送能力来确定，可以不考虑干线与支线的能力平衡。在几条输油气管线连网时，该管网的输油气能力则应根据各输油气管网的运行情况由有关部门综合确定，而不是把各条管道的能力简单相加。

输油（气）量 指输油气管道实际输送的油气数量。计算一条管线的管输量指首站和各进油点的输出量之和。一个单位管几条输油气管线，在计算输油气量时，应分别列出每条管线的输油气量。天然气按一千立方米折一吨原油计算。

输油（气）周转量 指在一定时期内输油气管道输送油气数量与输送距离的乘积。计算公式为：

输油气周转量 = 输油气量 × 输油气里程 - 自用量 × 输油气里程

（七）城市公共交通

城市公共交通 指城市中供公众乘用的、经济方便的各种交通方式的总称。包括公共汽车、电车、轨道交通（地铁、轻轨、有轨电车、索道、缆车）、出租汽车、公共轮渡等客运交通设施。

运营线路总长度 指全部运营线路长度之和。计算公式为：

运营线路长度 = ∑各条运营线路长度

= ∑〔1/2（上行起点至终点里程 + 下行起点至终点里程 + 上下行终点掉头里程〕

单向行驶的环行线路长度等于起点至终点里程与终点下客站至起点里程之和的一半，不包括折返、试车、联络线等非运营线路。

公交专用车道 指为了调整公共交通车辆与其他社会车辆的路权使用分配关系，提高公共交通车辆运营速度和道路资源利用率，而科学、合理设置的公共交通优先车道、专用车道（路）、路口专用线（道）、专用街道、单向优先专用线（道）等。

运营车数 指城市中用于公共交通运营业务的全部车辆数。地铁和轻轨在统计时一自然节为一辆。出租汽车指已经领取出租汽车专用牌照的运营车辆，包括技术完好的、在修的、长期行驶的以及拟报废尚未经上级机关批准的车辆。

轮渡运营船数 指用于城市客渡运营业务的全部船舶数。不含旅游客轮（长途旅游，市内供游人游览江、河、湖泊的船只）。

城市公共交通客运总量 指报告期内城市公共交通各种运输方式运送乘客的总人次。

（八）邮电通信

邮路 指各邮政局所、代办所之间及邮政局所、代办所与车站、码头、机场、转运站、报刊社之间，由自编或委代办人员按固定班期规定路线交换邮件、报刊的路线。包括农村地区运邮为主兼投递邮件、报刊的路线。不包括城市、农村地区纯投递（邮件报刊所走的）路线。邮路按级别分为：国际及港澳邮路、一级邮路、二级邮路、市内邮路、农村邮路；按运输工具分为：航空邮路、铁道邮路、汽车邮路、水运邮路、其他邮路。

农村投递线路 指农村邮政支局所自编或委办人员按固定班期、规定路线至农村乡（镇）、行政村等收件单位投递邮件、报刊所走的路线。

通信设备 指通信企业为社会提供传递信息或其他邮电服务的设备。包括本地电话、长途电信、移动电话、卫星通信、数据通信等主要设备。

邮电业务总量（又称通信业务总量） 指以价值量形式表现的邮电通信企业为社会提供各类邮电通信服

务的总数量。邮电业务量按专业分类包括函件、包件、汇票、报刊发行、邮政快件、特快专递、邮政储蓄、集邮、传真、长途电话、出租电路、移动电话、分组交换数据通信、出租代维等。计算方法为各类产品乘以相应的平均单价（不变价）之和，再加上出租电路和设备、代用户维护电话交换机和线路等的服务收入。该指标综合反映了一定时期邮电业务发展的总成果，是研究邮电业务量构成和发展趋势的重要指标。计算公式为：

邮电业务总量 = ∑（各类邮电业务量 × 不变单价）+ 出租代维及其他业务收入

= 邮政业务总量 + 电信业务总量

移动短信业务量 指移动电话用户通过移动通信网络短信平台使用短信业务的通信量。

移动电话用户 指通过移动电话交换机进入移动电话网、占用移动电话号码的电话用户。用户数量以报告期末在移动电话营业部门实际办理登记手续进入移动电话网的户数进行计算，一部移动电话统计为一户。

固定电话用户 指在电信运营企业营业网点办理开户登记手续并已接入固定电话网上的全部电话用户。包括普通电话用户、公用电话用户、窄带综合业务数字网（N—ISDN）用户、智能网专用接入终端用户等。按行政区划分为城市电话用户和农村电话用户。1997 年以前，“市内电话用户”是指接入县城及县以上城市电话网的电话用户；“农村电话用户”是指接入县邮电局农话台及县以下农村电话交换点，以县城为中心（除市话用户外）联通县、乡（镇）、行政村、村民小组的用户。从 1997 年起，电话用户数分组调整为以用户所在区域划分为“城市电话用户”和“乡村电话用户”，与过去的按市内电话和农村电话划分方法不同。而电话用户总数、电话机总部数统计范围不变。

城市电话用户 指直辖市、省辖市、地级市、县级市的市区、市郊区及县城（包括县人民政府所在地的县城关区或行政建制相当于县人民政府所在地的镇）范围内接入局用交换机的电话用户数，包括分布在农村地区的独立工矿区、林区、驻军等接入局用交换机的电话用户数。

农村电话用户 指县城关区以下的集镇和农村接入局用交换机的电话用户数。

住宅电话用户 指安装在居民住宅或农民家里并按照住宅电话用户登记注册和收费的电话用户。包括私人付费、单位付费和按规定免费安装的住宅电话用户。

局用交换机容量 指安装在本地电信运营商内用于接续本地固定电话的电话交换机容量，有倍增设备按倍增后的数量计数。包括现用和备用的人工或自动交换机的全部容量。计量单位：门。

移动电话交换机容量 指移动电话交换机根据一定话务模型和交换机处理能力计算出来的最大同时服务用户的数量。

互联网宽带接入端口 指用于接入互联网用户的各类实际安装运行的宽带接入端口的数量，包括 xDSL 用户接入端口、LAN 接入端口以及其他类型的宽带用户接入端口等，不包括窄带拨号接入端口。

营业网点服务面积 指报告期行政区域平均每一营业网点服务的面积。计算公式：

$$每一营业网点服务面积=\frac{行政区域土地面积（平方公里）}{营业网点总数（处）}$$

营业网点服务人口 指报告期行政区域平均每一营业网点服务的人口数。计算公式：

$$每一营业网点服务面积=\frac{行政区域总人口数（万人）}{营业网点总数（处）}$$

电话普及率 指报告期行政区域总人口中，平均每百人拥有的话机数。计算公式：

$$电话普及率=\frac{电话机总数（部）}{行政区域总人口数（人）}\times 100$$

（九）
固定资产投资和建筑业

CHAPTER 9
INVESTMENT IN FIXED ASSETS AND CONSTRUCTION

表 9—1　全社会固定资产投资

计量单位：亿元

指　标	2015年	2014年	2015年为上年%
全市投资总额	5484.47	5460.03	100
按产业分			
第一产业	36.95	34.87	105.9
第二产业	2093.35	2180.71	96.0
# 工业	2071.66	2152.36	96.3
第三产业	3354.49	3244.45	103.4
# 房地产开发投资	1429.02	1125.49	127.0
按经济类型分			
国有经济	1962.24	2195.6	79.4
非国有经济	3522.23	3264.43	107.9
# 外资	442.05	453.82	97.4
私营、个体经济	1447.36	1430.13	101.2
本年新增固定资产	3987.94	3820.43	104.4

表 9—2　全社会房屋建筑面积（2015 年）

计量单位：万平方米

指　标	施工面积	# 住　宅	竣工面积	# 住　宅
全　　市	11515.89	5162.33	2181.84	1078.32
一、城乡投资	4431.45	387.37	2032.74	14.45
二、房地产开发投资	7084.44	4774.96	1449.10	1063.87

表 9—3 项目固定资产投资（2015 年）

计量单位：万元

指　标	施工项目个数（个）	#本年新开工	本年投产项目个数（个）	计划总投资	#本年新开工	累计完成投资
总 计	5430	4404	4503	95956714	35497492	72915361
一、按登记注册类型						
内资	5184	4197	4298	91462713	33313881	69331599
国有	1149	621	706	53024317	11899803	37759080
集体	324	284	293	3116766	1362417	2625491
股份合作						
联营企业	2	1	2	22569	1580	22569
国有联营						
集体联营						
国有与集体联营				2989		2989
其他联营	2	1	2	19580	1580	19580
有限责任公司	1109	940	912	16558540	8538608	13187596
国有独资公司	12	5	5	692202	356960	422301
其他有限责任公司	1097	935	907	15866338	8181648	12765295
股份有限公司	62	35	38	2307203	769220	1771898
私营	2405	2190	2225	15754089	10170644	13414974
其他	133	126	122	679229	571609	549991
港澳台商投资	54	44	43	627750	294561	559631
合资经营	29	25	23	275868	144938	256369
合作经营						
独资	23	18	19	340815	143023	293138
股份有限	1			4467		3324
其他港澳台商投资企业	1	1	1	6600	6600	6800
外商投资	175	146	145	3675280	1830580	2832560
合资经营	43	32	34	1384153	653529	895043
合作经营	2	2	2	8160	5170	8753
独资	130	112	109	2277997	1171881	1924664
股份有限				4970		4100
其他外商投资企业						
个体经营	17	17	17	190971	58470	191571
个体户	17	17	17	190971	58470	191571
个人合伙						
二、按国民经济行业						
农、林、牧、渔业	137	133	125	577329	413229	527489
采矿业	5	4	5	15385	10550	14541

9—3 续表 1

指　标	施工项目个数（个）	#本年新开工	本年投产项目个数（个）	计划总投资	#本年新开工	累计完成投资
制造业	3172	2837	2839	34853107	19139136	29589502
电力、燃气及水的生产和供应业	90	59	60	1445240	690014	1064680
建筑业	40	37	33	485388	203817	397178
批发和零售业	186	156	156	2219135	705905	2076002
交通运输、仓储和邮政业	158	113	116	14917529	3589855	11208029
住宿和餐饮业	31	27	28	318416	185556	259315
信息传输、计算机服务和软件业	135	96	109	2931701	1011878	2398917
金融业	22	11	17	1512769	78590	1264990
房地产业	105	42	50	5851879	1136899	3657285
租赁和商务服务业	102	71	74	3441627	708242	2528168
科学研究、技术服务和地质勘查业	152	106	118	5846032	1067140	3071891
水利、环境和公共设施管理业	791	526	564	13198603	4394336	9061344
居民服务和其他服务业	52	50	45	202839	179889	192238
教育	114	56	71	2527083	1019894	1699325
卫生、社会保障和社会福利业	42	22	27	1673509	466602	1158119
文化、体育和娱乐业	66	35	41	3451704	342265	2461409
公共管理和社会组织	30	23	25	487439	153695	284939
国际组织						
三、按隶属关系						
中央	212	126	148	10813383	1664555	7152602
省	78	34	50	3149371	372896	2753718
市	345	143	156	21565575	4792380	15867268
区	494	286	317	16081684	4802260	10537328
其他	4301	3815	3832	44346701	23865401	36604445
四、按建设性质						
新建	2066	1609	1574	55959365	19093562	39631986
扩建	1960	1532	1667	26351891	10149492	21549444
改建	1360	1236	1226	11714063	5996359	10038928

表9—3 续表2

指 标	施工项目个数（个）	#本年新开工	本年投产项目个数（个）	计划总投资	#本年新开工	累计完成投资
单纯建造生活设施	16	8	14	66841	23184	64851
迁建	16	7	11	437947	168680	263316
恢复	12	12	11	66215	66215	47295
单纯购置				1360392		1319541
五、按控股情况						
国有控股	1259	679	773	57700247	12698003	41374979
集体控股	375	326	338	3526098	1536839	3063141
私人控股	3430	3089	3084	28293992	18264576	23658716
港澳台商控股	45	35	36	573227	240358	512320
外商控股	155	131	129	3383545	1749520	2544094
六、按期末项目建设状态						
在建	927	557		53102943	16511718	29119527
全部投产	4503	3847	4503	42853771	18985774	43795834
全部停缓建						
七、按投资规模						
100万元以下						
100-500万元						
500-1000万元	108	93	85	71996	59584	67863
1000-3000万元	2295	2151	2079	6091795	5552243	6027414
3000-5000万元	1007	891	871	4380663	3610888	4201708
5000万元-1亿元	1204	984	1128	9761375	7923239	10355961
1-5亿元	511	201	260	14739249	5540988	12506381
5-10亿元	133	42	42	9421351	2947076	6566637
10亿元以上	172	42	38	51490285	9863474	33189397

表9—3 续表3

指 标	本年完成投资	#本年新开工	#住 宅	本年新增固定资产
总 计	40554495	24851026	640008	33181412
一、按登记注册类型				
内资	38086462	23262194	639978	31427441
国有	15231272	5473567	621285	12476659
集体	1843528	1301025	7925	1501606
股份合作				
联营企业	16569	1580		16569
国有联营				
集体联营				
国有与集体联营	2989			2989
其他联营	13580	1580		13580
有限责任公司	8946638	6645357		6771583
国有独资公司	171737	138526		165349
其他有限责任公司	8774901	6506831		6606234
股份有限公司	761440	408634		567043
私营	10767889	8990260	10768	9668033
其他	519126	441771		425948
港澳台商投资	439079	252206		301809
合资经营	185359	138192		167339
合作经营				
独资	245920	107214		127670
股份有限	1000			
其他港澳台商投资企业	6800	6800		6800
外商投资	1837383	1277556		1339595
合资经营	467626	268587		265954
合作经营	8753	5165		5165
独资	1356904	1003804		1068476
股份有限	4100			
其他外商投资企业				
个体经营	191571	59070	30	112567
个体户	191571	59070	30	112567
个体合伙				
二、按国民经济行业				
农、林、牧、渔业	470672	404433	40	379774
采矿业	11179	10550	30	14241

表 9—3　续表 4

指　标	本年完成投资	#本年新开工	#住　宅	本年新增固定资产
制造业	20075256	15169332	1002	16659886
电力、燃气及水的生产和供应业	637519	458772		535295
建筑业	216920	155342		146118
批发和零售业	1064359	667172		1043534
交通运输、仓储和邮政业	4410992	1648520		4428204
住宿和餐饮业	209255	157515		96017
信息传输、计算机服务和软件业	1300761	718543		1238815
金融业	319522	83981		218564
房地产业	2176535	489273	587141	575155
租赁和商务服务业	910602	487549		669445
科学研究、技术服务和地质勘查业	1533297	705305	6155	1081882
水利、环境和公共设施管理业	4187286	2604896	45640	3855936
居民服务和其他服务业	180618	178918		171149
教育	1151113	391723		1056347
卫生、社会保障和社会福利业	483342	161032		460143
文化、体育和娱乐业	1068381	274617		362694
公共管理和社会组织	146886	83553		188213
国际组织				
三、按隶属关系				
中央	3128484	1085544	8530	2500596
省	1107397	307787		998100
市	5029345	1770555	169751	5080091
区	5100962	2117953	423804	3693075
其他	26188307	19569187	37923	20909550
四、按建设性质				
新建	20755102	11440977	604874	15737680
扩建	11834109	8220072	35094	10116701
改建	6534802	5080470	40	6313913

表 9—3　续表 5

指　标	本年完成投资	#本年新开工	#住　宅	本年新增固定资产
单纯建造生活设施	24936	21194		64851
迁建	104489	41018		122272
恢复	47295	47295		32345
单纯购置	1253762			793650
五、按控股情况				
国有控股	16422433	5937783	621285	13447540
集体控股	2084195	1468196	7925	1710563
私人控股	18622466	15210312	10798	15614140
港澳台商控股	391768	203414		254023
外商控股	1693928	1187753		1234567
六、按期末项目建设状态				
在建	13061649	5291485	601330	129762
全部投产	27492846	19559541	38678	33051650
全部停缓建				
七、按投资规模				
100 万元以下				
100-500 万元				
500-1000 万元	62021	56546	500	54249
1000-3000 万元	5801045	5487469	1055	5425980
3000-5000 万元	3906887	3450615	6155	3494202
5000 万元 -1 亿元	8914255	8069204	9350	8892417
1-5 亿元	7686022	4295124	79206	6114630
5-10 亿元	3085809	1092726	128905	2027987
10 亿元以上	11098456	2399342	414837	7171947

表9—3 续表6

指标	资金来源						
	合计	上年末结余资金	本年资金来源				
			小计	国家预算内资金	国内贷款	利用外资	#外商直接投资
总计	42979335	1512169	41467166	742260	5064019	145636	88336
一、按登记注册类型							
内资	40241040	1504739	38736301	742260	5038191	25800	
国有	16669437	1297751	15371686	724516	3004887		
集体	1887858	5000	1882858	16694	359646		
股份合作							
联营企业	22569		22569				
国有联营							
集体联营							
国有与集体联营	2989		2989				
其他联营	19580		19580				
有限责任公司	9467298	125552	9341746		1211907		
国有独资公司	196737	30000	166737		151354		
其他有限责任公司	9270561	95552	9175009		1060553		
股份有限公司	843352	18030	825322	900	9312		
私营	10841005	58406	10782599		444774	25800	
其他	509521		509521	150	7665		
港澳台商投资	494371	5267	489104		8506	59819	59819
合资经营	231089	5267	225822		3856		
合作经营							
独资	255482		255482		4650	59819	59819
股份有限	1000		1000				
其他港澳台商投资	6800		6800				
外商投资	2052353	2163	2050190		15472	60017	28517
合资经营	490069	2163	487906		6056		
合作经营	8785		8785			2665	2665
独资	1546999		1546999		9416	57352	25852
股份有限	6500		6500				
其他外商投资企业							
个体经营	191571		191571		1850		
个体户	191571		191571		1850		
个人合伙							
二、按国民经济行业							
农、林、牧、渔业	474932		474932	5770	43884		
采矿业	12023		12023				

表 9—3 续表 7

指　标	资金来源						
	合计	上年末结余资金	本年资金来源				
			小计	国家预算内资金	国内贷款	利用外资	#外商直接投资
制造业	21037161	106965	20930196	900	649361	131319	75519
电力、燃气及水的生产和供应业	688874	16000	672874		171025		
建筑业	231419	3331	228088		11164		
批发和零售业	1087079	8437	1078642		255732	2665	2665
交通运输、仓储和邮政业	4389924	130206	4259718	504450	1809312	1500	
住宿和餐饮业	219627		219627		77125	10152	10152
信息传输、计算机服务和软件业	1381229	132068	1249161		187070		
金融业	338168	36345	301823		21910		
房地产业	2255597	61902	2193695		110284		
租赁和商务服务业	880063	44975	835088		312683		
科学研究、技术服务和地质勘查业	1700367	115382	1584985		313210		
水利、环境和公共设施管理业	4872345	693707	4178638	102612	641055		
居民服务和其他服务业	180108	90	180018		31164		
教育	1196511	6363	1190148	70817	26450		
卫生、社会保障和社会福利业	618068	16623	601445	7201	280144		
文化、体育和娱乐业	1264811	125125	1139686	41010	100526		
公共管理和社会组织	151029	14650	136379	9500	21920		
国际组织							
三、按隶属关系							
中央	3249196	5350	3243846	13196	150758		
省	1287285	201675	1085610	6500	15391		
市	5406875	320181	5086694	588287	2020231		
区	5883513	738797	5144716	110141	977336		
其他	27152466	246166	26906300	24136	1900303	145636	88336
四、按建设性质							
新建	21895307	446320	21448987	642295	4000015	114952	60152
扩建	13005992	905989	12100003	86565	825390	29684	28184
改建	6608212	159750	6448462	900	224099	1000	0

表9—3 续表8

指 标	资金来源						
	合 计	上年末结余资金	本年资金来源				
			小 计	国家预算内资金	国内贷款	利用外资	#外商直接投资
单纯建造生活设施	24789		24789		200		
迁建	120029	110	119919	12500	2000		
恢复	56215		56215		1685		
单纯购置	1268791		1268791		10630		
五、按控股情况							
国有控股	17933943	1388959	16544984	724516	3193702		
集体控股	2134893	5000	2129893	16694	435008		
私人控股	19174772	109200	19065572	150	1337366	25800	
港澳台商控股	445230	5267	439963		9097	59819	59819
外商控股	1894015	2163	1891852		13181	60017	28517
六、按期末项目建设状态							
在建	15310555	1086970	14223585	550966	2297552	90652	60152
全部投产	27668780	425199	27243581	191294	2766467	54984	28184
全部停缓建							
七、按投资规模							
100万元以下							
100-500万元							
500-1000万元	64123	1202	62921		7412		
1000-3000万元	5791819	11364	5780455	17699	406272	3665	2665
3000-5000万元	4051292	12733	4038559	31752	129533	16519	16519
5000万元-1亿元	8956530	73938	8882592	41760	1065032	10500	9000
1-5亿元	8606576	773531	7833045	108739	558814	34452	10152
5-10亿元	3505662	255308	3250354	41010	383270	30500	0
10亿元以上	12003333	384093	11619240	501300	2513686	50000	50000

表 9—3　续表 9

指　标	本年资金来源		
	自筹资金		其他资金来源
	小计	#企事业单位自筹	
总　计	35195933	16309205	319318
一、按登记注册类型			
内资	32611832	15740969	318218
国有	11393737	4588034	248546
集体	1474911	751665	31607
股份合作			
联营企业	22569	1580	
国有联营			
集体联营			
国有与集体联营	2989		
其他联营	19580	1580	
有限责任公司	8099339	3204183	30500
国有独资公司	15383	2980	
其他有限责任公司	8083956	3201203	30500
股份有限公司	815110	477687	
私营	10304460	6548233	7565
其他	501706	169587	
港澳台商投资	420779	141863	
合资经营	221966	70278	
合作经营			
独资	191013	70685	
股份有限	1000	900	
其他港澳台商投资企业	6800		
外商投资	1974701	292559	
合资经营	481850	78394	
合作经营	6120		
独资	1480231	214165	
股份有限	6500		
其他外商投资企业			
个体经营	188621	133814	1100
个体户	188621	133814	1100
个人合伙			
二、按国民经济行业			
农、林、牧、渔业	423281	135789	1997
采矿业	12023	2500	

表 9—3　续表 10

指　标	本年资金来源		
	自筹资金		其他资金来源
	小　计	#企事业单位自筹	
制造业	20142523	9413818	6093
电力、燃气及水的生产和供应业	500769	211269	1080
建筑业	216924	104814	
批发和零售业	819645	537980	600
交通运输、仓储和邮政业	1747321	704460	197135
住宿和餐饮业	131350	102481	1000
信息传输、计算机服务和软件业	1049091	536563	13000
金融业	279913	243057	
房地产业	2065031	952153	18380
租赁和商务服务业	522405	253875	
科学研究、技术服务和地质勘查业	1271775	360458	
水利、环境和公共设施管理业	3385624	1243387	49347
居民服务和其他服务业	145874	90425	2980
教育	1080417	791012	12464
卫生、社会保障和社会福利业	302082	212322	12018
文化、体育和娱乐业	997850	335937	300
公共管理和社会组织	102035	76905	2924
国际组织			
三、按隶属关系			
中央	3079892	826898	
省	1061505	906658	2214
市	2328176	1037446	150000
区	3935370	1166311	121869
其他	24790990	12371892	45235
四、按建设性质			
新建	16442781	5978903	248944
扩建	11093270	5751955	65094
改建	6220463	3551541	2000

表9—3　续表11

指　标	本年资金来源		
	自筹资金		其他资金来源
	小　计	#企事业单位自筹	
单纯建造生活设施	24589	16235	
迁建	102439	35556	2980
恢复	54530	11800	
单纯购置	1257861	963215	300
五、按控股情况			
国有控股	12378220	5090782	248546
集体控股	1646584	860225	31607
私人控股	17693591	9714281	8665
港澳台商控股	371047	89686	
外商控股	1818654	255344	
六、按期末项目建设状态			
在建	11069646	4103393	214769
全部投产	24126287	12205812	104549
全部停缓建			
七、按投资规模			
100万元以下			
100-500万元			
500-1000万元	55359	23819	150
1000-3000万元	5329314	3180702	23505
3000-5000万元	3837331	2290854	23424
5000万元-1亿元	7736248	3504546	29052
1-5亿元	7081453	3156888	49587
5-10亿元	2792574	905751	3000
10亿元以上	8363654	3246645	190600

表9—4　全社会工业投资（2015年）

计量单位：万元

指　标	施工项目个数（个）	#本年新开工	本年投产项目个数（个）	计　划总投资	#本年新开工	累计完成投　资
总　计	3264	2897	2901	36306364	19832332	30661355
一、按登记注册类型						
内资	3049	2715	2722	32487027	17793328	27716317
国有	186	113	121	10594391	2501822	8413948
集体	11	10	9	78416	61416	71186
股份合作						
联营企业				2989		2989
国有联营						
集体联营						
国有与集体联营				2989		2989
其他联营						
有限责任公司	757	677	646	8837841	6041604	7728247
国有独资公司	5	2	3	17324	5960	16504
其他有限责任公司	752	675	643	8820517	6035644	7711743
股份有限公司	43	26	29	1048180	416378	821845
私营	2037	1877	1903	11764725	8705793	10522322
其他	15	12	14	160485	66315	155780
港澳台商投资	50	41	40	568650	265461	517557
合资经营	28	25	22	245868	144938	226369
合作经营						
独资	20	15	17	311715	113923	281064
股份有限	1			4467		3324
其他港澳台商投资	1	1	1	6600	6600	6800
外商投资	161	137	135	3231577	1754433	2408371
合资经营	38	28	30	1326773	614149	837700
合作经营	1	1	1	5510	2520	6088
独资	122	108	104	1894324	1137764	1560483
股份有限				4970		4100
其他外商投资企业						
个体经营	4	4	4	19110	19110	19110
个体户	4	4	4	19110	19110	19110
个人合伙						

表 9—4　续表 1

指　标	施工项目个数（个）	#本年新开工	本年投产项目个数（个）	计　划总投资	#本年新开工	累计完成投　资
二、按国民经济行业						
采矿业	5	4	5	15385	10550	14541
煤炭开采和洗选业						
石油和天然气开采业						
黑色金属矿采选业	3	2	3	10135	5300	9291
有色金属矿采选业						
非金属矿采选业	2	2	2	5250	5250	5250
开采辅助活动						
其他采矿业						
制造业	3172	2837	2839	34853107	19139136	29589502
农副食品加工业	58	52	57	566312	282412	530651
食品制造业	53	45	49	597763	313917	498287
饮料制造业	11	11	9	56070	47570	57440
烟草制品业	2	1	1	186847	3830	236967
纺织业	31	30	31	107334	101989	112683
纺织服装、鞋、帽制造业	184	178	176	670698	648373	662524
皮革、毛皮、羽毛（绒）及其制品业	21	20	19	76143	66343	77374
木材加工及木、竹、藤、棕、草制品业	26	24	25	115079	109469	120758
家具制造业	31	28	26	145838	127388	131748
造纸及纸制品业	49	47	46	155044	147419	150653
印刷业和记录媒介的复制业	31	29	30	108935	102735	110819
文教体育用品制造业	53	48	50	234118	172923	235135
石油加工、炼焦及核燃料加工业	9	8	9	44921	34810	47619
化学原料及化学制品制造业	238	219	226	2980755	1953499	2741746
医药制造业	136	121	121	1226344	782234	1161857
化学纤维制造业	8	8	8	27725	27725	28223
橡胶和塑料制品业	122	111	108	697749	581673	601621

表9—4 续表2

指　标	施工项目个数（个）	#本年新开工	本年投产项目个数（个）	计　划总投资	#本年新开工	累计完成投资
非金属矿物制品业	200	183	185	1169711	873857	1109592
黑色金属冶炼及压延加工业	50	46	35	200230	178453	159746
有色金属冶炼及压延加工业	25	22	23	100671	74851	101614
金属制品业	231	209	206	1252727	894588	1232205
通用设备制造业	393	356	349	3146989	2299014	2437907
专用设备制造业	335	299	292	3099759	1862283	2490109
汽车制造业	150	124	127	2790703	1797141	2113391
铁路船舶航空航天制造业	84	68	73	1528243	912020	880593
电气机械及器材制造业	272	240	247	5195654	2183463	4177696
通信设备、计算机及其他电子设备制造业	216	181	181	6729888	1821107	5689370
仪器仪表及文化、办公用机械制造业	95	79	83	1008115	406164	1036116
工艺品及其他制造业	50	44	39	568273	309181	581108
废弃资源和废旧材料回收加工业	5	3	5	57101	15337	66582
金属制品、机械和设备修理业	3	3	3	7368	7368	7368
电力、燃气及水的生产和供应业	90	59	60	1445240	690014	1064680
电力、热力的生产和供应业	54	35	37	967772	572633	657511
燃气生产和供应业	6	5	5	28532	24065	27657
水的生产和供应业	30	19	18	448936	93316	379512
三、按隶属关系						
中央	115	73	80	5965225	1329205	4651356
省	6	1	3	322293	2933	373763
市	52	21	30	1322464	447501	883524
区	45	32	27	2121472	1177418	942413
其他	3046	2770	2761	26574910	16875275	23810299
四、按建设性质						
新建	899	743	747	16616118	8450854	13368529
扩建	1086	986	1001	8098918	5569221	7480633
改建	1272	1166	1148	10762272	5669567	9160619

表 9—4　续表 3

指　标	施工项目个数（个）	#本年新开工	本年投产项目个数（个）	计　划总投资	#本年新开工	累计完成投资
单纯建造生活设施	1	1	1	2690	2690	2690
迁建	6	1	4	355270	140000	190378
恢复						
单纯购置				471096		458506
五、按控股情况						
国有控股	229	134	147	11778243	2654262	9489244
集体控股	33	25	26	351822	112534	372467
私人控股	2762	2536	2527	19906919	14795852	17414299
港澳台商控股	41	32	33	514127	211258	470246
外商控股	145	126	123	2979222	1712753	2167159
六、按期末项目建设状态						
在建	363	293		12468925	6840455	6548487
全部投产	2901	2604	2901	23837439	12991877	24112868
全部停缓建						
七、按投资规模						
100 万元以下						
100-500 万元						
500-1000 万元	22	21	19	15645	14193	15040
1000-3000 万元	1572	1487	1458	4272103	3967699	4273330
3000-5000 万元	639	595	557	2698718	2435739	2582950
5000 万元 -1 亿元	717	640	697	5864942	5199112	6051084
1-5 亿元	228	119	138	6515075	3475171	5724642
5-10 亿元	35	17	14	2341325	1100793	1587572
10 亿元以上	51	18	18	14598556	3639625	10426737

表9—4　续表4

指　标	本年完成投　资	#本年新开工	#住　宅	本年新增固定资产
总　　计	20716586	15631286	1032	17202354
一、按登记注册类型				
内资	18627400	14185347	1002	15792231
国有	3232646	1122029		2630170
集体	67186	61186		65686
股份合作				
联营企业	2989			2989
国有联营				
集体联营				
国有与集体联营	2989			2989
其他联营				
有限责任公司	5885363	4942258		4575873
国有独资公司	14114	6526		8126
其他有限责任公司	5871249	4935732		4567747
股份有限公司	425318	223057		287250
私营	8883183	7775807	1002	8134788
其他	130715	61010		95475
港澳台商投资	423705	240132		288909
合资经营	182059	138192		164039
合作经营				
独资	233846	95140		118070
股份有限	1000			
其他港澳台商投资企业	6800	6800		6800
外商投资	1646371	1186697		1102104
合资经营	413710	221333		218700
合作经营	6088	2500		2500
独资	1222473	962864		880904
股份有限	4100			
其他外商投资企业				
个体经营	19110	19110	30	19110
个体户	19110	19110	30	19110
个人合伙				

表 9—4 续表 5

指 标	本年完成投 资	#本年新开工	#住 宅	本年新增固定资产
二、按国民经济行业				
采矿业	11179	10550	30	14241
煤炭开采和洗选业				
石油和天然气开采业				
黑色金属矿采选业	5929	5300		9291
有色金属矿采选业				
非金属矿采选业	5250	5250	30	4950
开采辅助活动				
其他采矿业				
制造业	20067888	15161964	1002	16652818
农副食品加工业	281701	246103		488370
食品制造业	393528	287408		290576
饮料制造业	57440	47240		49570
烟草制品业	14862	3830		3830
纺织业	111003	107338	10	111164
纺织服装、鞋、帽制造业	651544	640154	110	484996
皮革、毛皮、羽毛（绒）及其制品业	72184	67554		74359
木材加工及木、竹、藤、棕、草制品业	116408	115148		97597
家具制造业	124319	117272		98667
造纸及纸制品业	146767	143028		139722
印刷业和记录媒介的复制业	106089	104619		105349
文教体育用品制造业	200857	176010	740	199862
石油加工、炼焦及核燃料加工业	37290	34790		37090
化学原料及化学制品制造业	2147122	1844876		1977273
医药制造业	919691	716686		822951
化学纤维制造业	28223	28223		28223
橡胶和塑料制品业	554605	490238		434598

表9—4 续表6

指标	本年完成投资	#本年新开工	#住宅	本年新增固定资产
非金属矿物制品业	899587	798445	25	877260
黑色金属冶炼及压延加工业	151793	139247	40	147592
有色金属冶炼及压延加工业	86138	75787		81846
金属制品业	978798	879662		940370
通用设备制造业	1992804	1722343	32	1669304
专用设备制造业	1862363	1520005	45	1364516
汽车制造业	1420576	1177772		1096725
铁路船舶航空航天制造业	497379	337921		443893
电气机械及器材制造业	2384854	1282805		1422276
通信设备、计算机及其他电子设备制造业	2795696	1372413		2216572
仪器仪表及文化、办公用机械制造业	644995	395416		626253
工艺品及其他制造业	356956	272320		290368
废弃资源和废旧材料回收加工业	32316	17311		31646
金属制品、机械和设备修理业				
电力、燃气及水的生产和供应业	637519	458772		535295
电力、热力的生产和供应业	483508	363662		379324
燃气生产和供应业	25333	24333		24083
水的生产和供应业	128678	70777		131888
三、按隶属关系				
中央	1976428	818194		1820764
省	52786	2845		79648
市	319860	147360		298251
区	569798	207097		153090
其他	17797714	14455790	1032	14850601
四、按建设性质				
新建	8397451	5819696	42	6148054
扩建	5759217	5031653	950	5100083
改建	6070082	4763909	40	5760881

表 9—4　续表 7

指　标	本年完成投　资	#本年新开工	#住　宅	本年新增固定资产
单纯建造生活设施	2690	2690		2690
迁建	69650	13338		97322
恢复				
单纯购置	417496			93324
五、按控股情况				
国有控股	3635803	1231164		2838643
集体控股	177489	106970		144064
私人控股	14432527	12625193	1032	12575842
港澳台商控股	376394	191340		241123
外商控股	1550170	1144148		1044330
六、按期末项目建设状态				
在建	3949937	2171525		120051
全部投产	16766649	13459761	1032	17082303
全部停缓建				
七、按投资规模				
100 万元以下				
100-500 万元				
500-1000 万元	14434	13650		13087
1000-3000 万元	4118511	3961377	1015	3851091
3000-5000 万元	2473149	2329015		2150613
5000 万元 -1 亿元	5721803	5383320	17	5622169
1-5 亿元	3973835	2872908		3055646
5-10 亿元	761790	414372		560302
10 亿元以上	3653064	656644		1949446

表9—4 续表8

指标名称	资金来源合计	上年末结余资金	本年资金来源合计				
			小计	国家预算内资金	国内贷款	利用外资	#外商直接投资
总计	21730690	122965	21607725	900	820386	131319	75519
一、按登记注册类型							
内资	19479808	117108	19362700	900	796408	24300	
国有	3637123	82839	3554284		165625		
集体	70516	5000	65516		42179		
股份合作							
联营企业	2989		2989				
国有联营							
集体联营							
国有与集体联营	2989		2989				
其他联营							
有限责任公司	6186736	3153	6183583		192937		
国有独资公司	14114		14114		1354		
其他有限责任公司	6172622	3153	6169469		191583		
股份有限公司	492205	200	492005	900	9312		
私营	8947199	25916	8921283		384690	24300	
其他	143040		143040		1665		
港澳台商投资	477971	5267	472704		8506	59819	59819
合资经营	227789	5267	222522		3856		
合作经营							
独资	242382		242382		4650	59819	59819
股份有限	1000		1000				
其他港澳台商投资企业	6800		6800				
外商投资	1753801	590	1753211		15472	47200	15700
合资经营	435815	590	435225		6056		
合作经营	6120		6120				
独资	1305366		1305366		9416	47200	15700
股份有限	6500		6500				
其他外商投资企业							
个体经营	19110		19110				
个体户	19110		19110				
个人合伙							

表 9—4 续表 9

指标名称	资金来源合计	上年末结余资金	本年资金来源合计				
			小计	国家预算内资金	国内贷款	利用外资	#外商直接投资
二、按国民经济行业	12023		12023				
采矿业							
煤炭开采和洗选业							
石油和天然气开采业	6773		6773				
黑色金属矿采选业							
有色金属矿采选业	5250		5250				
非金属矿采选业							
开采辅助活动							
其他采矿业	21029793	106965	20922828	900	649361	131319	75519
制造业	321239		321239		11520		
农副食品加工业	454501		454501		1000		
食品制造业	58242		58242		800		
饮料制造业	15830	2153	13677				
烟草制品业	106836		106836		3300		
纺织业	660924		660924		21165	3200	3200
纺织服装、鞋、帽制造业	69849	810	69039		5978		
皮革、毛皮、羽毛（绒）及其制品业	117459		117459				
木材加工及木、竹、藤、棕、草制品业	139353		139353		6289		
家具制造业	146067		146067		9582		
造纸及纸制品业	102645	500	102145		10945		
印刷业和记录媒介的复制业	192272	2000	190272		1850		
文教体育用品制造业	45814	11434	34380				
石油加工、炼焦及核燃料加工业	2166957		2166957		26944		
化学原料及化学制品制造业	971669		971669		11754	9000	9000
医药制造业	28223		28223		1192		
化学纤维制造业	571444		571444		16571		
橡胶和塑料制品业							

表 9—4 续表 10

指标名称	资金来源合计	上年末结余资金	本年资金来源合计				
			小计	国家预算内资金	国内贷款	利用外资	#外商直接投资
非金属矿物制品业	904862	4492	900370		28947		
黑色金属冶炼及压延加工业	152095		152095	900	5656	24300	
有色金属冶炼及压延加工业	85051		85051				
金属制品业	987127		987127		35674		
通用设备制造业	2026407	590	2025817		86926	4500	3500
专用设备制造业	1953442	27915	1925527		86135	54958	54958
汽车制造业	1683001	391	1682610		13012	30500	
铁路、船舶航空航天制造业	522096	5000	517096		5548		
电气机械及器材制造业	2483890	46680	2437210		78628	4861	4861
通信设备、计算机及其他电子设备制品业	2985355	5000	2980355		25644		
仪器仪表及文化、办公用机械制造业	670249		670249		15487		
工艺品及其他制造业	373186		373186		138814		
废弃资源和废旧材料回收加工业	33708		33708				
金属制造品、机械和设备修理业							
电力、燃气及水的生产和供应业	688874	16000	672874		171025		
电力、热力的生产和供应业	507470		507470		145758		
燃气生产和供应业	25333		25333				
水的生产和供应业	156071	16000	140071		25267		
三、按隶属关系							
中央	2090726		2090726		140758		
省	53945	2153	51792				
市	562977	5658	557319	900	4700		
区	587832		587832		26967		
其他	18435210	115154	18320056		647961	131319	75519
四、按建设性质							
新建	8918547	71882	8846665		450107	104800	50000
扩建	6154579	6100	6148479		141880	25519	25519
改建	6138091	44983	6093108	900	224099	1000	

表 9—4 续表 11

指标名称	资金来源合计	上年末结余资金	本年资金来源				
			小计	国家预算内资金	国内贷款	利用外资	#外商直接投资
单纯建造生活设施	2690		2690		200		
迁建	84313		84313		2000		
恢复							
单纯购置	432470		432470		2100		
五、按控股情况							
国有控股	4056891	85192	3971699		183411		
集体控股	187088	5000	182088		60929		
私人控股	14828976	26916	14802060		551603	24300	
港澳台商控股	428830	5267	423563		9097	59819	59819
外商控股	1642717	590	1642127		13181	47200	15700
六、按期末项目建设状态							
在建	4917338	35001	4882337	900	87852	80500	50000
全部投产	16813352	87964	16725388		732534	50819	25519
全部停缓建							
七、按投资规模							
100 万元以下							
100-500 万元							
500-1000 万元	14290		14290		1089		
1000-3000 万元	4091047	3791	4087256		243166	1000	
3000-5000 万元	2592848		2592848		39304	16519	16519
5000 万元 -1 亿元	5747047	6020	5741027		304751	9000	9000
1-5 亿元	4366260	28353	4337907	900	185456	24300	
5-10 亿元	978192	37648	940544		16620	30500	
10 亿元以上	3941006	47153	3893853		30000	50000	50000

表9—4 续表12

指　标	本年资金来源		
	自筹资金		其他资金来源
	小计	#企事业单位自筹	
总　　计	20647947	9625087	7173
一、按登记注册类型			
内资	18534419	9183842	6673
国有	3387679	1224962	980
集体	23237	15600	100
股份合作			
联营企业	2989		
国有联营			
集体联营			
国有与集体联营	2989		
其他联营			
有限责任公司	5990646	2191431	
国有独资公司	12760	2980	
其他有限责任公司	5977886	2188451	
股份有限公司	481793	306720	
私营	8506700	5422011	5593
其他	141375	23118	
港澳台商投资	404379	138363	
合资经营	218666	70278	
合作经营			
独资	177913	67185	
股份有限	1000	900	
其他港澳台商投资企业	6800		
外商投资	1690539	287132	
合资经营	429169	72967	
合作经营	6120		
独资	1248750	214165	
股份有限	6500		
其他外商投资企业			
个体经营	18610	15750	500
个体户	18610	15750	500
个人合伙			

表9—4　续表13

指　标	本年资金来源		
	自筹资金		其　他 资金来源
	小　计	#企事业单位自筹	
二、按国民经济行业	12023	2500	
采矿业			
煤炭开采和洗选业			
石油和天然气开采业	6773		
黑色金属矿采选业			
有色金属矿采选业	5250	2500	
非金属矿采选业			
开采辅助活动			
其他采矿业	20135155	9411318	6093
制造业	309526	222584	193
农副食品加工业	453501	115478	
食品制造业	57442	28030	
饮料制造业	13677	13677	
烟草制品业	103536	44195	
纺织业	635359	420056	1200
纺织服装、鞋、帽制造业	63061	38738	
皮革、毛皮、羽毛（绒）及其制品业	117159	54796	300
木材加工及木、竹、藤、棕、草制品业	132564	63856	500
家具制造业	136485	102379	
造纸及纸制品业	91200	41942	
印刷业和记录媒介的复制业	188422	91501	
文教体育用品制造业	34380		
石油加工、炼焦及核燃料加工业	2139813	511126	200
化学原料及化学制品制造业	950615	380277	300
医药制造业	27031	21815	
化学纤维制造业	554873	296819	
橡胶和塑料制品业			

表9—4 续表14

指　标	本年资金来源		
	自筹资金		其他资金来源
	小　计	#企事业单位自筹	
非金属矿物制品业	871023	495448	400
黑色金属冶炼及压延加工业	121239	60752	
有色金属冶炼及压延加工业	85051	61283	
金属制品业	951353	521603	100
通用设备制造业	1933691	1039704	700
专用设备制造业	1783634	1016918	800
汽车制造业	1638898	717944	200
船舶航空航天制造业	511248	253770	300
电气机械及器材制造业	2353721	1392340	
通信设备、计算机及其他电子设备	2954511	823855	200
仪器仪表及文化、办公用机械制造业	654062	464565	700
工艺品及其他制造业	234372	110382	
废弃资源和废旧材料回收加工业	33708	5485	
金属制品、机械和设备修理业			
电力、燃气及水的生产和供应业	500769	211269	1080
电力、热力的生产和供应业	361712	139898	
燃气生产和供应业	25333	25233	
水的生产和供应业	113724	46138	1080
三、按隶属关系			
中央	1949968	318154	
省	51792	35085	
市	551719	204239	
区	559885	329905	980
其他	17534583	8737704	6193
四、按建设性质			
新建	8289585	3434916	2173
扩建	5978380	2653183	2700
改建	5865109	3304706	2000

表 9—4 续表 15

指 标	本年资金来源		
	自筹资金		其他资金来源
	小 计	#企事业单位自筹	
单纯建造生活设施	2490	2490	
迁建	82313	29606	
恢复			
单纯购置	430070	200186	300
五、按控股情况			
国有控股	3787308	1324383	980
集体控股	121059	94822	100
私人控股	14220064	7790727	6093
港澳台商控股	354647	86186	
外商控股	1581746	249917	
六、按期末项目建设状态			
在建	4712585	1652411	500
全部投产	15935362	7972676	6673
全部停缓建			
七、按投资规模			
100 万元以下			
100-500 万元			
500-1000 万元	13201	3204	
1000-3000 万元	3838590	2471512	4500
3000-5000 万元	2535625	1416428	1400
5000 万元 -1 亿元	5426003	2440380	1273
1-5 亿元	4127251	1569819	
5-10 亿元	893424	349472	
10 亿元以上	3813853	1374272	

表 9—5　城乡投资新增主要生产能力或效益（2015 年）

能力名称	本年新增生产能力
石油加工：蒸馏设备能力（处理万吨 / 年）	1600
裂化设备能力（处理万吨 / 年）	530
生铁（万吨 / 年）	0.9
其中：电解镍（吨 / 年）	4000
铝加工（吨 / 年）	2000
其他发电（万千瓦）	23000
输电线路长度（110KV 及以上）	286.3
水泥（万吨 / 年）	12463
钾肥（吨 / 年）	2000
化学农药原药（吨 / 年）	50800
塑料树脂及共聚物（吨 / 年）	42750
合成橡胶（吨 / 年）	800
内燃机（台 / 年）	61200
内燃机（万千瓦 / 年）	528
轿车制造（辆 / 年）	88000
化学纤维（吨 / 年）	1500
新建公路（公里）	174.09
其中：高速公路（公里）	29.60
一级公路（公里）	47.89
二级公路（公里）	54.13
改建公路（公里）	454.93
其中：高速公路（公里）	
一级公路（公里）	
二级公路（公里）	78.93
新建独立公路桥梁（延长米）	560
新建独立公路桥梁（座）	1
新（扩）建港口码头 年吞吐量 : 万吨	167
新（扩）建港口码头（个）	2
民航机场跑道（条）	21
民航机场跑道（米）	3600
候机楼（座）	1
候机楼（平方米）	260000

表9—6 房地产开发投资、资金和土地情况（2015年）

计量单位：万元

项目	合计	内资				
		内资小计	国有	集体	股份合作	国有联营
计划总投资	84826566	70868649	7285198			
累计完成投资	54258309	44838426	6280770			
本年完成投资额	14290194	12146123	954860			
建筑工程	8131814	6740707	629289			
安装工程	415275	372261	28636			
设备工器具购置	285745	265315	16917			
其它费用	5457360	4767840	280018			
#土地购置费	4896357	4254844	246646			
住宅	10809699	9272880	888334			
其中：90平方米及以下	4702084	4261395	657616			
144平方米以上	2193982	1628503	25646			
别墅、高档公寓	884937	675541				
办公楼	868022	704644	2242			
商业营业用房	1449247	1208907	36507			
其他	1163226	959692	27777			
本年新增固定资产	6698024	6223928	737964			

表9—6 续表1

项 目	内资					
	国有与集体联营企业	其他联营企业	有限责任公司	国有独资公司	其他有限责任公司	股份有限公司
计划总投资				1923672	37098473	2350545
累计完成投资				1225220	22603463	1278820
本年完成投资额				403980	6819120	454066
建筑工程				205612	3700773	250880
安装工程				11945	269423	9307
设备工器具购置				19811	169324	14598
其它费用				166612	2679600	179281
# 土地购置费				135500	2422729	162604
住宅				308166	5240446	371460
其中：90平方米及以下				173920	2268064	246543
144平方米以上				1697	1021319	27039
别墅、高档公寓				8	541403	21359
办公楼				2654	416502	500
商业营业用房				29423	668956	79255
其他				63737	493216	2851
本年新增固定资产				204220	2848393	59173

表 9—6　续表 2

项 目	内 资					
	私营企业小计	私营独资	私营合伙	私营有限责任公司	私营股份有限公司	其他企业
计划总投资	22210761	239100		21693257	278404	
累计完成投资	13450153	100714		13107642	241797	
本年完成投资额	3514097	54336		3423904	35857	
建筑工程	1954153	18336		1905451	30366	
安装工程	52950			51997	953	
设备工器具购置	44665			42335	2330	
其它费用	1462329	36000		1424121	2208	
# 土地购置费	1287365	36000		1251365		
住宅	2464474	41610		2412413	10451	
其中：90 平方米及以下	915252	15706		894863	4683	
144 平方米以上	552802	16638		535651	513	
别墅、高档公寓	112771	24100		88671		
办公楼	282746	346		271817	10583	
商业营业用房	394766	3493		381869	9404	
其他	372111	8887		357805	5419	
本年新增固定资产	2374178	41282		2297537	35359	

表 9—6 续表 3

项 目	小计	港澳台商投资		
		与港澳台商合资经营	港澳台商独资	港澳台商股份
计划总投资	8297594	2792959	5455927	48708
累计完成投资	5858346	2122149	3706197	30000
本年完成投资额	1395560	317666	1047894	30000
建筑工程	792665	278289	502376	12000
安装工程	32722	5049	27673	
设备工器具购置	17473	7360	10113	
其它费用	552700	26968	507732	18000
# 土地购置费	519713	26918	474795	18000
住宅	920333	197555	722778	
其中：90 平方米及以下	363855	95650	268205	
144 平方米以上	255270	40378	214892	
别墅、高档公寓	205036	4538	200498	
办公楼	123751	37377	77004	9370
商业营业用房	195657	35165	149565	10927
其他	155819	47569	98547	9703
本年新增固定资产	416228	242480	173748	

表 9—6　续表 4

项　目	小　计	外商投资			
		中外合资经营	中外合作经营	外资企业	外商投资股份有限公司
计划总投资	5660323	2273178	209000	3178145	
累计完成投资	3561537	1317454	102018	2142065	
本年完成投资额	748511	227931	32400	488180	
建筑工程	598442	178563	32400	387479	
安装工程	10292	313		9979	
设备工器具购置	2957	993		1964	
其它费用	136820	48062		88758	
# 土地购置费	121800	45800		76000	
住宅	616486	115825	30400	470261	
其中：90 平方米及以下	76834	17271	17900	41663	
144 平方米以上	310209	18931		291278	
别墅、高档公寓	4360	4360			
办公楼	39627	39507		120	
商业营业用房	44683	33121	1000	10562	
其他	47715	39478	1000	7237	
本年新增固定资产	57868	29		57839	

表9—6 续表5

项目	合计	内资				
		内资小计	国有	集体	股份合作	国有联营
本年资金来源合计	32859819	25993271	1284501			
1. 上年末结余资金	8277275	6287142	431166			
2. 本年资金来源小计	24582544	19706129	853335			
（1）国内贷款	4550895	3928825	357894			
其中：银行贷款	4389920	3767850	317094			
非银行金融机构贷款	160975	160975	40800			
（2）利用外资	125015	1015				
其中：外商直接投资	124000					
（3）自筹资金	4400911	3760529	102847			
其中：自有资金	1968308	1755046	59062			
（4）其他资金来源	15505723	12015760	392594			
其中：定金及预收款	8902849	7090239	179654			
个人按揭贷款	6035379	4447155	85622			
本年各项应付款合计	2485464	2056902	132004			
其中：工程款	1467304	1269862	119569			

表 9—6　续表 6

项　目	内资					
	国有集体联营企业	其他联营企业	有限责任公司	国有独资公司	其他有限责任公司	股份有限公司
本年资金来源合计				844685	14493477	826636
1. 上年末结余资金				530924	3540792	208178
2. 本年资金来源小计				313761	10952685	618458
（1）国内贷款				85000	2234253	88858
其中：银行贷款				85000	2114078	88858
非银行金融机构贷款					120175	
（2）利用外资					1015	
其中：外商直接投资						
（3）自筹资金				67332	1935940	164031
其中：自有资金				29259	964667	86240
（4）其他资金来源				161429	6781477	365569
其中：定金及预收款				143961	4090277	203964
个人按揭贷款				16550	2404299	161605
本年各项应付款合计				21586	1200953	134332
其中：工程款				20230	759328	69452

表 9—6　续表 7

项　目	内资					
	私营企业小计	私营独资企业	私营合伙企业	私营有限责任公司	私营股份有限公司	其他企业
本年资金来源合计	8543972	104447		8323103	116422	
1. 上年末结余资金	1576082	18946		1516983	40153	
2. 本年资金来源小计	6967890	85501		6806120	76269	
（1）国内贷款	1162820	29000		1107940	25880	
其中：银行贷款	1162820	29000		1107940	25880	
非银行金融机构贷款						
（2）利用外资						
其中：外商直接投资						
（3）自筹资金	1490379	12494		1471547	6338	
其中：自有资金	615818	12494		603324		
（4）其他资金来源	4314691	44007		4226633	44051	
其中：定金及预收款	2472383	29695		2419873	22815	
个人按揭贷款	1779079	14312		1747131	17636	
本年各项应付款合计	568027	8343		552459	7225	
其中：工程款	301283	8222		286136	6925	

表 9—6　续表 8

项　目	小计	港澳台商投资		
		与港澳台商合资经营	港澳台商独资	港澳台商股份
本年资金来源合计	4391220	1382560	2989846	18814
1. 上年末结余资金	1492090	575710	914566	1814
2. 本年资金来源小计	2899130	806850	2075280	17000
（1）国内贷款	454070	143620	298450	12000
其中：银行贷款	454070	143620	298450	12000
非银行金融机构贷款				
（2）利用外资	124000		124000	
其中：外商直接投资	124000		124000	
（3）自筹资金	330642	114331	216311	
其中：自有资金	140821	49372	91449	
（4）其他资金来源	1990418	548899	1436519	5000
其中：定金及预收款	1116771	282093	829678	5000
个人按揭贷款	873286	266806	606480	
本年各项应付款合计	363203	71492	279711	12000
其中：工程款	139394	29545	97849	12000

表9—6 续表9

项 目	小计	外商投资			
		中外合资经营	中外合作经营	外资企业	外商投资股份有限公司
本年资金来源合计	2475328	825065	170224	1480039	
1. 上年末结余资金	498043	74660	65124	358259	
2. 本年资金来源小计	1977285	750405	105100	1121780	
（1）国内贷款	168000	162000		6000	
其中：银行贷款	168000	162000		6000	
非银行金融机构贷款					
（2）利用外资					
其中：外商直接投资					
（3）自筹资金	309740	99571		210169	
其中：自有资金	72441	72441			
（4）其他资金来源	1499545	488834	105100	905611	
其中：定金及预收款	695839	287792	58691	349356	
个人按揭贷款	714938	173069	46409	495460	
本年各项应付款合计	65359	30849		34510	
其中：工程款	58048	29549		28499	

表 9—7 房地产开发施工、竣工和销售按用途分组（2015 年）

项 目	计量单位	合计数	住宅	其 中		
				90平方米及以下	144平方米以上	别墅、高档公寓
房屋施工面积	平方米	70844421	47749636	21219531	8235890	2797015
其中：新开工面积	平方米	16095811	11647999	5786477	1124602	524440
房屋竣工面积	平方米	14491030	10638691	4982521	1993164	525310
其中：不可销售面积	平方米	1014391	121956	796	64935	53931
商品住宅竣工套数	套		104987	63613	9599	1453
竣工房屋价值	万元	4601057	3511253	1337922	896902	276715
出租房屋面积	平方米	49935	33503	33503		
商品房销售面积	平方米	15431556	14291841	6730758	1843843	739940
其中：现房销售面积	平方米	3676308	3285145	2514203	265160	132946
期房销售面积	平方米	11755248	11006696	4216555	1578683	606994
商品房销售额	万元	17728901	16093091	4207326	3602915	1361493
其中：现房销售额	万元	1966195	1394675	478395	558549	300731
期房销售额	万元	15762706	14698416	3728931	3044366	1060762
商品住宅销售套数	套		146696	87432	8693	3441
其中：现房销售套数	套		39360	34052	947	427
期房销售套数	套		107336	53380	7746	3014

表 9—7　续表

项　目	计量单位	办公楼	商业营业用房	其他
房屋施工面积	平方米	4799638	7879457	10415690
其中：新开工面积	平方米	1260181	1332895	1854736
房屋竣工面积	平方米	732810	1310954	1808575
其中：不可销售面积	平方米	100217	98729	693489
商品住宅竣工套数	套			
竣工房屋价值	万元	257400	421638	410766
出租房屋面积	平方米		16432	
商品房销售面积	平方米	318361	644857	176497
其中：现房销售面积	平方米	78781	176739	135643
期房销售面积	平方米	239580	468118	40854
商品房销售额	万元	524273	969020	142517
其中：现房销售额	万元	152987	319409	99124
期房销售额	万元	371286	649611	43393
商品住宅销售套数	套			
其中：现房销售套数	套			
期房销售套数	套			

表 9—8　房地产企业财务状况（2015 年）

项　目	计量单位	合 计	内　资				
			内资小计	国有	集体	股份合作	国有联营
企业个数	个	565	495	16			
流动资产合计	千元	729728681	604716930	53422339			
其中：存货		381762632	325697345	16354262			
固定资产原价	千元	22310758	17212256	146013			
累计折旧	千元	4341753	3534879	40347			
其中：本年折旧		826166	670744	4574			
资产总计	千元	856358179	708417062	59718395			
负债合计	千元	654357573	564903668	42234547			
所有者权益合计	千元	202000606	143513394	17483848			
营业收入	千元	167720490	136875633	3400732			
营业成本	千元	120443753	100467020	2646639			
营业税金及附加	千元	13775508	10797488	270752			
营业利润	千元	23420107	17555129	404843			
其他业务利润	千元	340739	323564	9635			
投资收益	千元	563911	503927	33608			
补贴收入	千元	297885	297885	3650			
营业外收入	千元	1032803	1017161	251739			
营业外支出	千元	370205	315157	17917			
利润总额	千元	24082804	18257232	638665			
应交所得税	千元	4178866	3533005	136699			
应付职工薪酬（本年贷方累计发生数）	千元	3002716	2472444	51067			

表9—8 续表1

项目	计量单位	内资					
		国有与集体联营企业	其他联营企业	有限责任公司	国有独资公司	其他有限责任公司	股份有限公司
企业个数	个	14	249	20			
流动资产合计	千元	28200974	344395487	17739488			
其中：存货		14104178	194124380	7932202			
固定资产原价	千元	357596	11944643	1108078			
累计折旧	千元	51845	2091594	320028			
其中：本年折旧		4465	378321	52304			
资产总计	千元	31942577	415559644	21866221			
负债合计	千元	26677409	332560719	17554249			
所有者权益合计	千元	5265168	82998925	4311972			
营业收入	千元	4024193	78692263	6185397			
营业成本	千元	3673113	57738521	4465369			
营业税金及附加	千元	256185	6496732	406813			
营业利润	千元	-18860	9959701	1014775			
其他业务利润	千元		238090	5301			
投资收益	千元	20988	381975	17811			
补贴收入	千元		153096				
营业外收入	千元	11549	574963	2264			
营业外支出	千元	872	173930	8806			
利润总额	千元	-8183	10360833	1008233			
应交所得税	千元	56308	2196786	14814			
应付职工薪酬(本年贷方累计发生数)	千元	65946	1676004	68934			

表 9—8　续表 2

项 目	计量单位	内资					
		私营企业小计	私营独资企业	私营合伙企业	私营有限责任公司	私营股份有限公司	其他企业
企业个数	个	196	1		184	11	
流动资产合计	千元	160958642	4363		158737312	2216967	
其中：存货		93182323			91722550	1459773	
固定资产原价	千元	3655926	50956		3275081	329889	
累计折旧	千元	1031065	5918		982623	42524	
其中：本年折旧		231080	2132		214164	14784	
资产总计	千元	179330225	185937		176497186	2647102	
负债合计	千元	145876744	206449		143726246	1944049	
所有者权益合计	千元	33453481	-20512		32770940	703053	
营业收入	千元	44573048	5065		43979835	588148	
营业成本	千元	31943378	1579		31448551	493248	
营业税金及附加	千元	3367006	713		3332514	33779	
营业利润	千元	6194670	-5887		6178184	22373	
其他业务利润	千元	70538			69469	1069	
投资收益	千元	49545			49443	102	
补贴收入	千元	141139			141139		
营业外收入	千元	176646			176646		
营业外支出	千元	113632			113190	442	
利润总额	千元	6257684	-5887		6241640	21931	
应交所得税	千元	1128398	-2		1127573	827	
应付职工薪酬（本年贷方累计发生数）	千元	610493	864		600591	9038	

表9—8 续表3

项 目	计量单位	小 计	港澳台商投资		
			与港澳台商合资经营	港澳台商独资经营	港澳台商投资股份
企业个数	个	48	18	29	1
流动资产合计	千元	79224437	27218017	51627924	378496
其中：存货		37140048	10116740	26723620	299688
固定资产原价	千元	3752680	2086724	1665255	701
累计折旧	千元	400100	97646	302032	422
其中：本年折旧		94255	9275	84845	135
资产总计	千元	96351925	37530381	58437136	384408
负债合计	千元	56167630	24102213	31873899	191518
所有者权益合计	千元	40184295	13428168	26563237	192890
营业收入	千元	17436734	5001538	12435196	
营业成本	千元	11558700	3635790	7922910	
营业税金及附加	千元	1636097	456091	1180006	
营业利润	千元	2826705	566547	2262743	-2585
其他业务利润	千元	7130	1374	5756	
投资收益	千元	59762	55646	4116	
补贴收入	千元				
营业外收入	千元	12841	1729	11112	
营业外支出	千元	40527	5919	34608	
利润总额	千元	2799019	562357	2239247	-2585
应交所得税	千元	389310	209342	179968	
应付职工薪酬（本年贷方累计发生数）	千元	286883	96496	187106	3281

表 9—8 续表 4

项 目	计量单位	小 计	外商投资			
			中外合资经营	中外合作经营	外资企业	外商投资股份有限公司
企业个数	个	22	7	2	13	
流动资产合计	千元	45787314	16140059	3183611	26463644	
其中：存货		18925239	5530584	683561	12711094	
固定资产原价	千元	1345822	49401	425510	870911	
累计折旧	千元	406774	30449	83438	292887	
其中：本年折旧		61167	2702	19397	39068	
资产总计	千元	51589192	16741178	3540978	31307036	
负债合计	千元	33286275	12736103	3112425	17437747	
所有者权益合计	千元	18302917	4005075	428553	13869289	
营业收入	千元	13408123	5452809	984395	6970919	
营业成本	千元	8418033	3471575	767575	4178883	
营业税金及附加	千元	1341923	629528	89965	622430	
营业利润	千元	3038273	1140635	-23096	1920734	
其他业务利润	千元	10045	1887	8158		
投资收益	千元	222		222		
补贴收入	千元					
营业外收入	千元	2801	487	1439	875	
营业外支出	千元	14521	1287	2254	10980	
利润总额	千元	3026553	1139835	-23911	1910629	
应交所得税	千元	256551	229506		27045	
应付职工薪酬（本年贷方累计发生数）	千元	243389	42233	7030	194126	

表9—9 全市建筑业企业基本情况（2015年）
（总承包、专业承包及劳务分包）

指标名称	计量单位	合计	总承包及专业承包	劳务分包
企业个数	个	1710	1478	232
建筑业总产值	千元	308226481	302832129	5394352
固定资产原价	千元	30880101	30684227	195874
#本年折旧	千元	2086532	2063208	23324
资产合计	千元	334278450	332055335	2223115
负债合计	千元	224032258	222836516	1195742
实收资本	千元	46899652	46250545	649107
营业收入	千元	326479522	320852436	5627086
#主营业务收入	千元	320615397	315045497	5569900
营业成本	千元	287435124	282281559	5153565
#主营业务成本	千元	282100600	277022587	5078013
营业税金及附加	千元	10033426	9833644	199782
#主营业务税金及附加	千元	9937380	9746195	191185
销售费用	千元	883550	858783	24767
管理费用	千元	10202276	10041263	161013
财务费用	千元	3379198	3365619	13579
利润总额	千元	14894427	14780009	114418
应付职工薪酬（本年贷方累计发生额）	千元	46111743	42544763	3566980

表 9—10　全市建筑业企业生产情况
（总承包及专业承包）

指　标	2015年	2014年	2015年为上年%
建筑合同额（千元）	563397433	549796260	102.5
上年结转建筑合同额	266412471	250972898	106.2
本年新签建筑合同额	296984962	298823362	99.4
建筑业总产值（千元）	302832129	321779957	94.1
建筑工程产值	272533068	293099951	93.0
安装工程产值	26668697	24618848	108.3
其他产值	3630364	4061158	89.4
竣工产值（千元）	258475790	234235396	110.4
房屋施工面积（万平方米）	19496.84	19565.64	99.7
房屋竣工面积（万平方米）	6850.05	6315.87	8.5
# 住宅	4901.98	4117.06	19.1
建筑业全员劳动生产率（元 / 人）	310572.85	293118.00	106.0

表9—11 按行业分建筑业企业生产情况（2015年）

（总承包及专业承包）

指　　标	房屋建筑业	土木工程建筑业
企业个数（个）	440	339
建筑合同额（千元）	328245296	153691605
上年结转建筑合同额	173848646	67963064
本年新签建筑合同额	154396650	85728541
建筑业总产值（千元）	180173549	67555259
建筑工程产值	175319721	63324434
安装工程产值	2029915	3556280
其他产值	2761077	662485
竣工产值（千元）	167442524	46547754
房屋施工面积（万平方米）	18324.27	893.43
房屋竣工面积（万平方米）	6556.11	204.49
#住宅	4730.83	122.19
全员劳动生产率（元/人）	300997.60	345827.15

表9—11 续表

指　　标	建筑安装业	建筑装饰和其他建筑业
企业个数（个）	350	349
建筑合同额（千元）	55538323	25922209
上年结转建筑合同额	19185050	5415711
本年新签建筑合同额	36353273	20506498
建筑业总产值（千元）	31151813	23951508
建筑工程产值	11034985	22853927
安装工程产值	20141002	941500
其他产值	56917	149885
竣工产值（千元）	22425590	22059922
房屋施工面积（万平方米）	255.98	23.16
房屋竣工面积（万平方米）	68.74	20.71
#住宅	37.77	11.19
全员劳动生产率（元/人）	349427.52	260362.29

表 9—12 按经济类型分建筑业企业生产情况（2015 年）
（总承包及专业承包）

指 标	总 计	国有经济	集体经济	其他经济
企业个数（个）	1478	21	11	1446
建筑合同额（千元）	563397433	14949311	627212	547820910
上年结转建筑合同额	266412471	4897560	134979	261379932
本年新签建筑合同额	296984962	10051751	492233	286440978
建筑业总产值（千元）	302832129	5580551	492746	296758832
建筑工程产值	272533068	5546681	480623	266505764
安装工程产值	26668697	31368		26637329
其他产值	3630364		11945	3618419
竣工产值（千元）	258475790	4359110	385604	253731076
房屋施工面积（万平方米）	19496.84	57.97	15.28	19423.59
房屋竣工面积（万平方米）	6850.05	18.30	10.86	6820.89
# 住宅	4901.98	8.54	2.42	4891.02
全员劳动生产率（元 / 人）	310572.85	384918.66	224383.30	309645.67

表 9—13　全市建筑业企业财务情况（2015 年）
（总承包及专业承包）

计量单位：千元

指　标	总　计	国有经济	集体经济	其他经济
资产合计	332055335	15721883	693647	315639805
流动资产合计	274896409	13150133	516465	261229811
#存 货	64375149	1390354	110865	62873930
固定资产合计	20590668	604274	69283	19917111
固定资产原价	30684227	1087647	102990	29493590
累计折旧	13848760	647027	44250	13157483
#本年折旧	2063208	72221	5383	1985604
负债合计	222836516	11622057	391032	210823427
所有者权益合计	109218819	4099826	302615	104816378
营业收入	320852436	10663975	357033	309831428
#主营业务收入	315045497	10558640	352882	304133975
营业成本	282281559	9807916	286557	272187086
#主营业务成本	277022587	9618061	280088	267124438
营业税金及附加	9833644	167530	13513	9652601
#主营业务税金及附加	9746195	151852	13326	9581017
销售费用	858783	5851	762	852170
管理费用	10041263	415422	36104	9589737
财务费用	3365619	28600	2430	3334589
利润总额	14780009	401019	14060	14364930
应付职工薪酬（本年贷方累计发生额）	42544763	966397	87685	41490681

表 9—14　主要年份全社会固定资产投资完成额

计量单位：亿元

年　份	全社会固定资产投资完成额	#城镇固定资产投资	#房地产开发投资
1949	0.02	0.02	
1952	0.26	0.26	
1957	1.18	1.18	
1962	0.76	0.76	
1965	1.44	1.44	
1970	1.53	1.53	
1975	2.96	2.96	
1978	6.63	6.35	
1979	7.01	6.86	
1980	7.82	7.56	
1985	27.65	24.28	
1990	42.65	36.80	
1991	49.71	40.91	2.58
1995	233.86	133.63	59.45
1997	351.66	223.79	72.89
1998	376.60	217.96	101.06
1999	373.01	211.94	97.91
2000	412.20	241.95	99.34
2004	1201.88	703.92	292.88
2005	1402.72	820.30	296.14
2007	1867.96	1041.95	445.97
2008	2154.17	1226.16	508.17
2009	2668.03	1572.08	595.68
2010	3306.05	2029.87	754.76
2011	4010.03	2563.86	896.73
2012	4683.45	3122.05	1015.76
2013	5265.55	4620.72	1120.18
2014	5460.03	—	1125.49
2015	5484.47	—	1429.02

注：城镇固定资产投资包括以前年度基本建设、更新改造、城镇集体和其他投资，2005年起不再细分。

主要统计指标解释

全社会固定资产投资 固定资产投资是社会固定资产再生产的主要手段。固定资产投资额是以货币表现的建造和购置固定资产活动的工作量，它是反映固定资产投资规模、速度、比例关系和使用方向的综合性指标。全社会固定资产投资包括城镇固定资产投资、房地产开发投资、农村非农户投资。

房地产开发投资 指房地产开发公司、商品房建设公司及其他房地产开发法人单位和附属于其他法人单位实际从事房地产开发或经营的活动单位统一开发的包括统代建、拆迁还建的住宅、厂房、仓库、饭店、宾馆、度假村、写字楼、办公楼等房屋建筑物和配套的服务设施，土地开发工程（如道路、给水、排水、供电、供热、通讯、平整场地等基础设施工程）的投资；不包括单纯的土地交易活动。

固定资产投资按国民经济行业分 建设项目归哪个行业，按其建成投产后的主要产品或主要用途及社会经济活动性质来确定。基本建设按建设项目划分国民经济行业，更新改造、国有单位其他固定资产投资及城镇集体投资根据整个企业、事业单位所属的行业来划分。一般情况下，一个建设项目或一个企业、事业单位只能属于一种国民经济行业。

固定资产投资按建设性质分 建设项目的性质一般分为新建、扩建、改建、迁建、恢复。

（1）新建：一般是指从无到有、“平地起家”新开始建设的单位。有的单位原有的基础很小，经过建设后其新增加的固定资产价值超过原有固定资产价值（原值）三倍以上的也算新建。

（2）扩建：一般是指为扩大原有产品的生产能力，在厂内或其他地点增建主要生产车间（或主要工程）、独立的生产线或分厂的企业；事业单位和行政单位在原单位增建业务用房（如学校增建教学用房、医院增建门诊部或病床用房、行政机关增建办公楼等）也作为扩建。

（3）改建：一般是指现有企业、事业单位为了技术进步，提高产品质量，增加花色品种，促进产品升级换代，降低消耗和成本，加强资源综合利用和三废治理、劳保安全等，采用新技术、新工艺、新设备、新材料等对现有设施、工艺条件进行技术改造或更新（包括相应配套的辅助性生产、生活福利设施）。有的企业为充分发挥现有生产能力，进行填平补齐而增建不增加本单位主要产品生产能力的车间等，也属于改建。

固定资产投资按构成分 固定资产投资活动按其工作内容和实现方式分为建筑安装工程，设备、工具、器具购置，其他费用三个部分。

（1）建筑安装工程（建筑安装工作量）：指各种房屋、建筑物的建造工程和各种设备、装置的安装工程。包括各种房屋建造工程，各种用途设备基础和各种工业窑炉的砌筑工程；为施工而进行的各种准备工作和临时工程以及完工后的清理工作等；铁路、道路的铺设，矿井的开凿及石油管道的架设等；水利工程；防空地下建筑等特殊工程；以及各种机械设备的安装工程；为测定安装工程质量，对设备进行的试运工作。

在安装工程中，不包括被安装设备本身的价值。

（2）设备、工具、器具购置：指购置或自制达到固定资产标准的设备、工具、器具的价值，固定资产的标准按财务部门规定。新建单位、扩建单位的新建车间按照设计和计划要求购置或自制的全部设备、工具、器具，不论是否达到固定资产标准均计入“设备、工具、器具购置”中。

（3）其他费用：指在固定资产建造和购置过程中发生的，除建筑安装工程和设备、工具、器具购置以外的各种应摊入固定资产的费用。

固定资产投资的资金来源　根据固定资产投资的资金来源不同，分为国家预算内资金、国内贷款、利用外资、自筹资金和其他资金来源。

（1）国家预算内资金：指中央财政和地方财政中由国家统筹安排的基本建设拨款和更新改造拨款，以及中央财政安排的专项拨款中用于基本建设的资金和基本建设拨款改贷款的资金等。

（2）国内贷款：指报告期内企、事业单位向银行及非银行金融机构借入的用于固定资产投资的各种国内借款。包括银行利用自有资金及吸收的存款发放的贷款、上级主管部门拨入的国内贷款、国家专项贷款（包括煤代油贷款、劳改煤矿专项贷款等）、地方财政专项资金安排的贷款、国内储备贷款、周转贷款等。

（3）利用外资：指报告期内收到的用于固定资产投资的国外资金，包括统借统还、自借自还的国外贷款，中外合资项目中的外资，以及对外发行债券和股票等。国家统借统还的外资指由我国政府出面同外国政府、团体或金融组织签订贷款协议、并负责偿还本息的国外贷款。

（4）自筹资金：指建设单位报告期内收到的，用于进行固定资产投资的上级主管部门、地方和企、事业单位自筹资金。

（5）其他资金来源：指报告期内收到的除以上各种拨款、借款、自筹资金以外其他用于固定资产投资的资金。

施工项目　指报告期内曾进行建筑或安装工程施工活动的建设项目，包括报告期内新开工项目、报告期以前年度开工跨入报告期继续施工的项目以及报告期施过工并在报告期内全部建成投产或停缓建的项目。

全部建成投产项目　工业项目是指设计文件规定形成生产能力的主体工程及其相应配套的辅助设施全部建成，经负荷试运转，证明具备生产设计规定合格产品的条件，并经过验收鉴定合格或达到竣工验收标准，与生产性工程配套的生活福利设施可以满足近期正常生产的需要，正式移交生产的建设项目。非工业项目是指设计文件规定的主体工程和相应的配套工程全部建成，能够发挥设计规定的全部效益，经验收鉴定合格或达到竣工验收标准，正式移交使用的建设项目。

新增生产能力　指通过固定资产投资活动而增加的设计能力或工程效益，它是用实物形态表示的固定资产投资的成果。新增生产能力的计算，是以能独立发挥生产能力或工程效益的单项工程（或项目）为对象。当单项工程（或项目）建成，经有关部门鉴定合格，正式移交投入生产，即可计算新增生产能力。

新增生产能力或工程效益有以下几种表现形式：

（1）以建设项目或单项工程建成后的年产能力表示，如煤炭开采、石油开采等。

（2）以建设项目或单项工程建成后处理原料的能力表示，如选矿工程的年处理矿石能力、洗煤厂年洗原煤能力等。

（3）以新增的主要设备数量或容量表示，如棉纺锭锭数、发电机组容量等。

（4）以建筑物容积、容量、面积或长度表示，如水库容量、铁路公路里程等。

新增生产能力的数量一般按设计能力计算。设计能力是指设计文件中规定的在正常情况下能够达到的生产能力，而不论投产后的实际产量如何。以设备数量、建筑物容积、面积、长度等表示的新增生产能力或工程效益，则按建成的实际数量计算。

房屋建筑面积　指从房屋外墙线算起的各层平面面积的总和，包括可供使用的有效面积和房屋结构（如柱、墙）占用的面积。多层建筑按各层（包括地下室）面积总和计算。

住宅建筑面积　指施工和竣工房屋建筑面积中供居住用的施工和竣工房屋建筑面积。

施工面积　指报告期内施工的全部房屋建筑面积。包括本期新开工的面积、上期跨入本期继续施工的房屋面积、上期停缓建在本期恢复施工的房屋面积、本期竣工的房屋面积及本期施工后又停缓建的房屋面积。

竣工面积　指在报告期内房屋建筑按照设计要求已全部完工，达到住人和使用条件，经验收鉴定合格，正式移交使用单位的建筑面积。

房屋建筑面积竣工率　指一定时期内房屋竣工面积占同期房屋施工面积的比率。它是从房屋建筑施工速度的角度反映投资效果和建筑业经济效益的指标。

新增固定资产　指通过投资活动所形成的新的固定资产价值，包括已经建成投入生产或交付使用的工程价值和达到固定资产标准的设备、工具、器具的价值及有关应摊入的费用。它是以价值形式表示的固定资产投资成果的综合性指标，可以综合反映不同时期、不同部门、不同地区的固定资产投资成果。

建设项目投产率　指一定时期内全部建成投入生产项目个数与同期正式施工项目个数的比率。它是从项目建设速度的角度反映投资效果的指标。

建设周期　是指报告期（年）所有正式施工项目全部建成平均需要的时间。它是从宏观角度反映建设速度的指标。建设周期的计算方法有两种。

（1）按建设项目计算：建设周期＝报告期正式施工项目个数/报告期全部建成投产项目个数。

（2）按投资额计算：建设周期＝报告期正式施工项目计划总投资之和/报告期正式施工项目完成投资之和。

建筑业统计单位　指从事房屋、构筑物建造、装饰装修、设备安装活动和工程准备、提供施工设备服务等其他建筑活动的法人企业。建筑业法人企业应同时具备的条件是：①依法成立，有自己的名称、组织机构和场所，能够承担民事责任；②独立拥有和使用资产，承担负债，有权与其他单位签订合同；③独立核算盈亏，能够编制资产负债表。

建筑业总产值（即自行完成施工产值）是以货币表现的建筑业企业在一定时期内生产的建筑业产品和服务的总和。建筑业总产值包括：

（1）建筑工程产值：指列入建筑工程预算内的各种工程价值。

（2）安装工程产值：指设备安装工程价值，不包括被安装设备本身价值。

（3）其他产值：指建筑业总产值中除建筑工程、安装工程以外的产值。包括房屋、构筑物修理所完成的产值（不包括被修理的房屋、构筑物本身的价值）、非标准设备制造产值、总包企业向分包企业收取的管理费和不能明确划分的施工活动所完成的产值。

建筑业增加值　指建筑业企业在报告期内以货币表现的建筑业生产经营活动的最终成果。目前建筑业增加值采用分配法（收入法）计算，即从收入的角度出发，根据生产要素在生产过程中应得的收入份额计算。具体计算公式为：

建筑业增加值＝本年提取的固定资产折旧＋本年应付工资总额＋本年应付福利费总额＋管理费用中的劳动待业保险费、税金＋工程结算税金及附加＋营业利润

房屋建筑施工面积　指在报告期内施过工的全部房屋建筑面积，包括本期新开工的房屋面积、上期跨入本期继续施工的房屋面积、上期停缓建在本期恢复施工的房屋面积、本期竣工的房屋面积及本期施工后又停缓建的房屋面积。

房屋建筑竣工面积　指在报告期内房屋建筑按照设计要求全部完工，达到了住人和使用条件，经检查验收鉴定合格的房屋建筑面积。

自有机械设备年末总台数　指归本企业（或单位）所有，属于本企业（或单位）固定资产的生产性机械设备年末总台数。包括施工机械、生产设备、运输设备以及其他设备。

自有机械设备年末总功率　指本企业（或单位）自有施工机械、生产设备、运输设备以及其他设备等列为固定资产的生产性机械设备年末总功率，按设定能力或查定能力计算。包括机械本身的动力和为该机械服务的单独动力设备，如电动机等。计算单位用千瓦，动力换算可按 1 马力＝ 0.735 千瓦折合成千瓦数。电焊机、变压器、锅炉不计算动力。

工程结算收入　指企业承包工程实现的工程价款结算收入，以及向发包单位收取的除工程价款以外按规定列作营业收入的各种款项，如临时设施费、劳动保险费、施工机械调迁费等以及向发包单位收取的各种索赔款。

工程结算利润　指已结算工程实现的利润，如亏损以“—”号表示。

计算公式为：工程结算利润＝工程结算收入—工程结算成本—工程结算税金及附加

企业总收入 指与企业生产经营直接有关的各项收入，包括工程结算收入和其他业务收入。

计算公式为：：企业总收入＝工程结算收入＋其他业务收入

计算建筑业劳动生产率的平均人数 指建筑业企业（或单位）报告期实际拥有的、与建筑施工活动有关的人员的平均人数，包括参加本企业（或单位）建筑施工活动的非本企业（或单位）人员，但不包括企业内部社会服务性机构的人员以及由本企业支付工资但所从事的工作与本企业生产基本无关的人员。

（十）批发和零售业、住宿和餐饮业

CHAPTER 10 WHOLESALE AND RETAIL TRADE, ACCOMMODATIONS AND CATERING

表 10—1　社会消费品零售总额（2015 年）

计量单位：亿元

指　标	2015年	2015年为上年%
社会消费品零售总额	4590.17	110.2
一、按销售单位所在地分		
城镇	4442.90	110.5
其中：城区	4200.47	109.8
乡村	147.26	101.8
二、按行业分		
（一）批发和零售业小计	4193.01	110.8
限额以上	2930.52	108.8
限额以下	1262.50	115.3
（二）住宿和餐饮业小计	397.16	104.1
限额以上	138.69	105.0
限额以下	258.46	103.7

表 10—2　限额以上批发和零售业、住宿和餐饮业基本情况（2015 年）

指　标	法人企业（个）	所属全部批零住餐活动单位（个）	其他行业所属批零住餐产业活动单位（个）	年末营业面积（平方米）	年末从业人员（个）
总计	3136	6919	146	7621979	328704
一、批发和零售业小计	2552	5771	79	6171381	256958
（一）批发业	1350	1631	27	572409	101458
其中：国有控股	137	280	4	87118	25341
1、按登记注册类型分组					
内资	1312	1568	11	495937	82320
国有	23	43	3	7382	2741
集体	5	12		10575	228
股份合作	6	6		8015	209
联营企业					
有限责任公司	349	521		156718	34436
股份有限公司	45	47	5	38636	13809
私营企业	809	864	2	163191	23654
其他内资	75	75	1	111420	7243
港澳台投资企业	20	38	5	19600	1906
外商投资企业	18	25	11	56872	17232
2、按国民经济行业分组					
农、林、牧产品批发	68	107		65146	6055
食品、饮料及烟草制品批发	158	216	6	135962	14225
纺织、服装及家庭用品批发	142	161	8	49070	32543
文化、体育用品及器材批发	58	68	1	15389	5018
医药及医疗器材批发	74	74		38260	5965
矿产品、建材及化工产品批发	534	671	8	136977	19744
机械设备、五金产品及电子产品批发	273	291	4	118781	16247
贸易经纪与代理	11	11		310	369
其他批发业	32	32		12514	1292
3、按经营方式分组					
独立门店	525	592	13	168862	30392
连锁总店（总部）	13	65		20730	4372
连锁门店	8	8	1	10221	1500
其他	804	966	13	372596	65194

表 10—2　续表 1

指　标	法人企业（个）	所属全部批零住餐活动单位（个）	其他行业所属批零住餐产业活动单位（个）	年末营业面积（平方米）	年末从业人员（个）
（二）零售业	1202	4140	52	5598972	155500
其中：国有控股	82	368	7	851427	11028
1、按经济注册类型分组					
内资	1160	3388	25	3492978	94156
国有	17	25	3	36146	1118
集体	13	41	1	22368	913
股份合作	4	4		5280	183
联营企业	1	1	1	4300	482
有限责任公司	308	1811	7	1253455	36140
股份有限公司	30	244	3	751861	8911
私营企业	605	1062	9	1273714	36802
其他内资	182	200	1	145854	9607
港澳台投资企业	25	88	11	707366	28663
外商投资企业	17	664	16	1398628	32681
2、按国民经济行业分组					
综合零售	74	798	8	2606094	54507
百货零售	45	87	3	1187769	20894
超级市场零售	27	709	5	1415725	33505
其他综合零售	2	2		2600	108
食品、饮料及烟草制品专门零售	330	1537	8	301805	20468
纺织、服装及日用品专门零售	84	157	16	407511	23930
文化、体育用品及器材专门零售	109	149	6	119573	7270
医药及医疗器材专门零售	89	579	1	125182	9485
汽车、摩托车、燃料及零配件专门零售	257	464	4	1273309	17305
家用电器及电子产品专门零售	128	291	5	555894	13807
五金、家具及室内装饰材料专门零售	87	106	3	173241	3801
货摊、无店铺及其他零售业	44	59	1	36363	4927

表10—2 续表2

指 标	法人企业（个）	所属全部批零住餐活动单位（个）	其他行业所属批零住餐产业活动单位（个）	年末营业面积（平方米）	年末从业人员（个）
3、按经营方式分组					
独立门店	780	1466	25	2847470	64116
连锁总店（总部）	32	2092		1891131	46284
连锁门店	34	133	8	501343	8996
其他	356	449	19	359028	36104
4、按零售业态分组					
有店铺零售	1124	4062	52	5571757	148454
食杂店	10	10	1	9460	775
便利店	5	7	1	1649	97
折扣店	2	2		9537	131
超市	17	29	2	17741	2065
大型超市	18	694	5	1533107	34011
仓储会员店	1	1		3600	32
百货店	57	105	3	1129056	28542
专业店	533	2201	17	1721218	41828
专卖店	291	817	17	578623	25437
家具建材商店	32	33	1	47528	952
购物中心	21	26	1	348493	7098
厂家直销中心	137	137	4	171745	7486
无店铺零售	78	78		27215	7046
电视购物	4	4		180	1217
邮购	2	2		3250	809
网上商店	22	22		12316	3866
自动售货亭					
电话购物	9	9		1341	441

表 10—2　续表 3

指　标	法人企业（个）	所属全部批零住餐活动单位（个）	其他行业所属批零住餐产业活动单位（个）	年末营业面积（平方米）	年末从业人员（个）
二、住宿和餐饮业小计	584	1148	67	1450598	71746
（一）住宿业	203	207	37	552438	29870
其中：国有控股	60	60	4	140024	11260
1、按登记注册类型分组					
内资	193	195	25	499383	25738
国有	31	31	4	66065	5152
集体	4	4		1150	269
股份合作			1	2000	544
联营企业	1	1		2000	80
有限责任公司	76	76	6	233474	10977
股份有限公司	8	8	1	25044	2337
私营企业	69	71	12	159050	6107
其他内资	4	4	1	10600	272
港澳台投资企业	4	4	2	12282	1796
外商投资企业	6	8	10	40773	2336
2、按国民经济行业分组					
旅游饭店	122	123	26	462723	25272
一般旅馆	70	73	11	86890	3916
其他住宿服务	11	11		2825	682
3、按星级等级分组					
一星			1	3096	262
二星	7	7	1	12560	448
三星	34	34	4	60605	3842
四星	25	25	2	74977	5656
五星	14	14	10	130992	8432
其他	123	127	19	270208	11230
4、按经营方式分组					
独立门店	174	176	29	428771	26527
连锁总店（总部）	2	3	1	40656	295
连锁门店	14	14	4	3514	890
其他	13	14	3	79497	2158

表 10—2 续表 4

指 标	法人企业（个）	所属全部批零住餐活动单位（个）	其他行业所属批零住餐产业活动单位（个）	年末营业面积（平方米）	年末从业人员（个）
（二）餐饮业	381	941	30	898160	41876
其中：国有控股	24	24	3	65635	3259
1、按登记注册类型分组					
内资	360	421	17	702122	27851
国有	9	9	3	30352	1429
集体					
股份合作					
联营企业			1	150	40
有限责任公司	98	125	4	221049	9015
股份有限公司	1	1	3	36970	161
私营企业	248	282	6	402644	16119
其他内资	4	4		10957	1087
港澳台投资企业	9	109	4	19353	4131
外商投资企业	12	411	9	176685	9894
2、按国民经济行业分组					
正餐服务	346	382	22	660627	26120
快餐服务	23	539	5	218496	11025
饮料及冷饮服务	2	7	3	5327	721
其他餐饮业	10	13		13710	4010
3、按经营方式分组					
独立门店	331	352	19	573768	26083
连锁总店（总部）	12	528		203948	10721
连锁门店	17	37	5	47430	2534
其他	21	24	6	73014	2538

表 10—2 续表 5

指　标	法人企业（个）	所属全部批零住餐活动单位（个）	其他行业所属批零住餐产业活动单位（个）	年末营业面积（平方米）	年末从业人员（个）
补充资料：					
批发业 其他有限责任公司	334	494		133310	29095
其中：1、国有控股	73	182		31091	11600
2、集体控股	23	24		15610	678
股份有限公司	45	47	5	38636	13809
其中：1、国有控股	26	28	1	25237	5659
2、集体控股	2	2		100	1318
零售业 其他有限责任公司	304	1807	6	1245739	35780
其中：1、国有控股	49	117	1	258685	5668
2、集体控股	17	238		38856	2234
股份有限公司	30	244	3	751861	8911
其中：1、国有控股	10	203	1	543233	3287
2、集体控股	5	6		66600	1018
住宿业 其他有限责任公司	71	71	6	223054	9553
其中：1、国有控股	17	17		45305	2681
2、集体控股	6	6		9019	1158
股份有限公司	8	8	1	25044	2337
其中：1、国有控股	3	3		13634	1474
2、集体控股					
餐饮业 其他有限责任公司	96	123	4	217264	8893
其中：1、国有控股	12	12		31071	1693
2、集体控股	4	4		10683	97
股份有限公司	1	1	3	36970	161
其中：1、国有控股					
2、集体控股					

表 10—3 限额以上批发和零售业商品购进、库存总额（2015 年）

计量单位：万元

指 标	购进总额	#进 口	年末库存总额
总 计	112353756	3673784	7873090
（一）批发业	91033133	3229337	5599769
# 国有控股	26523058	1787099	1981687
1、按登记注册类型分组			
内资企业	88104262	3042347	5208359
国有	2355956	40940	155771
集体	212499		8862
股份合作	13753		962
联营企业			
有限责任公司	26645036	1522600	1843571
股份有限公司	42528575	780094	2195789
私营企业	16062649	698712	983771
其他内资	285793		19633
港、澳、台商投资企业	747662	49782	60438
外商投资企业	2181208	137208	330972
2、按国民经济行业分组			
农、林、牧产品批发	910572	25570	145903
食品、饮料及烟草制品批发	3481450	135540	332715
纺织、服装及日用品批发	40809876	882919	2073299
文化、体育用品及器材批发	1584330	61440	274640
医药及医疗器材批发	1652559	20901	162266
矿产品、建材及化工产品批发	32759226	1648427	1802343
机械、五金交电及电子产品批发	8841606	396983	779548
贸易经纪与代理	302344	50067	11302
其他批发	691171	7491	17755
3、按经营方式分组			
独立门店	51651576	526449	2512590
连锁总店（总部）	3693911		550801
连锁门店	199314		22256
其他	35488332	2702889	2514123

表 10—3 续表 1

指 标	购进总额	#进 口	年末库存总额
（二）零售业	21320624	444447	2273321
其中：国有控股	4295229	27416	497850
1、按经济注册类型分组			
内资企业	16471177	362697	1692693
国有企业	563934	678	261826
集体企业	457177		4607
股份合作企业	11834		74
联营企业	204018	22696	3050
有限责任公司	5930714	204201	606298
股份有限公司	2840817		155380
私营企业	6081331	135113	650996
其他	381352	8	10462
港、澳、台商投资企业	1873042	45043	354734
外商投资企业	2976405	36708	225895
2、按国民经济行业分组			
综合零售	4451004	28080	336897
百货零售	1466689		89616
超级市场零售	2974285	28080	246864
其他综合零售	10030		417
食品、饮料及烟草制品零售	1347346	4190	112426
纺织、服装及日用品零售	1426397	1088	272191
文化、体育用品及器材零售	1235130	1708	197969
医药及医疗器材零售	2520401	2408	442390
汽车、摩托车、燃料及零配件零售	6115432	377969	615881
家用电器及电子产品零售	2877115	10113	220144
五金、家具及室内装修材料零售	547374	12767	41436
货摊、无店铺及其他零售业	800424	6124	33988
3、按经营方式分组			
独立门店	11558212	348187	1265352
连锁总店（总部）	4431494	24389	438423
连锁门店	1259928	2929	107540
其他	4070990	68941	462006

表 10—3　续表 2

指　　标	购进总额	#进 口	年末库存总额
4、按零售业态分组			
有店铺零售	20346458	431704	2211136
食杂店	42692		2388
便利店	9770		238
折扣店	14930		405
超市	165317	3664	33368
大型超市	2972366	24415	234936
仓储会员店	48880		444
百货店	1644567		212061
专业店	9242516	100906	965836
专卖店	4852690	290503	662373
家居建材店	194926	3565	18050
购物中心	535776		29197
厂家直销中心	622029	8651	51840
无店铺零售	974166	12743	62185
电视购物	110464		1151
邮购	3476		2173
网上商店	642804	6124	40312
自动售货亭			
电话购物	26842	542	7739
补充资料：			
批发业：其他有限责任公司	24220165	1332614	1577925
其中：1、国有控股	12290710	883541	697613
2、集体控股	703316	153	38646
股份有限公司	42528575	780094	2195789
其中：1、国有控股	9451519	672631	862657
2、集体控股	295176		145865
零售业：其他有限责任公司	5873550	204201	592169
其中：1、国有控股	1899776	4042	188153
2、集体控股	145212	2929	16773
股份有限公司	2840817		155380
其中：1、国有控股	1568013		30199
2、集体控股	344787		1730

表 10—4　限额以上批发和零售业商品销售总额（2015 年）

计量单位：万元

指　标	商品销售总额	批发额	#出口	零售额
总　计	98801492	71728697	6118502	27072795
（一）批发业	73581011	68032321	6109442	5548691
# 国有控股	27489809	24512283	3730756	2977525
1、按登记注册类型分组				
内资企业	69539031	64534005	6100162	5005026
国有企业	2834541	2704187	41558	130354
集体企业	232280	214855		17424
股份合作企业	26640	19542		7098
联营企业				
有限责任公司	28928700	26643812	3589782	2284889
股份有限公司	19857628	18179789	1467580	1677839
私营企业	17276979	16485376	1001242	791603
其他企业	382264	286445		95819
港、澳、台商投资企业	873687	790823	6815	82864
外商投资企业	3168294	2707492	2465	460801
2、按国民经济行业分组				
农畜产品批发	1016595	928689	9451	87906
食品、饮料及烟草制品批发	4194577	3951104	86241	243474
纺织、服装及日用品批发	21012622	20140673	3034044	871948
文化、体育用品及器材批发	1694443	1525621	82029	168822
医药及医疗器材批发	1878798	1696919	163719	181879
矿产品、建材及化工产品批发	33129429	30026337	1631062	3103092
机械、五金及电子产品批发	9588483	8765045	926575	823439
贸易经纪与代理	337940	337940	114529	
其他批发	728125	659993	61792	68131
再生物资回收与批发	337940	337940	114529	
其他未列明的批发	728125	659993	61792	68131
3、按经营方式分组				
独立门店	31624929	29999986	1003296	1624943
连锁总店（总部）	2469206	1623217		845989
连锁门店	205936	196327		9609
其他	39280940	36212790	5106146	3068150

表 10—4 续表 1

指标名称	商品销售总额	批发额	#出口	零售额
（二）零售业	25220480	3696376	9060	21524104
其中：国有控股	5145346	1476629	4368	3668716
1、按经济注册类型分组				
内资企业	19266062	2572557	9060	16693505
国有企业	608690	52508		556182
集体企业	463226	133743		329483
股份合作企业	12762			12762
联营企业	214509	101744		112765
有限责任公司	6863606	1206718	4900	5656888
股份有限公司	3663442	495003		3168438
私营企业	6946567	543192	4160	6403375
其他	493261	39649		453612
港、澳、台商投资企业	2335433	108751		2226682
外商投资企业	3618986	1015068		2603918
2、按国民经济行业分组				
综合零售	5557512	1120021		4437491
百货零售	2462934	91995		2370939
超级市场零售	3081219	1028026		2053193
其他综合零售	13360			13360
食品、饮料及烟草制品零售	1603657	131589	4368	1472068
纺织、服装及日用品零售	1930679	59718		1870961
文化、体育用品及器材零售	1420546	311981		1108564
医药及医疗器材零售	2816784	982540	3608	1834244
汽车、摩托车、燃料及零配件零售	6907292	649381		6257911
家用电器及电子产品零售	3216579	404239		2812340
五金、家具及室内装修材料零售	710913	28387	1084	682526
货摊、无店铺及其他零售业	1056518	8520		1047998

表 10—4 续表 2

指标名称	商品销售总额	批发额	#出口	零售额
3、按经营方式分组				
独立门店	14272842	1719619	5983	12553222
连锁总店（总部）	4476467	1102279		3374188
连锁门店	1488402	284212		1204190
其他	4982770	590266	3076	4392504
4、按零售业态分组				
有店铺零售	23909502	3575913	5983	20333589
食杂店	52524	9096		43428
便利店	10451	4706		5745
折扣店	16848			16848
超市	154940	14975		139965
大型超市	3086086	1026415		2059671
仓储会员店	49324			49324
百货店	2771071	113989		2657082
专业店	10325522	1868140	5452	8457381
专卖店	5585127	457767		5127360
家居建材店	241815	9880		231935
购物中心	835328	10648		824680
厂家直销中心	780468	60297	532	720171
无店铺零售	1310978	120463	3076	1190516
电视购物	307884	1101		306783
邮购	42033	100		41933
网上商店	708922	11760		697162
自动售货亭				
电话购物	38271	10218		28053
补充资料：				
批发业：其他有限责任公司	25985615	23874448	3251090	2111166
其中：1、国有控股	13446465	12299724	2122539	1146742
2、集体控股	759459	650251	69300	109208
股份有限公司	19857628	18179789	1467580	1677839
其中：1、国有控股	8265717	6739010	1227967	1526707
2、集体控股	310537	284634		25903
零售业：其他有限责任公司	6815066	1206718	4900	5608347
其中：1、国有控股	2102646	841673	4368	1260973
2、集体控股	174037	8570		165466
股份有限公司	3663442	495003		3168438
其中：1、国有控股	2168198	480705		1687493
2、集体控股	430801			430801

表10—5　限额以上批发和零售业法人企业主要财务状况（2015年）

计量单位：万元

指　　标	资产总计	负债合计	所有者权益	#实收资本
总　　计	57126920	42111337	15015583	7942189
一、批发业	40809423	30680997	10128426	4912422
其中：国有控股	17703795	11709312	5994483	3069564
1、按登记注册类型分组				
内资企业	38955245	29163980	9791264	4783174
国有企业	1450304	493979	956325	78993
集体企业	107358	81740	25618	4289
股份合作企业	8822	2914	5908	4228
联营企业				
有限责任公司	14964842	12036364	2928478	1407639
股份有限公司	16790746	12119625	4671122	2497449
私营企业	5514425	4399201	1115224	749395
其他企业	118748	30158	88590	41182
港、澳、台商投资企业	351357	196486	154871	67503
外商投资企业	1502822	1320531	182291	61745
2、按国民经济行业分组				
农、林、牧产品批发	646301	438582	207719	118001
食品、饮料及烟草制品批发	2434318	1139175	1295143	216838
纺织、服装及日用品批发	12940326	10443914	2496412	435561
文化、体育用品及器材批发	2418099	1155248	1262851	400855
医药及医疗器材批发	1586269	1148356	437913	258839
矿产品、建材及化工产品批发	15100440	11491147	3609294	2883122
机械、五金及电子产品批发	5274557	4560936	713621	541839
贸易经纪与代理	126888	99094	27794	27161
其他批发	282226	204546	77680	30206
3、按经营方式分组				
独立门店	17115220	13504940	3610281	941563
连锁总店（总部）	4540418	1809642	2730777	1991581
连锁门店	91497	81565	9932	6706
其他	19062288	15284851	3777437	1972572

表 10—5 续表 1

指　　标	资产总计	负债合计	所有者权益	#实收资本
二、零售业	16317497	11430340	4887157	3029767
其中：国有控股	3143705	2272896	870809	470982
1、按登记注册类型分类				
内资企业	13050971	9371072	3679900	2431998
国有企业	360802	305922	54880	26108
集体企业	20412	13745	6667	2175
股份合作企业	4301	1964	2338	1361
联营企业	4145	3445	700	700
有限责任公司	4066187	2978248	1087939	773584
股份有限公司	5734227	4091392	1642835	1039322
私营企业	2694583	1927551	767032	510148
其他企业	166315	48805	117509	78600
港、澳、台商投资企业	1197510	863451	334059	314211
外商投资企业	2069015	1195817	873199	283559
2、按国民经济行业分组				
综合零售	4766731	3305529	1461203	813004
百货零售	3691582	2322427	1369155	656096
超级市场零售	1064008	973634	90375	155858
其他综合零售	11141	9468	1674	1050
食品、饮料及烟草制品零售	794934	422809	372126	199261
纺织、服装及日用品零售	1407694	1020315	387378	257559
文化、体育用品及器材零售	456877	275897	180980	82852
医药及医疗器材零售	1326449	1034592	291857	241688
汽车、摩托车、燃料及零配件零售	2826584	2017370	809214	362388
家用电器及电子产品零售	3908223	2793586	1114637	938838
五金、家具及室内装修材料零售	413211	264235	148976	67026
货摊、无店铺及其他零售	416794	296008	120786	67153

表 10—5 续表 2

指　　标	资产总计	负债合计	所有者权益	#实收资本
3、按经营方式分组				
独立门店	9221158	6246967	2974190	1336483
连锁总店（总部）	4551973	3515835	1036138	1159167
连锁门店	426565	285465	141100	77788
其他	2117801	1382073	735728	456330
4、按零售业态分组				
有店铺零售	15837377	11094030	4743347	2934459
食杂店	26923	7896	19026	18860
便利店	4271	3284	987	652
折扣店	6783	6487	296	150
超市	87735	54799	32935	12759
大型超市	1039866	1071591	-31725	217651
仓储会员店	34327	13449	20879	1667
百货店	4224005	2549208	1674796	721968
专业店	7160754	5139464	2021290	1438026
专卖店	2231733	1506001	725732	330473
家居建材商店	92666	75604	17062	31221
购物中心	579420	443614	135806	91601
厂家直销中心	348895	222633	126262	69432
无店铺零售	480120	336310	143810	95308
电视购物	122865	47156	75709	24600
邮购	16665	8870	7795	5100
网上商店	142458	128585	13873	27189
自动售货亭				
电话购物	24389	13273	11116	9419
补充资料：				
批发业：其他有限责任公司	12983236	10634084	2349152	1197816
其中：1、国有控股	5768673	4577062	1191611	408274
2、集体控股	299065	209943	89122	66230
股份有限公司	16790746	12119625	4671122	2497449
其中：1、国有控股	8503212	5235992	3267220	2372473
2、集体控股	293994	258794	35201	29399
零售业：其他有限责任公司	4045321	2963538	1081783	770016
其中：1、国有控股	1519245	1109580	409665	400109
2、集体控股	132580	87093	45488	35875
股份有限公司	5734227	4091392	1642835	1039322
其中：1、国有控股	1237285	837283	400002	39916
2、集体控股	552582	333975	218607	90346

表 10—5　续表 3

指　　标	主营业务收入	主营业务成本	管理费用
总　计	85741263	79340739	1593657
一、批发业	65304946	61417991	924491
其中：国有控股	24057170	22584540	374962
1、按登记注册类型分组			
内资企业	62253167	59142897	867180
国有企业	2216319	1824793	46076
集体企业	212102	185795	2236
股份合作企业	25272	15826	763
联营企业			
有限责任公司	25814224	24496957	377854
股份有限公司	18345410	17805893	230708
私营企业	15275559	14554749	194745
其他企业	364281	258885	14799
港、澳、台商投资企业	695339	605869	16776
外商投资企业	2356440	1669225	40536
2、按国民经济行业分组			
农、林、牧产品批发	937988	823217	26346
食品、饮料及烟草制品批发	3664154	3052169	117350
纺织、服装及日用品批发	19613452	18255431	258763
文化、体育用品及器材批发	1543323	1369121	64195
医药及医疗器材批发	1678091	1458169	67949
矿产品、建材及化工产品批发	28510801	27578543	229129
机械、五金及电子产品批发	8399564	7970617	147320
贸易经纪与代理	304541	289427	5744
其他批发	653033	621297	7695
3、按经营方式分组			
独立门店	28479098	27197901	356504
连锁总店（总部）	2399144	2178765	73332
连锁门店	148899	137485	1674
其他	34277805	31903840	492982

表 10—5　续表 4

指　　标	主营业务收入	主营业务成本	管理费用
二、零售业	20436317	17922748	669165
其中：国有控股	4193739	3876262	83667
1、按登记注册类型分类			
内资企业	15899283	14008958	558825
国有企业	511577	482896	10503
集体企业	123843	114458	2921
股份合作企业	12282	7513	709
联营企业	19805	18698	426
有限责任公司	5921955	5237847	177188
股份有限公司	2917937	2584239	154845
私营企业	5929442	5244157	190270
其他企业	462441	319150	21963
港、澳、台商投资企业	1924350	1580895	55153
外商投资企业	2612684	2332895	55188
2、按国民经济行业分组			
综合零售	4377988	3792998	196505
百货零售	1762393	1436768	147014
超级市场零售	2602923	2344990	49222
其他综合零售	12672	11241	270
食品、饮料及烟草制品零售	1373031	1002875	54881
纺织、服装及日用品零售	1461578	1145885	46137
文化、体育用品及器材零售	961987	838141	31526
医药及医疗器材专门零售	2442513	2205887	55994
汽车、摩托车、燃料及零配件零售	5782929	5419959	101363
家用电器及电子产品零售	2533320	2264879	133559
五金、家具及室内装修材料零售	540924	403313	32919
货摊、无店铺及其他零售	962048	848813	16281

表 10—5　续表 5

指　　标	主营业务收入	主营业务成本	管理费用
3、按经营方式分组			
独立门店	11527647	10244540	351564
连锁总店（总部）	3893554	3402017	174339
连锁门店	1216972	1086632	25250
其他	3798145	3189559	118013
4、按零售业态分组			
有店铺零售	19229228	16884462	636443
食杂店	26904	19769	1417
便利店	9510	8464	341
折扣店	14727	12864	1370
超市	146130	117108	12525
大型超市	2582369	2334508	38428
仓储会员店	49902	48877	406
百货店	2010404	1585051	155856
专业店	8292190	7392859	255055
专卖店	4480756	4034551	103404
家居建材商店	212466	165247	12274
购物中心	691754	597570	24654
厂家直销中心	712117	567596	30712
无店铺零售	1207089	1038287	32723
电视购物	254123	209547	2967
邮购	35629	13631	1367
网上商店	686239	616539	19333
自动售货亭			
电话购物	34471	26114	2589
补充资料：			
批发业：其他有限责任公司	23182822	22066391	304094
其中：1、国有控股	12209714	11608498	152942
2、集体控股	690961	667264	8281
股份有限公司	18345410	17805893	230708
其中：1、国有控股	6999734	6720684	102184
2、集体控股	310535	296149	7370
零售业：其他有限责任公司	5885914	5205193	176183
其中：1、国有控股	1829865	1680652	48015
2、集体控股	157033	130324	4934
股份有限公司	2917937	2584239	154845
其中：1、国有控股	1794072	1659415	23503
2、集体控股	240261	183875	30333

表 10—5　续表 6

指　　标	财务费用	营业利润	利润总额	本年应交增值税
总　　计	463687	1265981	1371459	1078396
一、批发业	288923	606415	699374	540646
其中：国有控股	98397	313478	373992	181904
1、按登记注册类型分组				
内资企业	282927	518375	603165	461955
国有企业	-13653	193431	202894	64104
集体企业	931	22035	22368	572
股份合作企业	18	7786	7786	
联营企业				
有限责任公司	170382	294452	337262	210313
股份有限公司	41590	-161656	-135669	52799
私营企业	81007	89835	96764	133088
其他企业	2652	72492	71761	1079
港、澳、台商投资企业	3967	69473	73733	18264
外商投资企业	2029	18567	22475	60426
2、按国民经济行业分组				
农、林、牧产品批发	7456	45677	54356	2088
食品、饮料及烟草制品批发	-6821	246579	253799	82493
纺织、服装及日用品批发	10114	145539	159072	179234
文化、体育用品及器材批发	-5443	140316	152072	17866
医药及医疗器材批发	13539	32523	35100	28936
矿产品、建材及化工产品批发	173028	184436	212394	136884
机械、五金及电子产品批发	93148	-204865	-184489	90411
贸易经纪与代理	953	1584	1804	1021
其他批发	2949	14625	15265	1713
3、按经营方式分组				
独立门店	72451	294033	326082	190199
连锁总店（总部）	-8007	154723	160392	23859
连锁门店	451	756	1684	871
其他	224027	156902	211216	325717

表 10—5　续表 7

指　　标	财务费用	营业利润	利润总额	本年应交增值税
二、零售业	174764	659567	672085	537751
其中：国有控股	30271	56357	60967	111913
1、按登记注册类型分类				
内资企业	163690	537971	546490	499559
国有企业	3696	8604	10995	5525
集体企业	199	1163	1218	589
股份合作企业	50	3643	3643	
联营企业	332	-281	-258	350
有限责任公司	70632	100906	102471	184854
股份有限公司	47652	193856	198063	143538
私营企业	37629	139200	139782	154640
其他企业	3501	90879	90575	10064
港、澳、台商投资企业	11336	37978	38168	45090
外商投资企业	-262	83618	87427	-6898
2、按国民经济行业分组				
综合零售	32383	149847	153036	91099
百货零售	39844	158354	161674	78673
超级市场零售	-7575	-8603	-8732	12369
其他综合零售	114	96	94	56
食品、饮料及烟草制品零售	7409	204751	208600	32972
纺织、服装及日用品零售	12801	65814	66090	48003
文化、体育用品及器材零售	2794	31874	33517	19370
医药及医疗器材零售	20909	50087	48366	32329
汽车、摩托车、燃料及零配件零售	52842	32627	33269	245779
家用电器及电子产品零售	37574	64499	68541	31243
五金、家具及室内装修材料零售	7304	39877	39849	24578
无店铺及其他零售	748	20192	20819	12378

表 10—5　续表 8

指　　标	财务费用	营业利润	利润总额	本年应交增值税
3、按经营方式分组				
独立门店	126569	482154	485015	400030
连锁总店（总部）	25215	19311	25339	15556
连锁门店	4230	11086	11655	19143
其他	18750	147016	150076	103022
4、按零售业态分组				
有店铺零售额	172509	640605	651937	507902
食杂店	489	4038	4038	1570
便利店	1	208	345	175
折扣店	56	72	72	246
超市	748	5967	5903	1090
大型超市	-5495	-43076	-42462	12109
仓储会员店	65	548	587	151
百货店	40102	200645	201704	84002
专业店	79183	260617	270533	207997
专卖店	40880	94587	93264	162349
家居建材商店	2229	10739	10841	3647
购物中心	9235	31928	32755	25545
厂家直销中心	5016	74332	74356	9019
无店铺零售	2255	18962	20148	29848
电视购物	-489	16218	16458	5929
邮购	-107	2512	2311	3299
网上商店	893	-9888	-9398	15894
自动售货亭				
电话购物	226	410	475	1038
补充资料：				
批发业：其他有限责任公司	154973	264768	308164	195876
其中：1、国有控股	38699	189424	218622	97939
2、集体控股	637	4029	5487	12717
股份有限公司	41590	-161656	-135669	52799
其中：1、国有控股	57942	-99061	-76622	5425
2、集体控股	7905	-2021	1645	-837
零售业：其他有限责任公司	70505	101792	103253	184529
其中：1、国有控股	21297	21345	20572	38133
2、集体控股	543	7848	8141	3452
股份有限公司	47652	193856	198063	143538
其中：1、国有控股	4818	27711	30566	67525
2、集体控股	8487	85447	85927	59887

表 10—6　限额以上住宿和餐饮业经营情况（2015 年）

计量单位：万元

指　标	营业额	#客房收入	#餐费收入	#商品销售收入
总　计	1800291	368902	1269533	53907
一、住宿业	700468	333167	266120	34305
其中：国有控股	259786	94699	98519	26093
1、按登记注册类型分组				
内资企业	600568	281585	226629	33653
国有企业	78575	33517	38975	480
集体企业	4896	2306	2291	140
股份合作企业	19564	9978	9160	
联营企业	3363	1537	1511	28
有限责任公司	230767	113593	91421	7740
股份有限公司	107331	32737	26316	24091
私营企业	150854	85622	54474	1078
其他	5219	2295	2482	97
港、澳、台商投资企业	34418	18159	13223	70
外商投资企业	65482	33424	26268	581
2、按国民经济行业分组				
旅游饭店	602604	263989	241804	32897
一般旅馆	85464	62027	20094	1318
其他住宿服务	12400	7152	4222	91
3、按星级等级分组				
一星	6946	3615	2157	203
二星	8201	2856	3592	407
三星	63904	26291	32294	787
四星	112729	50386	51040	2367
五星	256614	105675	87174	27542
其他	252075	144345	89864	2999
4、按经营方式分组				
独立门店	620512	288764	236468	33690
连锁总店（总部）	17145	7281	9394	10
连锁门店	21158	15819	4070	558
其他	41653	21304	16188	47

表 10—6 续表

指　标	营业额	#客房收入	#餐费收入	#商品销售收入
二、餐饮业	1099823	35735	1003413	19602
其中：国有控股	55771	12579	38513	622
1、按登记注册类型分组				
内资企业	610715	35735	514432	19602
国有企业	26807	4063	20251	389
集体企业				
股份合作企业				
联营企业	780	331	448	
有限责任公司	205689	19675	154124	11338
股份有限公司	43530	17	41775	
私营企业	301994	11648	266412	7388
其他	31916		31423	487
港、澳、台商投资企业	89077		88957	
外商投资企业	400031		400025	
2、按国民经济行业分组				
正餐服务	557715	35207	478399	19037
快餐服务	435565	17	419581	
饮料及冷饮服务	28297		28292	
其他餐饮服务	78247	511	77142	566
3、按经营方式分组				
独立门店	505380	32879	454148	10128
连锁总店（总部）	426563		425758	674
连锁门店	52444	2246	49214	725
其他	115436	611	74294	8075

表 10—7　限额以上住宿和餐饮业法人企业主要财务状况（2015 年）

计量单位：万元

指　标	资产总计	负债合计	所有者权益合计	#实收资本
总　计	1995583	1347194	648389	677312
一、住宿业	1295224	819988	475235	509441
其中：国有控股	531491	250634	280857	229090
1、按登记注册类型分组				
内资企业	942640	536582	406058	335151
国有企业	152987	88744	64243	44633
集体企业	8078	6471	1607	4301
股份合作企业				
联营企业	639	1541	-902	300
有限责任公司	391857	256750	135107	166242
股份有限公司	213229	38613	174616	80618
私营企业	174090	142645	31445	38741
其他企业	1760	1819	-59	317
港、澳、台商投资企业	119894	148143	-28249	69739
外商投资企业	232690	135264	97426	104550
2、按国民经济行业分组				
旅游饭店	1190568	757204	433364	478922
一般饭店	95935	54937	40998	29157
其他住宿服务	8720	7847	873	1362
3、按星级等级分组				
一星				
二星	7662	3720	3942	2898
三星	87632	86175	1457	27268
四星	218036	108825	109211	114969
五星	388926	229304	159622	175075
其他	592969	391964	201004	189231
4、按经营方式分组				
独立门店	1222163	763402	458761	486278
连锁总店（总部）	23500	23075	426	1100
连锁门店	20936	8368	12568	13121
其他	28625	25144	3481	8942

表 10—7 续表 1

指　标	资产总计	负债合计	所有者权益合计	#实收资本
二、餐饮业	700359	527206	173154	167871
其中：国有控股	77410	38224	39186	16617
1、按登记注册类型分类				
内资企业	524755	414889	109866	109728
国有企业	17350	12514	4836	2569
集体企业				
股份合作企业				
联营企业				
有限责任公司	248245	183434	64810	51824
股份有限公司	134	84	49	3
私营企业	249292	215507	33784	54232
其他企业	9736	3350	6386	1100
港、澳、台商投资企业	40302	8486	31816	6516
外商投资企业	135303	103831	31472	51628
2、按国民经济行业分组				
正餐服务	512948	411085	101863	111953
快餐服务	161053	104949	56104	47609
饮料及冷饮服务	3194	1637	1558	5093
其他餐饮服务	23164	9535	13630	3217
3、按经营方式分组				
独立门店	447153	343131	104022	90796
连锁总店（总部）	163606	101673	61933	51681
连锁门店	45337	41705	3633	19273
其他	44263	40697	3566	6122

表10—7 续表2

指 标	主营业务收入	主营业务成本
总 计	1498022	670397
一、住宿业	519902	198527
其中：国有控股	243933	113975
1、按登记注册类型分组		
内资企业	455678	177562
国有企业	66896	22842
集体企业	4896	1723
股份合作企业		
联营企业	3357	737
有限责任公司	196072	57581
股份有限公司	96623	64601
私营企业	84608	28968
其他企业	3225	1111
港、澳、台商投资企业	24062	7900
外商投资企业	40162	13066
2、按国民经济行业分组		
旅游饭店	442664	171504
一般饭店	64867	22555
其他住宿服务	12371	4469
3、按星级等级分组		
一星		
二星	7114	4079
三星	56918	22456
四星	99741	34267
五星	167115	77900
其他	189014	59825
4、按经营方式分组		
独立门店	481834	187690
连锁总店（总部）	6075	1204
连锁门店	12315	2056
其他	19678	7578

表 10—7 续表 3

指 标	主营业务收入	主营业务成本
二、餐饮业	978120	471869
其中：国有控股	49116	16479
1、按登记注册类型分类		
内资企业	520839	259105
国有企业	20691	6934
集体企业		
股份合作企业		
联营企业		
有限责任公司	194220	100049
股份有限公司	427	238
私营企业	273717	141246
其他企业	31785	10639
港、澳、台商投资企业	87337	32216
外商投资企业	369944	180549
2、按国民经济行业分组		
正餐服务	489491	247233
快餐服务	403365	185239
饮料及冷饮服务	7966	5197
其他餐饮服务	77298	34201
3、按经营方式分组		
独立门店	453105	215759
连锁总店（总部）	425540	192996
连锁门店	43632	19193
其他	55844	43921

表 10—7　续表 4

指　标	管理费用	财务费用	营业利润	利润总额
总　计	262797	31783	3066	4583
一、住宿业	149978	22509	-17364	-14907
其中：国有控股	69237	1657	-2860	-1146
1、按登记注册类型分组				
内资企业	127671	11496	-1554	639
国有企业	21514	-129	-5896	-5021
集体企业	1096	74	-442	-432
股份合作企业				
联营企业	470	21	205	201
有限责任公司	68980	7373	-3659	-3069
股份有限公司	15102	10	7555	8337
私营企业	19801	4135	690	525
其他企业	708	12	-7	99
港、澳、台商投资企业	10723	5622	-7494	-7500
外商投资企业	11585	5390	-8317	-8047
2、按国民经济行业分组				
旅游饭店	129243	21462	-18110	-15459
一般饭店	18083	1088	420	205
其他住宿服务	2651	-41	325	347
3、按星级等级分组				
一星				
二星	1660	34	-254	-128
三星	15140	794	-3178	-2595
四星	31527	799	-1330	-657
五星	41539	7149	3251	3677
其他	60112	13732	-15854	-15205
4、按经营方式分组				
独立门店	136776	20313	-14120	-11671
连锁总店（总部）	1839	1235	-415	-409
连锁门店	3285	227	-172	-160
其他	8078	734	-2657	-2667

表10—7 续表5

指　标	管理费用	财务费用	营业利润	利润总额
二、餐饮业	112819	9275	20430	19491
其中：国有控股	14147	305	-1584	-1411
1、按登记注册类型分类				
内资企业	75293	7072	-3492	-2939
国有企业	3298	-12	343	318
集体企业				
股份合作企业				
联营企业				
有限责任公司	28750	4140	-3573	-3381
股份有限公司	145	-1	-161	-161
私营企业	40042	2768	-4342	-3973
其他企业				
港、澳、台商投资企业	3399	-177	6106	5538
外商投资企业	34128	2380	17815	16892
2、按国民经济行业分组				
正餐服务	74271	7288	-7435	-6901
快餐服务	34667	1928	21841	20900
饮料及冷饮服务	941	21	-420	-419
其他餐饮服务	2941	38	6445	5911
3、按经营方式分组				
独立门店	66390	4551	-4425	-4319
连锁总店（总部）	38310	2289	27586	26618
连锁门店	4348	2475	-3808	-3809
其他	3772	-40	1077	1000

表 10—8　亿元以上商品交易市场基本情况（2015 年）

指　标	市场个数（个）	年末摊位总量（个）	年末出租摊位数	#出租率（%）
合　计	40	34857	33666	96.6
一、按经营环境分				
（一）露天式	3	827	796	96.3
（二）封闭式	37	34030	32870	96.6
（三）其他				
二、按经营方式分				
（一）批发	15	21280	20334	95.6
（二）零售	25	13577	13332	98.2
三、按市场类别分				
（一）综合市场	14	12606	12368	98.1
生产资料综合市场				
工业消费品综合市场	3	1809	1776	98.2
农产品综合市场	7	5660	5623	99.3
其他综合市场	4	5137	4969	96.7
（二）专业市场	26	22251	21298	95.7
生产资料市场	4	9357	9353	100
木材市场				
建材市场	3	8657	8653	100
金属材料市场	1	700	700	100
农产品市场	8	3726	2953	79.3
粮油市场	2	136	136	100
肉禽蛋市场	1	72	72	100
水产品市场	2	2366	1755	74.2
蔬菜市场	2	227	194	85.5
干鲜果品市场				
食品、饮料及烟酒市场				
纺织、服装、鞋帽市场	2	3960	3960	100
服装市场	1	1878	1878	100
其他纺织服装鞋帽市场	1	2082	2082	100
日用品及文化用品市场	1	86	84	97.7
图书、报刊杂志市场	1	86	84	97.7
其他日用品及文化用品市场				
电器、通讯器材、电子设备市场	1	220	215	97.7
家具、五金及装饰材料市场	8	4753	4615	97.1
家具市场	3	1197	1165	97.3
装饰材料市场	3	1418	1312	92.5
五金材料市场	1	990	990	100
其他装修市场	1	1148	1148	100
汽车、摩托车及零配件市场	2	149	118	79.2
#汽车市场	2	149	118	79.2

表10—8 续表1

指　标	本年商品成交额（亿元）	#商品零售额（亿元）	营业面积（万平方米）
合　计	881.06	297.63	246.20
一、按经营环境分			
（一）露天式	24.15	0.49	6.17
（二）封闭式	856.91	297.13	240.03
（三）其他			
二、按经营方式分			
（一）批发	712.95	192.29	161.50
（二）零售	168.11	105.34	84.70
三、按市场类别分			
（一）综合市场	448.86	150.05	76.58
生产资料综合市场			
工业消费品综合市场	19.16	10.04	6.27
农产品综合市场	346.07	94.59	53.82
其他综合市场	83.62	45.41	16.50
（二）专业市场	432.20	147.58	169.62
生产资料市场	169.72	42.66	50.63
木材市场			
建材市场	46.92	42.66	20.63
金属材料市场	122.80		30.00
农产品市场	115.61	28.82	43.13
粮油市场	20.75	1.75	8.30
肉禽蛋市场	1.65	0.55	0.15
水产品市场	78.24	18.75	28.52
蔬菜市场	9.05	5.09	4.80
干鲜果品市场			
食品、饮料及烟酒市场			
纺织、服装、鞋帽市场	48.40	30.38	8.20
服装市场	18.87	18.57	0.70
其他纺织服装鞋帽市场	29.54	11.82	7.50
日用品及文化用品市场	3.05	1.20	0.50
图书、报刊杂志市场	3.05	1.20	0.50
其他日用品及文化用品市场			
电器、通讯器材、电子设备市场	4.99	3.99	0.40
家具、五金及装饰材料市场	67.69	40.53	60.94
家具市场	18.90	14.16	19.51
装饰材料市场	7.91	5.35	15.43
五金材料市场	7.79	7.70	20.00
其他装修市场	33.09	13.33	6.00
汽车、摩托车及零配件市场	22.74		5.82
#汽车市场	22.74		5.82

表 10—8　续表 2

指　标	年末已出租摊位数（个）	成交额（亿元）
总　计	33666	881.06
1、粮油、食品、饮料、烟酒类	8884	464.10
（1）粮油、食品类	8314	364.54
其中：粮油类	1512	142.82
肉禽蛋类	1462	15.06
水产品类	1679	100.21
蔬菜类	2754	60.28
干鲜果品类	875	45.58
（2）饮料类	362	44.79
（3）烟酒类	208	54.77
2、服装、鞋帽、针纺织品类	6575	67.60
（1）服装类	4073	47.89
（2）鞋帽类	875	7.47
（3）针、纺织品类	1627	12.24
3、化妆品类	58	0.57
4、金银珠宝类	23	0.40
5、日用品类	2715	41.67
其中：洗涤用品类		
儿童玩具类	252	3.55
6、五金、电料类	821	23.45
7、体育、娱乐用品类	37	0.44
8、书报杂志类	96	4.00
9、电子出版物和音像制品类	16	0.60
10、家用电器和音像器材类	69	1.21
11、中西药品类		
其中：西药类		
12、文化办公用品类	342	6.84
13、家具类	1610	32.54
14、通讯器材类	2	
15、煤炭及制品类		
16、木材及制品类	86	2.86
17、石油及制品类		
18、化工材料及制品类		
其中：化肥类		
19、金属材料类	720	123.99
20、建筑及装潢材料类	10888	82.54
21、机电产品及设备类	44	0.76
其中：农机类	20	0.37
22、汽车类	118	22.74
23、种子饲料类		
24、棉麻类		
25、其他类	562	4.74

表 10—9　批发和零售业、住宿和餐饮业连锁总店经营情况（2015 年）

计量单位：亿元

指　　标	连锁总店（个）	连锁门店（个）		
			# 直营店	# 加盟店
总　计	48	11745	8791	2954
一、批发和零售业	38	11218	8264	2954
其中：外商及港澳台投资	8	2344	1617	727
按零售业态分				
1、便利店	1	3	3	
2、折扣店				
3、超市	1	3	3	
4、大型超市	5	2128	1483	645
5、仓储会员店				
6、百货店	3	354	123	231
7、专业店	23	5576	3580	1996
其中：加油站	2	3023	3023	
8、专卖店	3	131	49	82
9、家居建材店				
10、厂家直销中心				
11、其他				
二、住宿业				
三、餐饮业	10	527	527	
其中：外商及港澳台投资	4	498	498	
按行业分				
正餐	4	15	15	
快餐	5	506	506	
茶馆	1	6	6	
其他餐饮				

表 10—9　续表 1

指　标	商品购进总额	#接受统一配送商品金额		
			接受自有配送中心商品金额	接受非自有配送中心商品金额
总　计	3177.28	2641.07	2592.09	20.04
一、批发和零售业	3163.49	2627.29	2580.97	17.77
其中：外商及港澳台投资	418.29	360.87	346.09	8.73
按零售业态分				
1、便利店	0.08	0.08	0.002	0.08
2、折扣店				
3、超市	8.73	8.73		8.73
4、大型超市	374.07	350.66	344.60	
5、仓储会员店				
6、百货店	41.13	3.95	3.95	
7、专业店	1344.95	869.34	838.00	8.84
其中：加油站	1392.21	1392.21	1392.21	
8、专卖店	2.32	2.32	2.20	0.12
9、家居建材店				
10、厂家直销中心				
11、其他				
二、住宿业				
三、餐饮业	13.79	13.78	11.12	2.27
其中：外商及港澳台投资	12.91	12.91	10.42	2.10
按行业分				
正餐	0.73	0.73	0.55	0.17
快餐	12.67	12.67	10.57	2.1
茶馆	0.39	0.39		
其他餐饮				

表 10—9　续表 2

指　标	商品销售总额	#商品零售额	零售营业面积（万平方米）	餐饮营业面积（万平方米）	年末从业人员数（人）
总　计	3430.58	1252.55	1566.04	20.00	284298
一、批发和零售业	3430.58	1252.55	1566.04		273718
其中：外商及港澳台投资	429.03	321.52	400.05		77901
按零售业态分					
1、便利店	0.10	0.10	0.06		21
2、折扣店					
3、超市	7.90		0.27		928
4、大型超市	388.35	297.50	365.25		69961
5、仓储会员店					
6、百货店	38.44	29.53	37.88		7854
7、专业店	1511.48	178.15	690.80		167393
其中：加油站	1481.80	745.63	470.43		27036
8、专卖店	2.51	1.65	1.35		525
9、家居建材店					
10、厂家直销中心					
11、其他					
二、住宿业					
三、餐饮业				20.00	10580
其中：外商及港澳台投资				17.01	9464
按行业分					
正餐				2.70	726
快餐				17.20	9587
茶馆				0.11	267
其他餐饮					

表 10—9　续表 3

指　标	营业额	#餐费和商品销售额	餐位数（个）
总　计	39.45	39.44	63166
一、批发和零售业			
其中：外商及港澳台投资			
按零售业态分			
1、便利店			
2、折扣店			
3、超市			
4、大型超市			
5、仓储会员店			
6、百货店			
7、专业店			
其中：加油站			
8、专卖店			
9、家居建材店			
10、厂家直销中心			
11、其他			
二、住宿业			
三、餐饮业	39.45	39.44	63166
其中：外商及港澳台投资	37.28	37.27	55305
按行业分			
正餐	1.81	1.81	6599
快餐	36.92	36.91	56367
茶馆	0.72	0.72	200
其他餐饮			

表 10—10　主要年份社会消费品零售总额

计量单位：亿元

年份	社会消费品零售总额			
		批发和零售业	住宿和餐饮业	其他行业
1949	0.77			
1952	2.49			
1957	4.33			
1962	5.22			
1965	5.28			
1970	6.13			
1975	8.26			
1978	10.69			
1980	15.84			
1985	34.84			
1990	72.79			
1994	205.33			
1995	261.72			
1997	376.07			
1998	416.69	371.02		
1999	459.32	408.27		
2000	509.39	453.35		
2002	637.23	556.52		
2003	728.99	633.86		
2004	863.85	764.02	89.07	10.76
2005	1006.20	885.72	108.19	12.29
2007	1385.30	1209.36	158.15	17.79
2008	1659.60	1442.56	195.08	21.96
2009	1935.49	1704.08	231.41	—
2010	2288.74	2055.38	212.39	20.97
2011	2697.10	2422.59	247.71	26.8
2012	3103.82	2793.48	287.09	23.24
2013	3689.40	3308.78	380.62	—
2014	4167.19	3785.81	381.38	—
2015	4590.17	4193.01	397.16	—

注：2014年为全国第三次经济普查调整后的数据。2015年为快报数据。

主要统计指标解释

社会消费品零售总额 指批发和零售业、住宿和餐饮业以及其他行业直接售给城乡居民和社会集团的消费品零售额。其中，对居民的消费品零售额，是指售予城乡居民用于生活消费的商品金额；对社会集团的消费品零售额，是指售给机关、社会团体、部队、学校、企事业单位、居委会或村委会等，公款购买的用作非生产、非经营使用与公共消费的商品金额。

社会消费品零售总额包括：售给城乡居民作为生活消费用的商品和修建房屋用的建筑材料的金额，以及售给来华的外国人、华侨、港澳台同胞的消费品金额；售给社会集团用作非生产、非经营使用与公共消费的商品金额。

不包括：

（1）农民之间相互买卖的商品；

（2）城市居民间或居民委托信托商店卖出的商品；

（3）售给农业、工业、建筑业等行业用于生产的商品；

（4）售予从事批发和零售业务的单位或个体户用于转卖的商品；

（5）售予从事餐饮业务的单位或个体户用于转卖或加工后转卖的商品；

（6）售予从事住宿或其他居民服务业的单位或个体户用于经营或转卖的商品；

（7）售予城乡居民已确知是用于生产、经营的商品；

（8）售予各类农业生产者的生产资料类商品；

（9）售予企业单位生产上专用的劳动保护用品；

（10）售予城乡居民的商品房。

商品购进总额 指从本企业以外的单位和个人购进（包括从国外直接进口）作为转卖或加工后转卖的商品金额（含增值税）。本指标反映批发和零售业从国内外市场上购进商品的总价。

商品销售额 指对本单位以外的单位和个人出售的商品金额（包括售给本单位消费用的商品，含增值税），本指标反映批发和零售业在国内市场上销售商品以及出口商品的总量。

商品批发额 指商品零售额以外的一切商品销售额。包括售给生产经营单位用于生产或经营用的商品销售额；售给批发零售贸易业、餐饮业用于转卖或加工后转卖的商品销售额；直接向国（境）外出口和委托外贸部门代理出口的商品销售额。

商品零售额 指售给城乡居民用于生活消费、售给社会集团用公款购买用作非生产、非经营使用的商品销售额。

期末商品库存额 对于批发和零售业法人企业和个体经营户，是指取得所有权的全部商品金额（含增值税）；对于批发和零售业产业活动单位，是指期末实际在库且归属法人具有所有权的全部商品金额（含增值税）。这个指标反映批发和零售业的商品库存情况，以及对市场商品供应的保证程度。

亿元以上商品交易市场 指年成交额在亿元及以上的商品交易市场。商品交易市场是指经有关部门和组织批准设立，有固定场所、设施，有经营管理部门和监管人员，若干市场经营者入内，常年或实际开业三个月以上，集中、公开、独立地进行生活消费品、生产资料等现货商品交易以及提供相关服务的交易场所，包括各类消费品市场、生产资料市场等。

商品成交额 指市场所有摊位业主商品交易额之和。

消费品零售额 指市场所有摊位业主商品交易总额之和中直接售予城乡居民用于生活消费和社会集团用于公共消费的商品金额。

营业面积 指市场营业用场地、仓库等营业用建筑面积，不包括为市场经营服务的办公室和附设的旅馆、招待所、餐馆、停车场等的面积。

连锁总店（总部） 负责连锁企业资源（商号、商誉、经营模式、服务标准、管理模式等等）的开发、配置、控制或使用等功能的企业核心管理机构。

连锁经营分店 指连锁经营的核心企业或单位（总店）所属各分散经营的门店，也称为成员店。

门店数 指该连锁企业所拥有的全部连锁门店数量，包括总店（如果总公司有门店的话）和全部直营分店、加盟分店数。总店作为一个直营店处理。控股店按直营店统计。直营店和加盟店之和应等于门店总数。

直营连锁 也叫正规连锁。连锁门店均由总部全资或控股开设，在总部的直接领导下统一经营。

加盟连锁 加盟连锁包括特许连锁和自由连锁。

统一配送商品购进额 指企业统一购进商品后，配送到门店（包括加盟店）的商品金额（按购进价计算）。非自有配送中心配送比重指由第三方物流配送的商品购进额。直营店和加盟店的配送商品购进额，是指由总部统一配送或接受统一配送的商品购进额，而不是直营店和加盟店对外的配送商品购进额。

自有配送中心配送商品购进额 指连锁总部从自有配送中心购进商品的金额。

非自有配送中心配送商品购进额 指连锁总部从第三方物流配送中心购进商品的金额。

配送中心 是连锁企业的物流机构，承担着各门店所需商品的进货、库存、分货、加工、集配、运输、送货等任务。配送中心主要为本连锁企业服务，也可面向社会。如本企业没有配送中心而是利用本企业以外的物流中心配送，可不填自有配送中心数、配送中心面积和运输车辆，但应填统一配送商品购进额。

营业额 指住宿和餐饮业法人企业、产业活动单位在经营活动中因提供服务或销售商品等取得的收入。包括：客房收入、餐费收入、商品销售额（含增值税）和其他收入。

客房收入 指住宿和餐饮业法人企业、产业活动单位在经营活动中因提供住宿服务取得的客房收入。

餐费收入 指住宿和餐饮业法人企业、产业活动单位因为顾客提供就餐服务取得的收入。包括：经烹饪、调制加工后出售的各种食品，如主食、炒菜、凉拌菜等的收入。

商品销售额 指住宿和餐饮业法人企业、产业活动单位伴随服务而出售商品所取得的销售总额（含增值税）。

年末餐饮营业面积 指住宿和餐饮业法人企业、产业活动单位对外提供就餐服务的门店建筑面积和从事食品加工、烹饪、调制的厨房面积，不包括办公用房和仓库等面积。该指标按年末实有面积统计。

批发和零售业、住宿和餐饮业统计限额标准

行 业 类 别	统 计 指 标 名 称	计 量 单 位	限额以上企业
批 发 业	年主营业务收入	万 元	2000 及以上
零 售 业	年主营业务收入	万 元	500 及以上
住 宿 业	年主营业务收入	万 元	200 及以上
餐 饮 业	年主营业务收入	万 元	200 及以上

2016南京统计年鉴
NANJING STATISTICAL YEARBOOK

（十一）
对外经济贸易和旅游业

CHAPTER 11
FOREIGN TRADE AND ECONOMIC COOPERATION, TOURISM

表 11—1　利用外资

指　标	2015年	2014年	2015年为上年%
新签外商投资企业（个）	250	314	79.6
合资经营	72	—	—
合作经营	1	77	1.3
外商独资	175	236	74.2
外商股份制	2	1	200.0
新签合同外资（万美元）	617208	492047	125.4
合资经营	75764	111225	68.1
合作经营	1210	1550	78.1
外商独资	487694	377703	129.1
外商股份制	52541	1568	3350.8
实际使用外资（万美元）	333459	329074	101.3
第一产业	390	630	61.9
第二产业	77646	92125	84.3
第三产业	255422	236320	108.1

注：本表数据由市投资促进委员会提供。

表 11—2　对外劳务和承包工程情况

指　标	2015年	2014年	2015年为上年%
一、新签合同金额（万美元）	380963	394003	96.7
二、完成营业额（万美元）	333400	269666	123.6
三、期末在外人员（人）	—	14453	—

注：本表数据由市商务局提供。

表 11—3　涉外税收

计量单位：万元

指　标	2015年	2014年	2015年为上年%
合　计	38210061	26939846	141.8
流转税	16823842	13262578	126.9
企业所得税	8233836	6234939	132.1
个人所得税	204360	191934	106.5
车船使用牌照税	364	226	161.1
城市房地产税	47353	31932	148.3
其他各税	7736392	351478	2201.1
海关代征	5163914	6866759	75.2

注：本表数据由市国税局和地税局提供。

表 11—4　海关统计进出口贸易（2015 年）

计量单位：万美元

指　标	2015年	2015年为上年%
一、进出口总值（经营单位口径）	5324014	93.0
1、出口	3150252	96.6
# 三资企业	1078213	94.4
高新技术产品	790863	100.9
2、进口	2173762	88.4
# 三资企业	1136385	90.5
高新技术产品	837459	92.8
二、进出口总值（境内目的地、货源地）	4781364	95.4
1、出口（境内货源地）	2220421	98.3
# 三资企业	1086061	94.7
2、进口（境内目的地）	2560942	76.4
# 三资企业	1088665	92.3
三、进出口总值（口岸口径）	3162283	98.8
1、出口	1833179	104.9
# 新生圩	1321693	99.9
2、进口	1329104	91.4
# 新生圩	844138	92.3

表 11—5 进出口商品贸易方式总值表（按经营单位）（2015 年）

计量单位：万美元

贸易方式	进出口		出口		进口	
	数值	增长%	数值	增长%	数值	增长%
总值	5324014	-7.0	3150252	-3.4	2173762	-11.6
一般贸易	3421441	-5.9	2071118	-3.0	1350324	-10.0
国家间、国际组织无偿援助和赠送的物资	1676	-7.5	1676	-7.5		
捐赠物资	13	4333.3			13	4333.3
补偿贸易						
来料加工装配贸易	178470	-2.2	76533	7.4	101937	-8.4
进料加工贸易	1330562	-11.7	897943	-3.7	432620	-24.8
寄售代销贸易						
边境小额贸易						
加工贸易进口设备		-100.0				-100.0
对外承包工程出口货物	44321	-38.7	44321	-38.7		
租赁贸易	2488	-50.5	72	759.5	2416	-51.8
外商投资企业作为投资进口的设备、物品	105250	428.9			105250	428.9
出料加工贸易						
易货贸易						
免税外汇商品						
保税监管场所进出境货物	146748	-41.8	14366	-50.4	132382	-40.7
海关特殊监管区域物流货物	83959	183.9	42156	133.5	41803	263.0
海关特殊监管区域进口设备	2359	-60.5			2359	-60.5
其他	6725	-20.1	2068	2.9	4657	-27.3

表 11—6　进口商品贸易方式企业性质总值表（按经营单位）（2015 年）

计量单位：万美元

贸易方式	合计		国有企业		外商投资企业		集体企业		私营企业	
	数值	增长%	数值	增长%	数值	增长%	数值	增长%	数值	增长%
总　　值	2173762	-11.6	825438	-15.0	1136385	-9.5	1517	1.6	210416	-9.0
一般贸易	1350324	-10.0	738747	-16.7	469400	-0.8	1208	5.2	140966	0.9
国家间、国际组织无偿援助和赠送的物资										
捐赠物资	13	4333.3							13	
补偿贸易										
来料加工装配贸易	101937	-8.4	1665	-73.2	98624	-4.7			1649	8.2
进料加工贸易	432620	-24.8	46925	27.8	367999	-28.5	309	-10.7	17387	-25.8
寄售代销贸易										
边境小额贸易										
加工贸易进口设备										
对外承包工程出口货物										
租赁贸易	2416	-51.8	341	852.8	2075	-58.3				
外商投资企业作为投资进口的设备、物品	105250	428.9			105250	428.9				
出料加工贸易										
易货贸易										
免税外汇商品										
保税监管场所进出境货物	132382	-40.7	20197	-36.7	87033	-31.9			25153	-60.3
海关特殊监管区域物流货物	41803	263.0	16724	101.1	268	-73.5			24812	1032.9
海关特殊监管区域进口设备	2359	-60.5			2359	-60.5				
其他	4657	-27.3	839	-19.6	3378	-25.8		100.0	436	-45.0

表 11—7 出口商品贸易方式企业性质总值表（按经营单位）（2015 年）

计量单位：万美元

贸易方式	合计		国有企业		外商投资企业		集体企业		私营企业	
	数值	增长%	数值	增长%	数值	增长%	数值	增长%	数值	增长%
总 值	3150252	-3.4	1112905	-5.2	1078213	-5.6	5429	-51.3	953581	2.1
一般贸易	2071118	-3.0	901026	-6.8	295439	-10.2	1949	-70.4	872578	4.8
国家间、国际组织无偿援助和赠送的物资	1676	-7.5	1237	5.2					440	-31.0
捐赠物资										
补偿贸易										
来料加工装配贸易	76532	7.4	7738	-8.2	66773	11.6	0		2021	-31.6
进料加工贸易	897943	-3.7	128916	12.9	712783	-4.8	3480	-23.8	52764	-17.9
寄售代销贸易										
边境小额贸易										
加工贸易进口设备										
对外承包工程出口货物	44321	-38.7	44170	-38.8	0				151	-23.2
租赁贸易	72	758.3	55		12	141.7			6	63.9
外商投资企业作为投资进口的设备、物品										
出料加工贸易										
易货贸易										
免税外汇商品										
保税监管场所进出境货物	14366	-50.4	8520	88.1	889	19.7			4958	-79.1
海关特殊监管区域物流货物	42156	133.5	20802	225.3	753	-68.0			20601	121.4
海关特殊监管区域进口设备										
其他	2068	2.9	442	346.0	1564	1.8			62	-82.9

表11—8　进出口商品国别（地区）总值表（按经营单位）（2015年）

计量单位：万美元

进口原产国（地区）或出口最终目的国（地区）	进出口		出口		进口	
	数值	增长%	数值	增长%	数值	增长%
总　值	5324014	-7.0	3150252	-3.4	2173762	-11.6
亚洲	2624856	-9.3	1231635	-4.7	1393220	-13.1
# 香港	153517	-1.5	151178	-1.5	2339	2.7
印度	131845	-6.9	118156	-3.7	13689	-27.4
印度尼西亚	86645	-12.9	59870	-12.0	26775	-14.7
日本	503231	-10.0	164127	-12.2	339104	-9.0
澳门	2891	79.7	2890	79.6	1	500.0
马来西亚	75308	-17.1	44770	-18.3	30538	-15.4
巴基斯坦	28655	32.7	27721	36.7	934	-28.6
菲律宾	52112	-30.4	39019	-0.8	13092	-63.2
新加坡	87657	26.3	64890	45.1	22768	-7.8
韩国	721068	-9.3	148555	-1.0	572513	-11.3
泰国	77441	-21.5	40232	-23.8	37209	-18.9
台湾省	210454	-24.5	37476	-24.0	172978	-24.6
非洲	193557	-17.2	153838	-15.8	39718	-22.1
欧洲	1157155	-9.0	753605	-9.7	403550	-7.6
# 比利时	50077	4.2	27538	-9.6	22539	28.2
丹麦	12604	-14.6	8879	-19.4	3725	-0.2
英国	153132	19.2	134411	24.3	18721	-7.9
德国	289077	-11.3	129471	-8.2	159606	-13.7
法国	80729	-12.8	54529	-18.4	26199	2.1
意大利	97256	6.7	56295	9.3	40961	3.3
荷兰	96720	0.0	82568	5.6	14152	-23.8
西班牙	66770	-10.5	53385	-12.0	13384	-3.7
芬兰	12186	-28.0	6370	-28.6	5816	-27.3
挪威	17645	136.2	13995	259.7	3650	1.9

表 11—8 续表

进口原产国（地区）或出口最终目的国（地区）	进出口		出 口		进 口	
	数值	增长%	数值	增长%	数值	增长%
瑞典	38386	-16.5	18342	-9.1	20044	-22.3
瑞士	16908	-1.5	5595	6.4	11312	-5.0
白俄罗斯	982	-43.2	784	-45.3	198	-33.1
俄罗斯联邦	54930	-31.4	41165	-39.7	13766	16.2
乌克兰	11185	-22.7	5624	-53.6	5561	137.2
捷克共和国	30510	34.8	18577	62.6	11933	6.4
拉丁美洲	260438	-9.8	206975	-13.5	53463	8.0
北美洲	894403	6.7	708947	10.7	185457	-6.3
# 加拿大	100066	-2.1	64302	-4.9	35764	3.2
美国	781646	6.2	631953	10.4	149692	-8.3
大洋洲	192893	-1.6	95251	27.9	97642	-19.7
# 澳大利亚	132447	-5.0	65287	8.8	67160	-15.5
新西兰	26686	-15.1	7413	-7.7	19273	-17.6
亚太经合组织	3368268	-7.5	1758341	-1.2	1609927	-13.5
东南亚国家联盟	525135	-5.7	376563	1.1	148572	-19.5
欧洲联盟	1052082	-8.1	683370	-7.7	368712	-9.0

注：1.东南亚国家联盟包括：文莱、印度尼西亚、马来西亚、菲律宾、新加坡、泰国、越南、缅甸、老挝、柬埔寨。
2.欧洲联盟包括：比利时、丹麦、英国、德国、法国、爱尔兰、意大利、卢森堡、荷兰、希腊、葡萄牙、西班牙、奥地利、芬兰、瑞典、塞浦路斯、捷克、爱沙尼亚、匈牙利、拉脱维亚、立陶宛、马耳他、波兰、斯洛伐克、斯洛文尼亚、保加利亚、罗马尼亚。
3.亚太经济合作组织包括：文莱、中国香港、印度尼西亚、日本、马来西亚、菲律宾、新加坡、韩国、泰国、中国、中国台北、智利、墨西哥、加拿大、美国、澳大利亚、新西兰、巴布亚新几内亚、俄罗斯、秘鲁、越南。

表 11—9　南京与国外缔结友好关系的城市

国　别	城　市	缔结日期
日　本	名古屋市	1978 年 12 月 21 日
美　国	圣路易斯市	1979 年 11 月 2 日
意大利	佛罗伦萨市	1980 年 2 月 22 日
荷　兰	埃因侯温市	1985 年 10 月 9 日
德　国	莱比锡市	1988 年 5 月 21 日
墨西哥	墨西卡利市	1991 年 10 月 14 日
塞浦路斯	利马索尔市	1992 年 9 月 23 日
韩　国	大田市	1994 年 11 月 15 日
加拿大	伦敦市	1997 年 5 月 7 日
澳大利亚	珀斯市	1998 年 5 月 18 日
南　非	布隆方丹市	2000 年 3 月 22 日
哥伦比亚	巴兰基亚市	2001 年 6 月 4 日
马来西亚	马六甲市	2008 年 10 月 31 日
文　莱	斯里巴加湾市	2011 年 11 月 21 日
纳米比亚	温得和克市	2015 年 9 月 7 日

注：本表资料由市外办提供。

表 11—10 旅游经济主要指标

指　　标	2015年	2014年	2015年为上年%
全市接待国内外旅游者（万人次）	10234.00	9475.93	108.0
国内旅游者	10175.19	9419.31	108.0
入境旅游者	58.81	56.62	103.9
全市因私出境旅游者（万人次）	70.98	67.26	105.5
国际旅游创汇收入（亿美元）	6.39	5.53	115.7
全市旅游总收入（亿元）	1688.12	1520.83	111.0
全市拥有星级宾馆饭店（家）	95	102	93.1
全市拥有旅行社（家）	567	576	98.4
# 从事国际旅游业务	39	35	111.4
全市拥有旅游 A 级景区（个）	55	53	103.8
# 5A 级旅游景区	2	2	100.0
4A 级旅游景区	17	16	106.3

注：本表数据由市旅游委员会提供。

表 11—11　接待入境旅游人数

计量单位：人次

指　　标	2015年	2014年	2015年为上年%
接待入境旅游人数	588100	566202	103.9
（一）外国人	432315	415635	104.0
# 日本	35741	33226	107.6
新加坡	12067	12961	93.1
印度尼西亚	8268	8007	103.3
马来西亚	15062	15802	95.3
韩国	82931	79655	104.1
美国	55315	54277	101.9
加拿大	17345	16925	102.5
英国	13148	13833	95.1
德国	23422	23356	100.3
澳大利亚	16242	16050	101.2
（二）香港同胞	41288	45023	91.7
（三）澳门同胞	2730	1832	149.1
（四）台湾同胞	111767	103712	107.8
平均每天来宁人数	1611	1551	103.9

注：本表数据由市旅游委员会提供。2014年按国家及省旅游局入境旅游统计最新指标与口径对外发布和使用入境旅游数据。

表 11—12　部分年份对外贸易主要指标

单位：亿美元

年 份	进出口总额（经营单位）	出口	# 三资企业出口	进口
1990	3.64	1.58	0.11	2.06
1995	51.74	38.06	2.52	13.68
2000	91.02	53.69	9.20	37.33
2003	147.12	76.65	19.57	70.47
2004	206.39	104.60	36.96	101.79
2005	270.90	142.45	60.30	128.45
2006	315.35	173.65	77.22	141.70
2007	362.00	206.46	86.26	155.53
2008	405.92	235.97	88.22	169.95
2009	337.45	184.59	64.81	152.86
2010	456.01	248.85	83.51	207.16
2011	573.44	308.65	107.67	264.79
2012	552.35	319.01	109.62	233.34
2013	557.57	322.66	97.18	234.91
2014	572.21	326.28	114.24	245.93
2015	532.4	315.03	107.82	217.38

表 11—13　部分年份开放型经济主要指标

单位：亿美元

年 份	实际使用外资	注册合同外资	投资总额	对外承包劳务完成营业额
1990	0.70	0.37	—	0.16
1995	4.15	12.3	—	0.65
2000	8.13	20.79	38.55	1.37
2003	22.10	40.09	73.02	4.16
2004	25.66	45.15	77.11	4.60
2005	20.09	25.58	82.53	4.83
2006	17.02	30.82	69.78	6.07
2007	20.61	37.85	80.16	7.44
2008	23.72	44.60	56.74	10.26
2009	23.92	45.59	74.42	11.57
2010	28.16	47.78	95.35	13.09
2011	35.66	61.66	103.15	15.76
2012	41.30	61.15	164.88	11.42
2013	40.33	53.59	88.92	11.73
2014	32.91	49.20	108.58	26.97
2015	33.35	61.72	114.34	33.34

表 11—14 部分年份旅游经济主要指标

单位：万人次

年 份	国内旅游人数	入境旅游人数				
			外国人	香港同胞	澳门同胞	台湾同胞
1990	—	26.33	7.29	—	18.79	—
1995	654	23.17	12.77	0.20	5.66	4.54
2000	1501	41.90	22.69	8.26	0.44	10.51
2003	2206	51.51	31.11	9.44	0.36	10.60
2004	2800	71.97	47.17	11.26	0.44	13.10
2005	3220	87.63	51.41	15.09	0.41	20.72
2006	3800	100.92	64.66	15.97	0.60	19.69
2007	4489	116.12	76.33	16.73	0.77	22.28
2008	4960	119.52	77.85	17.23	0.86	23.58
2009	5520	113.45	74.40	15.55	1.07	22.44
2010	6366	130.88	86.80	17.10	1.10	25.88
2011	7181	150.64	99.91	19.74	1.26	19.74
2012	7950	162.71	107.73	21.36	1.36	32.27
2013	8674	51.86	38.16	4.04	0.19	9.47
2014	9419	56.62	41.56	4.51	0.18	10.37
2015	10175	58.81	43.23	4.13	0.27	11.18

注：本表数据由市旅游委员会提供。2014年按国家及省旅游局入境旅游统计最新指标与口径对外发布和使用入境旅游数据。

表 11—14 续表

年 份	旅游总收入（亿元）		
		国内旅游收入（亿元）	国际旅游收入（亿美元）
1990	0.31	—	0.31
1995	62.36	53.89	1.02
2000	155.99	137.66	2.21
2003	244.00	217.60	3.18
2004	320.00	277.90	5.08
2005	379.00	333.00	5.76
2006	462.80	408.08	6.77
2007	585.45	530.51	8.08
2008	714.30	654.00	8.73
2009	822.16	765.00	8.37
2010	951.61	885.95	9.81
2011	1106.23	1028.00	12.00
2012	1272.78	1169.01	13.62
2013	1360.67	1336.22	4.01
2014	1520.83	1470.00	5.53
2015	1688.12	1650.78	5.75

主要统计指标解释

进出口总额 海关进出口总额指实际进出我国国境的货物总金额。包括对外贸易实际进出口货物，来料加工装配进出口货物，国家间、联合国及国际组织无偿援助物资和赠送品，华侨、港澳台同胞和外籍华人捐赠品，租赁期满归承租人所有的租赁货物，进料加工进出口货物，边境地方贸易及边境地区小额贸易进出口货物（边民互市贸易除外），中外合资企业、中外合作经营企业、外商独资经营企业进出口货物和公用物品，到、离岸价格在规定限额以上的进出口货样和广告品（无商业价值、无使用价值和免费提供出口的除外），从保税仓库提取在中国境内销售的进口货物，以及其他进出口货物。进出口总额用以观察一个国家在对外贸易方面的总规模。我国规定出口货物按离岸价格统计，进口货物按到岸价格统计。

商品经营单位所在地进、出口额 指所在地海关注册登记的有进出口经营权的企业实际进、出口额。

商品目的地进口额和商品货源地出口额 目的地进口额指进口货物的消费、使用或最终抵运地的实际进口额，货源地出口额是指出口货物的产地或原始发货地的实际出口额。

利用外资 指我国各级政府、部门、企业和其他经济组织通过对外借款、吸收外商直接投资以及用其他方式筹措的境外现汇、设备、技术等。

对外借款 是我国利用外资的重要部分。指通过对外正式签订借款协议，从境外筹措的资金，包括外国政府贷款、国际金融组织贷款、外国银行商业贷款、出口信贷以及对外发行债券等。1996年及以前还包括对外发行股票。

外商直接投资 指外国企业和经济组织或个人（包括华侨、港澳台胞以及我国在境外注册的企业）按我国有关政策、法规，用现汇、实物、技术等在我国境内开办外商独资企业、与我国境内的企业或经济组织共同举办中外合资经营企业、合作经营企业或合作开发资源的投资（包括外商投资收益的再投资）。

外商其他投资 指除对外借款和外商直接投资以外的各种利用外资的形式。包括企业在境内外股票市场公开发行的以外币计价的股票（目前主要是在香港证券市场发行的H股和在境内证券市场发行的B股）发行价总额，国际租赁进口设备的应付款，补偿贸易中外商提供的进口设备、技术、物料的价款，加工装配贸易中外商提供的进口设备、物料的价款。

对外承包工程 指各对外承包公司以招标议标承包方式承揽的下列业务：（1）承包国外工程建设项目，（2）承包我国对外经援项目，（3）承包我国驻外机构的工程建设项目，（4）承包我国境内利用外资进行建设的工程项目，（5）与外国承包公司合营或联合承包工程项目时我国公司分包部分，（6）对外承包兼营的房屋开发业务。对外承包工程的营业额是以货币表现的本期内完成的对外承包工程的工作量，包括以前年度签订的合同和本年度新签订的合同在报告期内完成的工作量。

对外劳务合作　指以收取工资的形式向业主或承包商提供技术和劳动服务的活动。我国对外承包公司在境外开办的合营企业，中国公司同时又提供劳务的，其劳务部分也纳入劳务合作统计。劳务合作营业额按报告期内向雇主提交的结算数（包括工资、加班费和奖金等）统计。

旅游者人数　包括入境国际旅游者人数、出境居民人数和国内旅游者人数。

（1）入境国际旅游者人数：指来中国参观、访问、旅行、探亲、访友、休养、考察、参加会议和从事经济、科技、文化、教育、宗教等活动的外国人、华侨、港澳同胞和台湾同胞的人数。不包括外国在我国的常驻机构，如使领馆、通讯社、企业办事处的工作人员；来我国常住的外国专家、留学生以及在岸逗留不过夜人员。

（2）出境居民人数：指大陆居民因公务活动或私人事务短期出境的人数。公务活动出境居民人数包括在国际交通工具上的中国服务员工，因私出境居民人数不包括在国际交通工具上的中国服务员工。

（3）国内旅游者人数：指我国大陆居民和在我国常住 1 年以上的外国人、华侨、港澳台同胞离开常住地在境内其他地方的旅游设施内至少停留一夜，最长不超过 6 个月的人数。

国际旅游（外汇）收入　指入境旅游的外国人、华侨、港澳同胞和台湾同胞在中国大陆旅游过程中发生的一切旅游支出，对于国家来说就是国际旅游（外汇）收入。

（十二）财政、金融和保险

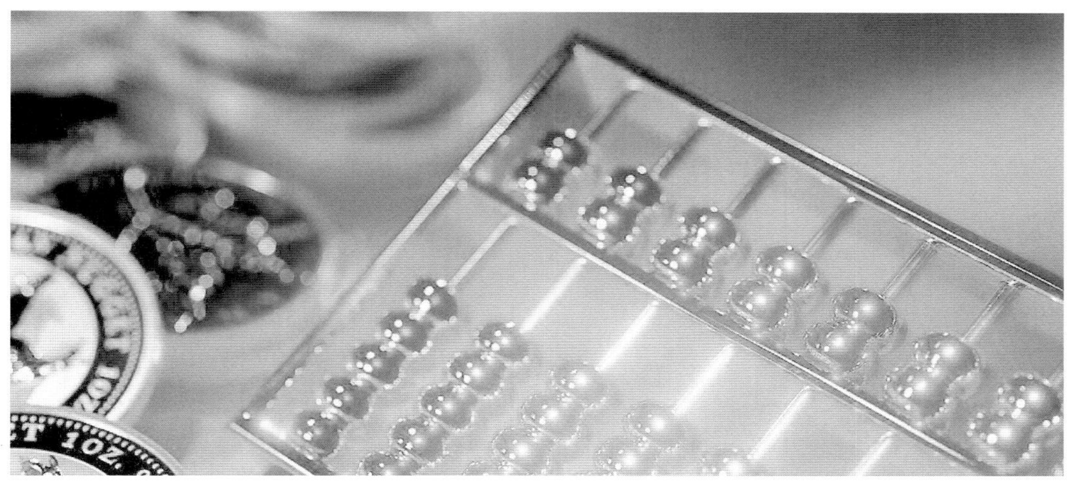

CHAPTER 12
FINANCE, BANKING AND INSURANCE

表 12—1 财政收入

计量单位：亿元

指 标	2015年	2014年	2015年为上年%
全市财政收入	2008.96	1771.85	113.4
1、一般公共预算收入	1020.03	903.49	109.3
增值税 25%	159.82	152.56	104.8
营业税	228.14	211.51	107.9
企业所得税 40%	126.31	107.78	117.2
个人所得税 40%	66.67	51.29	130.0
城市维护建设税	71.60	63.30	113.1
其他各项收入	367.49	317.05	115.9
2、上划中央收入	988.93	868.36	113.9
增值税 75%	354.86	347.44	102.1
国内消费税	344.59	282.31	122.1
企业所得税 60%	189.47	161.67	117.2
个人所得税 60%	100.01	76.94	130.0
附：一般公共预算收入构成（%）	100	100	
增值税 25%	15.7	16.9	—
营业税	22.4	23.4	—
企业所得税 40%	12.4	11.9	—
个人所得税 40%	6.5	5.7	—
城市维护建设税	7.0	7.0	—
其他各项收入	36.0	35.1	—

注：本表由市财政局提供，采用2015年年度决算数据。

表 12—2　公共财政预算支出

计量单位：亿元

指　　标	2015年	2014年	2015年为上年%
公共财政预算支出	1045.57	921.20	113.5
# 一般公共服务	83.38	84.62	98.5
公共安全	64.64	60.86	106.2
教育	178.17	136.88	130.2
科学技术	52.03	44.72	116.3
文化体育与传媒	26.06	30.84	84.5
社会保障和就业	115.78	94.78	122.2
医疗卫生	72.54	60.23	120.4
环境保护	31.57	32.37	97.5
城乡社区事务	202.68	179.13	113.1
农林水事务	56.17	58.03	96.8
交通运输	48.89	40.31	121.3
工业商业金融等事务	66.91	64.37	103.9
其他支出	46.75	34.06	137.3

注：预算支出及部分分项指标发展速度为同口径比较数据，采用2015年年度决算数据。

表 12—3　金融机构存、贷款余额

计量单位：亿元

指　标	2015年	2014年
金融机构本外币存款	26471.69	22641.26
（一）境内存款	26416.07	22559.32
1、住户存款	5651.58	5538.54
（1）活期存款	2003.85	1769.28
（2）定期及其他存款	3647.72	3769.26
2、非金融企业存款	9975.23	9043.09
（1）活期存款 2	3741.71	3186.59
（2）定期及其他存款 2	6233.52	5856.5
3、广义政府存款	6436.88	5417.46
（1）财政性存款	574.87	479.72
（2）机关团体存款	5862.00	4937.74
4、非银行业金融机构存款	4352.38	2560.24
（二）境外存款	55.62	81.94
金融机构本外币贷款	18951.70	16449.56
（一）境内贷款	18829.94	16328.80
1、住户贷款	4081.54	3094.43
（1）短期贷款	927.04	798.83
消费贷款	568.35	384.64
经营贷款	358.69	414.19
（2）中长期贷款	3154.50	2295.60
消费贷款	2937.33	2107.18
经营贷款	217.17	188.42
2、非金融企业及机关团体贷款	14745.50	13234.15
（1）短期贷款	4457.21	4300.64
（2）中长期贷款	9157.96	8136.98
（3）票据融资	714.02	524.71
（4）融资租赁	398.84	259.39
（5）各项垫款	17.46	12.44
3、非银行业金融机构贷款	2.90	0.22
（二）境外贷款	121.77	120.76

注：本表由人行南京营业部提供。

表 12—4　全市保险业务情况（2015 年）

指　标	保费收入（万元）	增长%	赔款及给付（万元）	增长%
保险总额	3680377	18.1	1228366	16.3
1、财产险	1143853	3.3	705376	13.6
2、寿险	1970652	15.3	405729	16.6
3、意外险	106870	21.0	23189	22.8
4、健康险	459002	117.6	94072	36.6

注：本表数据由江苏省保监局提供。

表 12—5　主要年份财政收支

计量单位：万元

年　份	财政收入	#一般公共预算收入	财政支出
1949	732	—	165
1952	4073	—	3559
1957	5502	—	5878
1962	16503	—	3551
1965	23546	—	5247
1970	48300	—	10327
1975	69217	—	10584
1978	108538	—	17797
1979	176356	—	23414
1980	149578	—	22990
1985	247696	—	47576
1990	361775	—	98078
1995	651692	294266	362207
1998	1082397	507798	596533
1999	1284921	664299	732078
2000	1645808	925667	1012913
2004	4036509	2378586	2589814
2005	5101688	2110746	3154413
2007	6285266	3301883	—
2008	7423992	3865600	—
2009	9011450	4345080	—
2010	10752531	5188008	—
2011	12987688	6350018	—
2012	14272500	7330000	—
2013	15915868	8313076	—
2014	17718514	9034889	—
2015	20089634	10200310	—

主要统计指标解释

财政收入　指国家财政参与社会产品分配所取得的收入，是实现国家职能的财力保证。财政收入所包括的内容几经变化，目前主要包括：

（1）各项税收：包括增值税、营业税、消费税、土地增值税、城市维护建设税、资源税、城市土地使用税、印花税、个人所得税、企业所得税、关税、农牧业税和耕地占用税等。

（2）专项收入：包括征收排污费收入、征收城市水资源费收入、教育费附加收入等。

（3）其他收入：包括基本建设贷款归还收入、基本建设收入、捐赠收入等。

（4）国有企业亏损补贴：这项为负收入，冲减财政收入。

财政支出　国家财政将筹集起来的资金进行分配使用，以满足经济建设和各项事业的需要，主要包括：：基本建设支出、企业挖潜改造资金、地质勘探费用、科技三项费用、支援农村生产支出、农林水利气象等部门的事业费用、工业交通商业等部门的事业费、文教科学卫生事业费、抚恤和社会福利救济费、国防支出、行政管理费和价格补贴支出等。

中央财政收入和地方财政收入　指按财政体制划分的中央本级收入和地方本级收入。1994 年分税制财政体制以后，属于中央财政的收入包括关税、海关代征消费税和增值税，消费税，中央企业所得税，地方银行和外资银行及非银行金融企业所得税，铁道、银行总行、保险总公司等集中缴纳的营业税、所得税、利润和城市维护建设税，增值税的 75% 部分，证券交易税（印花税）50% 部分和海洋石油资源税。属于地方财政的收入包括营业税，地方企业所得税，个人所得税，城镇土地使用税，固定资产投资方向调节税，城镇维护建设税，房产税，车船使用税，印花税，屠宰税，农牧业税，农业特产税，耕地占用税，契税，增值税 25% 部分，证券交易税（印花税）50% 部分和除海洋石油资源税以外的其他资源税。

存款　指企业、机关、团体或居民根据资金必须收回的原则，把货币资金存入银行或其他信用机构保管并取得一定利息的一种信用活动形式。根据存款对象的不同可划分为企业存款、财政存款、机关团体存款、基本建设存款、城镇储蓄存款、农村存款等科目。它是银行信贷资金的主要来源。

贷款　指银行或其他信用机构根据资金必须归还的原则，按一定利率，为企业、个人等提供资金的一种信用活动形式。我国银行贷款分为流动资金贷款、固定资产贷款、城乡个体工商户贷款以及农业贷款等科目。

保险公司　在中国境内的、经过保险监督部门批准设立，并依法登记注册的各类商业保险公司。

保险金额　指保险人承担赔偿或者给付保险金责任的最高限额。

保费　指投保人为取得保险人在约定范围内所承担赔偿责任而支付给保险人的费用。

赔款指保险人根据保险合同的规定，向被保险人支付的赔偿保险责任损失的金额。

给付包括死伤医疗给付和满期给付。死伤医疗给付是指保险人根据人寿保险及长期健康保险合同的规定，因被保险人在保险期内发生保险责任范围内的保险事故支付给被保险人（或受益人）的金额。满期给付是指被保险人生存期满，保险人按人寿保险合同规定支付给被保险人的满期保险金额。

（十三）科技和教育

CHAPTER 13
SCIENCE AND TECHNOLOGY，EDUCATION

表 13—1　规模以上工业企业高新技术产业基本情况（2015 年）

计量单位：千元

指　标	工业总产值	主营业务收入	出口交货值	利润总额
合　计	559770082	542280645	127925936	31055433
1、航天航空制造业	1973109	2446474	587705	239039
2、计算机及办公室设备制造业	2142351	2221033	42575	197598
3、电子及通信设备制造业	219484901	201979460	108679814	4862065
4、医药制造业	27468913	28392066	1013228	4291328
5、专用科学仪器设备制造业	8914620	8810460	1822964	633426
6、电气机械及设备制造业	138208651	138444247	6735336	15876943
7、新材料产业	159306750	157021738	8497694	5271292
8、新能源	2270787	2965167	546620	-316258

表 13—2　规模以上工业企业科技活动

指　标	2015年	2014年
一、企业数及开展科技活动数		
规模以上工业企业数（个）	2714	2748
有 R&D（研究与试验发展）活动企业数（个）	1040	897
企业办科技机构数（个）	1361	1205
二、科技活动人员		
科技活动人员总计（人）	76847	82791
总计中：大学本科及以上学历人员 *	53018	39831
总计中：研究与试验发展活动人员	54850	58591
总计中：企业办科技机构中人员	51406	51610
# 博士、硕士毕业以上学历人员	8936	9372
三、科技 R&D 活动项目及经费		
本年 R&D 项目数（项）	5754	6295

注：该指标口径2015年发生变化，且与往年数据不可比。

表 13—2 续表

指 标	2015年	2014年
本年 R&D 活动经费内部支出合计（千元）	13682975	14161497
# 大中型工业企业	10561809	11389455
# 小微型工业企业	3121166	2772042
本年 R&D 活动经费外部支出合计（千元）	1127178	1609919
本年新产品开发经费支出（千元）	13607657	14610480
四、其他技术活动经费支出		
技术改造经费支出（千元）	5138396	9184209
技术引进经费支出（千元）	619681	984409
消化吸收经费支出（千元）	35595	93285
购买国内技术经费支出（千元）	184743	253496
五、科技活动产出		
专利申请数（件）	10441	12270
# 发明专利申请数	4650	4875
新产品销售收入合计（千元）	181173217	186265752
# 新产品出口销售收入	26773136	24934775
新产品产值（千元）	178525591	184269404

表 13—3　规模以上工业企业研究与试验发展内部支出

计量单位：万元

指　标	2015年	2014年
总　计	1368297.5	1416149.7
一、按企业规模分组		
大中型企业	1056180.9	1138945.5
大型企业	655361.7	742146.1
中型企业	400819.2	396799.4
小微型企业	312116.6	277204.2
二、按隶属关系分组		
中央	281530.7	303778.4
地方	1086766.8	1112371.3
三、按登记注册类型分组		
内资企业	1090082.8	1099107.2
国有企业	58471.3	46663.2
集体企业	2568.6	1875.7
股份合作企业	128.5	33.1
联营企业	451.0	467.3
国有联营企业	278.8	270.6

注：本表根据科技年报数据编制。

表 13—3 续表 1

指 标	2015年	2014年
集体联营企业		
国有与集体联营企业	172.2	196.7
其他联营企业		
有限责任公司	500311.3	480435.3
国有独资公司	46123.7	49232.3
其他有限责任公司	454187.6	431203.1
股份有限公司	264311.8	298577.1
私营企业	263433.8	270399.0
私营独资企业	3700.8	7459.1
私营合伙企业	572.4	574.7
私营有限责任公司	210902.4	213600.7
私营股份有限公司	48258.2	48764.5
其他企业	406.5	656.5
港、澳、台商投资企业	111622.6	84473.0
合资经营企业（港或澳、台资）	57058.1	44303.2
合作经营企业（港或澳、台资）	367.6	497.9
港、澳、台商独资经营企业	53712.2	39411.6

表13—3 续表2

指　标	2015年	2014年
港、澳、台商投资股份有限公司	484.7	260.3
其他港澳台投资企业		
外商投资企业	166592.1	232569.5
中外合资经营企业	88428.0	147664.8
中外合作经营企业	863.9	1546.2
外资企业	76678.9	82514.3
外商投资股份有限公司	621.3	844.2
其他外商投资企业		
四、按国民经济行业分组		
采矿业	2265.6	2105.9
黑色金属矿采选业	962.0	846.7
有色金属矿采选业	1115.6	1133.1
非金属矿采选业	188.0	126.1
制造业	1347130.2	1393696.3
农副食品加工业	4956.9	5367.1
食品制造业	12256.1	6572.7
酒、饮料和精制茶制造业	920.9	1583.3
烟草制品业		
纺织业	8194.5	8239.6

表 13—3　续表 3

指　标	2015年	2014年
纺织服装、服饰业	25485.8	35521.0
皮革、毛皮、羽毛及其制品和制鞋业	1222.8	1217.8
木材加工及木、竹、藤、棕、草制品业	516.0	254.1
家具制造业	3468.2	3377.9
造纸及纸制品业	301.9	
印刷业和记录媒介的复制	5602.1	5325.2
文教、工美、体育和娱乐用品制造业	10548.4	11263.0
石油加工、炼焦及核燃料加工业	2827.5	3855.3
化学原料及化学制品制造业	263958.7	311155.6
医药制造业	70235.0	71801.6
化学纤维制造业	10031.6	10597.5
橡胶和塑料制品业	15738.3	16596.1
非金属矿物制品业	21953.7	20557.2
黑色金属冶炼及压延加工业	91984.9	136254.5
有色金属冶炼及压延加工业	22151.0	20218.0
金属制品业	36246.1	27772.1
通用设备制造业	84252.8	68368.0

表 13—3 续表 4

指　标	2015年	2014年
专用设备制造业	63029.2	64141.1
汽车制造业	120215.5	98293.4
铁路、船舶、航空航天和其他运输设备制造业	80984.2	55003.8
电气机械及器材制造业	170040.2	155705.4
计算机、通信和其他电子设备制造业	120864.8	166286.7
仪器仪表制造业	98411.0	87032.5
其他制造业	219.6	390.9
废弃资源综合利用业	269.9	426.1
金属制品、机械和设备修理业	242.6	338.8
电力、热力、燃气及水的生产和供应业	18901.7	20347.5
电力、热力的生产和供应业	18744.7	18126.8
燃气生产和供应业		451.7
水的生产和供应业	157.0	1769.0
五、按企业控股情况分组		
国有控股	591218.4	581636.8
集体控股	25512.6	25909.5
私人控股	397484.1	387989.9
港澳台商控股	94591.4	65793.6
外商控股	107912.6	174553.7
其他	151578.4	180266.2

表 13—4　研究与开发机构概况

计量单位：个

指　标	2015年	2014年
合　计	2176	1889
县以上独立研究与开发机构	136	134
非独立研究与开发机构	2040	1755
# 规模以上工业企业技术开发机构	1361	1205
# 高等院校研究与开发机构	679	550

注：本表由科技年报数据加工编制，市科委协助提供。

表 13—5　科技活动人员及 R&D 人员按活动机构分类情况

计量单位：人

指　标	2015年	2014年
科技活动人员数	207520	210501
独立研究与开发机构	25342	23979
高等院校	53159	49893
规模以上工业	76847	82791
其他	52172	53838
R&D 人员数	119547	116734
独立研究与开发机构	17561	16811
高等院校	30977	28849
规模以上工业企业	54850	58591
其他	16159	12483

注：当年独立研究与开发机构的统计数据不包括军工的研究机构；本表由科技年报数据加工编制，市科委协助提供。

表 13—6　独立研究与开发机构 R&D 活动情况

指　标	2015年	2014年
R&D 经费总支出（万元）	654007	610900
内部支出	634707	595503
基础研究	50185	45383
应用研究	203608	159832
试验发展	380914	390288
外部支出	19300	15397
R&D 折合全时人员（人年）	16127	15231

注：当年独立研究与开发机构的统计数据不包括军工的研究机构；本表由市科委提供。

表 13—7　独立研究与开发机构经费情况

计量单位：万元

指　标	2015年	2014年
经费收入	2415003	1990687
科技活动收入	1308269	962493
政府资金	449010	463858
#财政补助收入	255594	275473
非政府资金	859259	498635
#技术性收入	455745	360244
其他资金	403514	138391
生产经营收入	683427	649649
其他收入	423307	378545
经费支出	1985521	1803808

注：当年独立研究与开发机构的统计数据不包括军工的研究机构；本表由市科委提供。

表 13—8　专利申请量与授权量

计量单位：件

指　标	2015年	2014年
申请量合计	56099	56108
发明	27825	28050
实用新型	20532	16857
外观设计	7742	11201
授权量合计	28104	22844
发明	8244	5265
实用新型	15067	11863
外观设计	4793	5716

注：本表由市科委提供。

表 13—9　商标注册情况（2015 年）

计量单位：件

指　标	2015年
新申请注册商标	36555
有效注册商标总量累计	105504
马德里国际注册商标	47
马德里国际注册商标累计	397
申报中国驰名商标	15
中国驰名商标总量累计	103
申报省著名商标累计	519
申报市著名商标累计	879

注：本表由市工商局提供，到2015年末，全市拥有省著名商标459件，市著名商标832件。

表 13—10　技术合同成交情况（2015 年）

指　标	合同数（项）	合同金额（万元）	
			#技术交易额
合　计	25351	1983305	1439459
技术开发	11309	932126	905906
技术转让	367	82106	81459
技术咨询	11529	278484	70737
技术服务	2146	690588	381356

注：本表由市科委提供。

表 13—11　各类教育事业基本情况

一、学校数

计量单位：所

指　标	2015年	2014年
全　市	1526	1470
普通高等教育	59	59
#普通高校	53	53
成人高校	6	6
中等职业学校	54	57
#普通中专	23	24
成人中专	4	6
技工学校	27	27
普通中学	223	223
小学	350	345
特殊教育	12	12
幼儿园	828	774

二、在校学生数

计量单位：人

指　标	2015年	2014年
在校学生总数	1904244	1858239
高等教育	998212	988735
# 研究生培养机构	106426	103000
普通高校	706193	702295
成人高校	185593	183440
中等职业学校	119387	118661
# 普通中专	54787	53615
成人中专	15798	19700
技工学校	48802	45346
普通中学	219892	222777
小学	357997	339335
特殊教育	1342	1327
幼儿园	207414	187404

注：本表技工学校数据由人社部门提供，其余数据由市教育局提供。

三、毕业生数

计量单位：人

指　标	2015年	2014年
毕业生总数	521528	534667
高等教育	301561	309437
# 研究生培养机构	28607	28000
普通高校	207691	211095
成人高校	65263	70342
中等职业学校	36510	43736
# 普通中专	16426	18233
成人中专	5758	11039
技工学校	14326	14464
普通中学	75399	74583
# 初中	48191	46328
高中	27208	28255
小学	47271	47989
特殊教育	253	227
幼儿园	60534	58695
小学毕业生升学率（%）	100	100
初中毕业生升学率（%）	99.7	99.7

注：本表技工学校数据由人社部门提供，其余数据由市教育局提供。

四、招生数

计量单位：人

指　标	2015年	2014年
招生总数	587554	588264
高等教育	325911	331099
# 研究生培养机构	34611	33400
普通高校	218837	217533
成人高校	72463	80166
中等职业学校	42841	43066
# 普通中专	18427	18033
成人中专	3961	6318
技工学校	20453	18715
普通中学	73362	73456
# 初中	47525	48313
高中	25837	25143
小学	65068	65060
特殊教育	238	199
幼儿园	80134	75384

注：本表技工学校数据由人社部门提供，其余数据由市教育局提供。

五、专任教师数

计量单位：人

指　标	2015年	2014年
专任教师总数	115274	111483
高等教育	48539	47749
# 普通高校	47979	47191
成人高校	560	558
中等职业学校	7169	6359
# 普通中专	3606	3553
成人中专	481	553
技工学校	3082	2253
普通中学	22549	22414
小学	22474	21823
特殊教育	463	463
幼儿园	14080	12675

注：本表技工学校数据由人社部门提供，其余数据由市教育局提供。2015年普通高校专任教师数统计口径改变。

表 13—12 教育系统各级各类学校教学设施情况（2015 年）

指 标	普通高校	中等职业学校	普通中学		普通小学	特殊学校
			高中	初中		
占地面积（平方米）	55509064	3901193	3903116	5571766	5995367	111081
#运动场地面积	3929214	458966	935213.17	1696925	2133354	29609
教学及辅助用房面积（平方米）	11072554	761523	1102466	1208729	1644708	38365
# 教室	3607357	324749	587694	747119	1267058	33129
实验室	4170989	314340	193611	219990	99784	2351
图书室	1180576	42597	113460	79392	84585	1664
微机室	—	—	51192	62167	66615	1221
语音室	—	—	15347	7845	9317	
图书资料						
# 一般图书（万册）	7156.53	2502789	407.54	532.55	868.85	12.21
电子图书（GB）	4270967.62	22071.30	11140.15	20987.77	17215.80	—
教学用计算机（台）	318680	27268	26685	33632	50942	—
每百名学生拥有教学用计算机（台）	39.22	38.63	35.34	23.29	14.23	—
平均每一专任教师负担学生数（人）	16.94	16.60	9.52	9.88	15.93	2.89

注：本表数据由市教育局提供。

表 13—13　主要年份学校在校学生数

计量单位：万人

年份	普通高等学校	普通中学	小学
1949	0.35	1.82	12.06
1952	0.84	3.68	23.34
1957	2.35	6.98	31.46
1962	3.52	8.92	35.63
1965	2.98	11.29	48.00
1970	2.43	18.26	54.10
1975	1.87	25.23	60.19
1978	2.72	23.14	39.17
1979	3.51	21.8	39.84
1980	4.02	27.41	50.5
1985	6.04	23.86	41.85
1990	7.51	23.01	42.08
1995	10.37	23.57	41.72
1997	12.05	22.04	46.75
1998	13.24	21.80	48.11
1999	16.28	22.29	47.88
2000	21.69	25.38	45.41
2005	56.11	32.26	30.51
2007	67.79	28.53	29.07
2008	72.50	27.27	28.56
2009	77.34	26.11	28.32
2010	79.34	24.86	28.83
2011	80.85	23.78	30.07
2012	81.53	23.07	30.71
2013	80.74	22.43	32.14
2014	80.53	22.28	33.93
2015	81.26	21.99	35.80

注：高等学校在校学生数含普通高等学校、科研院所有在学研究生。

主要统计指标解释

科技活动 指在自然科学、农业科学、医药科学、工程与技术科学、人文与社会科学领域（简称科学技术领域）中，与科技知识的产生、发展、传播和应用密切相关的有组织的活动。可分为研究与试验发展（R&D）、研究与试验发展成果应用及相关的科技服务三类活动。

企业办科技机构数 指企业自办、或与外单位合办，管理上同生产系统相对独立、或者单独核算的专门科技活动机构，如企业开办的技术中心、研究院所、开发中心、开发部、实验室、中试车间、试验基地等。企业办科技机构经过资源整合，被国家或省级有关部门认定为国家级或省级技术中心的，可按一个机构填报。企业科技管理职能科室（如科研处、技术科等）一般不统计在内；若科研处、技术科等同时挂有科技机构牌子，视其报告年度内主要工作任务而定，主要任务是从事科技活动的可以统计，否则不统计。本指标不含企业在中国境外设立的科技机构数。

科技活动人员 指直接从事或参与科技活动的人员，包括参加科技项目人员、从事科技活动管理和为科技活动提供直接服务的人员（包括工人）。科技活动人员不包括全年累计从事科技活动时间不足制度工作时间10%的人员，也不包括为科技活动提供间接服务的保卫、医疗保健、司机、食堂人员、茶炉工、水暖工、清洁工等人员。

研究与试验发展人员 指科技活动人员中从事基础研究、应用研究和试验发展三类活动的人员。包括直接参加上述三类项目活动的人员及这三类项目的管理和直接服务人员。上述三类项目的管理和直接服务人员，可按研究与试验发展（R&D）项目人员占全部科技项目人员的比重进行推算。

科技项目 指为系统地解决产品和工艺等方面的科学技术问题而确定的研究开发性工作。科技项目一般应按照企业制订的科技开发计划或签订的项目协议书确定，具体包括企业在报告年度当年立项并开展研制工作、以前年份立项仍继续进行研制的科技项目，以及当年完成和年内研制工作已告失败的科技项目，但不包括委托外单位进行研制的科技项目以及列入当年计划但未实施的项目。

科技活动经费筹集总额 指在报告年度从各种渠道筹集到的计划用于科技活动的经费，包括企业资金、金融机构贷款、政府资金、国外资金、其他资金等。

政府资金 指从各级政府部门获得的计划用于科技活动的经费，包括科学事业费、科技三项费、科研基建费、科学基金、教育等部门事业费中计划用于科技活动的经费以及政府部门预算外资金中计划用于科技活动的经费等。

企业资金 指从自有资金中提取或接受其他企业委托的、科研院所和高校等事业单位接受企业委托获得的，计划用于科研和技术开发的经费。不包括来自政府、金融机构及国外的计划用于科技活动的资金。

科技活动经费支出总额 指在报告年度实际支出的全部科技活动费用，包括列入技术开发的经费支出以及技措技改等资金实际用于科技活动的支出。不包括生产性支出和归还贷款支出。科技活动经费支出总额分为企业内部开展科技活动的经费支出和委托外单位开展科技活动的经费支出。

技术改造经费支出 指企业在报告年度进行技术改造而发生的费用支出。技术改造指企业在坚持科技进步的前提下，将科技成果应用于生产的各个领域（产品、设备、工艺等），用先进技术改造落后技术，用先进工艺代替落后工艺、设备，实现以内涵为主的扩大再生产，从而提高产品质量、促进产品更新换代、节约能源、降低消耗，全面提高综合经济效益。

技术引进经费支出 指在报告年度用于购买国外技术的费用支出，包括产品设计、工艺流程、图纸、配方、专利等技术资料的费用支出，以及购买关键设备、仪器、样机和样件等的费用支出。

消化吸收经费支出 指企业在报告年度对国外引进项目进行消化吸收所支付的经费。包括：人员培训费、测绘费、参加消化吸收人员的工资、工装、工艺开发费、必备的配套设备费、翻版费等。引进技术的消化吸收指对引进技术的掌握、应用、复制而开展的工作，以及在此基础上的创新。通过消化吸收国外技术，达到掌握引进技术，提高自我创新能力的目的。消化吸收经费支出中属于研究与试验发展的经费支出，除包含在本项外，还要计入企业研究与试验发展经费支出中。

购买国内技术经费支出 指企业在报告年度购买国内其他单位科技成果的经费支出。包括购买产品设计、工艺流程、图纸、配方、专利、技术诀窍及关键设备的费用支出。

专利申请数 指在报告年度内向专利行政部门提出专利申请并被受理的件数。

新产品产值 指年度本企业生产的新产品的产值。新产品是指采用新技术原理、新设计构思研制、生产的全新产品，或在结构、材质、工艺等某一方面比原有产品有明显改进，从而显著提高了产品性能或扩大了使用功能的产品。若产品只在外观、颜色、图案、包装上有改变，或仅在技术上有较小的变化，不作为新产品进行统计。本报表中的新产品指标既包括经政府有关部门认定并在有效期内的新产品，也包括企业自行研制开发，未经政府有关部门认定，从投产之日起一年之内的新产品。

新产品销售收入 指年度本企业销售新产品实现的销售收入。

新产品出口收入 指年度本企业将新产品出售给外贸部门和直接出售给外商所实现的销售收入。

年末生产经营用设备原值 指年末拥有的直接服务于企业生产、经营过程的各种机器设备的原价。

微电子控制设备原价 年末拥有的、利用微电子技术（包括电子计算机、集成电路等）对生产过程进行控制、观察测量、测试等生产机器设备的原价。

普通高等学校 指按照国家规定的设置标准和审批程序批准举办，通过国家统一招生考试，招收高中毕业生为主要培养对象，实施高等学历教育的全日制大学、独立设置的学院和高等专科学校、高等职业学校和其他机构。

成人高等学校 指按照国家规定的设置标准和审批程序举办的，通过全国成人高等教育统一招生考试，招收具有高中毕业或同等学历的人员为主要培养对象，利用脱产、业余或函授等多种形式对其实施高等学历教育的学校。包括广播电视大学、职工高等学校、农民高等学校、管理干部学院、教育学院、独立函授学院、其他机构。

初中毕业生升学率 计算初中毕业生升学率所用分子数为高级中学招生数，包括：普通高中招生数、职业高中招生数、技工学校招生数、普通中专招收初中毕业生数、普通中专举办的成人中专招收应届初中毕业生数及成人中专招收应届初中毕业生数，分母是初中毕业生人数。

（十四）文化、体育和卫生

CHAPTER 14
CULTURE, SPORTS AND PUBLIC HEALTH

表 14—1　文化机构从业人员综合情况（2015 年）

指　标	总　计		文化部门		其他部门	
	机构数（个）	从业人员数（人）	机构数（个）	从业人员数（人）	机构数（个）	从业人员数（人）
文化及相关产业	2618	35568	244	7355	2374	28213
艺术业	64	2544	19	1728	45	816
图书馆业	15	835	15	835		
群众文化业	114	618	114	618		
艺术教育业	3	336	3	336		
文化市场经营机构（不包括非公有制院团和场馆）	2282	25597			2282	25597
文艺科研	1	23	1	23		
文物业	82	2659	52	1974	30	685
其他文化及相关产业	57	2956	40	1841	17	1115

注：本表数据由市文广新局提供。

表 14—2　群众艺术馆、文化馆（站）（2015 年）

指　标	合　计	文化馆	文化站	#乡镇文化站
个数（个）	114	14	100	13
举办展览（场次）	881	188	693	126
组织文化活动次数（次）	9065	1906	7159	347
举办训练班（班次）	2935	928	2007	101
藏书（千册）	2189.115	0.515	2188.6	236.04

注：本表数据由市文广新局提供。

表 14—3 艺术团体（2015 年）

指　标	剧团数（个）	职工数（人）	国内演出（场次）	#在农村演出	国内观众人次（千人次）
全　市	48	2429	10810	3140	4900
话剧、儿童剧、滑稽剧类	16	380	2120	280	1714
歌舞、音乐类	9	257	620	50	293
京剧	1	54	270	10	75
曲艺	1	5	10	10	
杂技、魔术、马戏类	1	141	890	10	839
综合性艺术表演团体	12	1247	6240	2510	1524

注：本表数据由市文广新局提供。

表 14—4 文化市场经营机构基本情况（2015 年）

指　标	机构数（个）	从业人员（人）	经营活动情况（千元）			其他（千元）	
			营业收入	营业成本	主营业务利润	从业人员劳动报酬	税金
娱乐场所	785	7338	905030	691000	213810	213500	40950
互联网上网服务营业场所（网吧）	1204	4906	582690	371500	210620	121200	15960
非公有制艺术表演团体	37	595	26490	17970	8500	10530	1430
经营性互联网文化单位	61	7862	1569800	1090170	497625	668307	94663
艺术品经营机构	20	190	72350	46830	25520	6530	2000
演出经纪机构	109	632	138450	100070		27760	4090

注：本表数据由市文广新局提供。

表 14—5　公共图书馆综合情况（2015 年）

指　标	合计	省级	市级	区县级
机构数（个）	15	1	1	13
从业人员（人）	835	514	130	191
总藏量（千册）	16342.74	10924.18	2138.06	3280.5
# 图书	12769.65	7871.45	1921.77	2976.43
报刊	1259.75	979.5	106.16	174.09
视听文献 、微缩制品	436.18	340.48	58.28	37.42
其他	189.445	132.76	0.155	56.53
在藏品中 : 开架书刊	2873.01	950	103.02	1819.99
本年新购藏量（千册）	797.1	440.41	80.68	276.01
公用房屋建筑面积（平方米）	207706	96852	25165	85689
# 书库	20679	10251	1884	8544
阅览室	37266	17998	8395	10873
阅览室座席数（个）	8974	2528	1415	5031
总流通人次（千人次）	5999.81	3104.92	215.4	2679.49
# 书刊文献外借人次	3598.72	1192.69	895.81	1510.22
书刊文献外借册次（千册次）	5727.01	1637.65	1433.3	2656.06
累计发放有效借书证数（千个）	825.978	502.308	211.21	112.46
为读者举办各种活动				
# 组织次数（次）	1331	653	189	489
参加人次（千人次）	1514.7	1131.1	78.14	305.46
计算机（台）	2111	1163	322	626
# 电子阅览室终端数	909	360	98	451

注：本表数据由市文广新局提供。

表 14—6　博物馆综合情况（2015 年）

指　标	总计	综合性	历史类	艺术类	自然科技类	其他
机构数（个）	56	6	33	8	6	3
省级	3	1	1	1		
市级	29	1	18	3	6	1
区县级	24	4	14	4		2
从业人员（人）	2162	1143	780	164	48	27
# 高级职称	169	113	29	12	15	
中级职称	219	167	27	7	18	
文物藏品（件）	811840	545388	211068	14889	38691	1804
# 一级品	1907	1406	499	2		
参观人次（千人次）	3142.95	392.70	2405.86	276.59	58.70	9.09
# 青少年	765.34	101.90	587.21	44.89	29.01	2.34
本年收入（千元）	640294	316201	295328	18374	8717	1674
# 财政拨款	520860	294127	206424	10278	8707	1324
事业收入	129554	2221	123176	137	4020	
门票收入	602572	349770	228348	14073	8707	1674
本年支出（千元）	177483	97534	61910	9058	7407	1574
# 基本支出	383249	252236	124598	5015	1300	100
项目支出	495680	153720	299450	16580	22300	3630
公用建筑面积（平方米）	259950	69850	163340	9930	14450	2380
# 展览用房	30060	18450	9560	1020	1030	
文物库房	28741	18455	1020	8240	1026	

注：本表数据由市文广新局提供。

表 14—7　文物保护管理机构综合情况（2015 年）

指　标	机构数（个）	从业人员（人）	文物藏品（件）	#一级藏品	展览（个）	参观人次（千人次）
总　计	82	2659	1144639	1907	195	31429.48
文物保护管理机构	9	22	33			
博物馆	56	2162	811840	1907	195	31429.48
综合性	6	1143	545388	1406	49	392.702
历史类	33	780	211068	499	126	2405.864
艺术类	8	164	14889	2	5	276.587
自然科技类	6	48	38691		12	58.702
其他	3	27	1804		3	9.094
文物商店	2	78	332766			
其他文物机构	15	397				

注：本表数据由市文广新局提供。

表 14—8　图书、杂志、报纸出版情况（2015 年）

指　标	图书	杂志	报纸
种数（种）	24289	298	58
总印数（万册 / 份）	61512.44	10985.25	163356.91
总印张数（万印张）	392001.28	46975.26	733052.67

注：本表数据由市文广新局提供。

表 14—9 艺术表演场所综合情况（2015 年）

指 标	2015年	2014年
机构数（个）	13	12
省级	3	3
市级	6	6
区县级	4	3
从业人员（人）	295	155
座席数（个）	14137	11049
演（映）出场次（场）	1480	2101
# 艺术演出场次	1160	631
观众人次（千人次）	999.79	803
# 艺术演出观众人次	821.97	455
艺术演出收入	39159	13038
年末固定资产原值（千元）	280700	279933
建筑面积（平方米）	117872	77872
# 演（映）业务用房	53229	46229

注：本表数据由市文广新局提供。

表14—10 广播、电视播出情况（2015年）

指标	节目套数（套）			全年公共节目播出	全年制作节目
	合计	公共节目	付费节目	时间（小时）	时间（小时）
广播电台	24	24		152546	143055
省级广播电台	11	11		81652	76798
市级广播电台	6	6		44923	49923
区县级广播电台	7	7		25971	16334
电视台	27	24	3	159815	39313
省级电视台	12	9	3	78840	19685
市级电视台	8	8		59198	14778
区县级电视台	7	7		21777	4850

注：本表数据由市文广新局提供。

表14—11 广播、电视覆盖情况（2015年）

指标	广播综合覆盖		电视综合覆盖		有线(数字)电视用户		
	覆盖人口数（万人）	覆盖率（%）	覆盖人口数（万人）	覆盖率（%）	总用户数（万户）	#数字电视（万户）	入户率（%）
全　市	648.72	100	648.72	100	271.7	260.8	117.69
市级覆盖	242.44	100	242.44	100	96.1	94.9	115.83
区级覆盖	406.28	100	406.28	100	175.6	165.9	118.78

注：本表数据由市文广新局提供,有线电视总用户数与数字电视用户数均包括67.31万户IPTV用户。

表 14—12 举办区级以上运动会情况

指 标	体育系统	
	2015年举办次数（次）	2014年举办次数 （次）
举办运动会次数	269	469
综合运动会	14	20
单项比赛	255	449
举办全民健身活动次数	1480	1699
其中：1000 人以上的活动	43	60

注：本表由市体育局提供。

表 14—13 运动员、教练员、裁判员基本情况（2015 年）

计量单位：人

指 标	运动员	专职教练员	裁判员
合 计	135	203	641
国际级（健将）	3		
国家级（运动健将）	21	6	
一级（高级）	23	84	
二级（中级）		65	641
三级（初级）		31	
少年级	88	17	

注：本表由市体育局提供，表中数据运动员为市属、不含省。

表 14—14　社区健身设施建设情况

指　　标	2015年	2014年
建设数（个）	4810	4400
器材数（件）	52333	48233
面积（万平方米）	191.78	183.58
投资金额（万元）	11724	10740

注：本表由市体育局提供，表中数据均为截止2015年末累计完成数；本表数据含新农村体育健身工程建设点。

表 14—15　分场地类型体育场地状况（2015 年）

指　标	场地数量（个）	场地面积（平方万米）
总 计	3945	640.44
体育场（地）馆	99	115.03
# 登山步道	25	84.18
城市健身步道	209	416.37
全民健身路径	3612	24.86

注：本表数据由市体育局提供，体育场（地）馆为国家第六次体育场馆普查制定标准。

表 14—16　新华书店图书销售数量

计量单位：万册

指　标	2015年	2014年
总　计	2447.63	2255.64
哲学、社会科学	37.52	41.84
文化、教育	321.26	397.79
文学、艺术	103.59	78.41
自然科学、技术	14.77	18.58
少儿读物	64.03	69.86
大中专教材	383.65	335.97
课本	831.49	855.49
教辅	675.97	442.45
其他出版物	9.66	7.82
非图书商品	5.69	7.43

注：本表由新华书店集团提供，数据不含原老五县；非图书商品仅为音响制品和古旧图书。

表 14—17　医疗卫生事业基本情况

指　标	2015年	2014年
全市卫生机构数（个）	2337	2383
# 医院	197	186
社区卫生服务中心（站）	617	638
疾病控制中心、卫生防疫站	17	17
妇幼保健院（所、站）	14	14
全市实有床位数（张）	46643	43688
# 医院、	41568	38683
社区卫生服务中心（站）	3368	3502
全市卫生机构卫生人员数（人）	78882	75351
# 卫生技术人员	65139	62068
# 执业医师	21137	20415
执业助理医师	1170	1187
注册护士	28850	27363
药剂人员	3693	3575
检验人员	3829	3622
其他卫生技术人员	6460	5906
# 医院卫生人员	58118	54987
社区卫生服务中心卫生人员	9239	9429

注：本表数据由市卫计委提供，下同。

表 14—18　各类医院基本情况（2015 年）

指　标	机构数（个）	实有床位数（张）	卫生人员数（人）		
				#卫生技术人员	#执业（助理）医师
全　市	197	41568	58118	48787	15066
综合医院	110	23954	34263	29314	8907
中医院	20	5253	6934	6068	1987
中西医结合医院	3	1168	2079	1713	589
专科医院	54	10388	14492	11443	3514
护理院	10	805	350	249	69

表 14—19　医疗机构病床使用情况（2015 年）

指　标	平均开放床位数（张）	病床周转次数（次）	病床使用率（%）	出院者平均住院日（日）
医院				
# 综合医院	23232.1	32.8	88.2	9.7
中医院	5161.4	29.4	89.7	10.9
中西结合医院	1168.0	34.0	96.5	10.4
专科医院	10141.0	27.8	95.0	10.5
社区卫生服务中心（站）	3252.2	12.9	41.1	11.4
卫生院	419.0	24.3	46.2	6.9
专科疾病防治院（所、站）	222.0	1.4	25.7	59.3

注：本表数据由市卫计委提供。

表 14—20　主要年份卫生机构、卫生技术人员、医院床位数

年　份	卫生机构（个）	卫生技术人员数（人）	#医生	医院床位数（张）
1949	59			5300
1952	206	3900	1500	1616
1957	512	7300	2900	2961
1962	852	12400	4400	7360
1965	897	11300	4900	7431
1970	846	10500	4000	8996
1975	1132	17300	6900	10812
1978	1320	21300	7800	12231
1979	1424	23000	8200	12361
1980	1418	24000	9100	11989
1985	1486	30127	12556	13969
1990	1610	34476	15726	17407
1995	1501	36376	16384	19019
1997	1301	35957	15840	17599
1998	1285	35705	15543	17521
1999	1318	35773	16078	17789
2000	1269	35270	15239	18140
2005	1612	34000	14292	19344
2007	2241	40897	15705	21031
2008	1770	42337	16060	22865
2009	1764	56100	16593	24738
2010	2211	60044	17007	25894
2011	2268	50041	17265	29322
2012	2305	53967	19101	37775
2013	2315	58032	20662	41760
2014	2383	62068	21602	42563
2015	2337	65139	22307	45163

注：本表数据来源于市卫计委，从2002年起“医生”数为“执业医师、执业助理医师”数。

主要统计指标解释

文化事业机构　指从事专业文化工作和为专业文化工作服务的独立建制的单位，不包括这些单位另外举办独立核算的其他机构和各部门的业余文化组织。

执业（助理）医师和注册护士　指领取医师执业证书和注册护士证书的人员。

艺术表演团体　指从事戏曲、音乐、舞蹈、杂技等专业艺术表演，有独立帐户的单位，不包括半工半艺、半农半艺和民间职业剧团。

等级运动员人数　指经考核正式批准授予等级运动员称号的人数。运动员等级分为国际级运动健将、运动健将、一级运动员、二级运动员、三级运动员、少年级运动员。

等级裁判员人数　指经考核正式批准授予等级裁判员称号的人数。裁判员等级分为国际裁判、国家级裁判、一级裁判、二级裁判、三级裁判。

卫生机构　指从卫生行政部门取得《医疗机构执业许可证》，或从民政、工商行政、机构编制管理部门取得法人单位登记证书，为社会提供医疗保障、疾病控制、卫生监督服务或从事医学科研和教育等工作的单位。

卫生技术人员　指卫生事业机构支付工资的全部职工中现任职务为卫生技术工作的专业人员，包括执业医师、执业助理医师、注册护士、药剂人员、检验人员和其他卫生技术人员。

有线电视入户率　指能接收到有线广播电视台、有线电视站（系统内和系统外）和共享天线系统播放的有线电视节目的家庭户数与总户数的比例。计算公式：

$$\text{有线电视入户率} = \frac{\text{年末有线电视总用户数}}{\text{年末总户数}} \times 100\%$$

（十五）司法、社会福利与其他社会活动

CHAPTER 15 JUDICATURE, SOCIAL WELFARE AND OTHERS

表 15—1 律师、公证、基层司法基本情况

指 标	2015年	2014年
律师工作 *		
律师事务所（个）	360	263
取得律师执业资格（人）	4712	2909
担任常年法律顾问（家）	9532	5740
民事诉讼代理（件）	30152	18842
行政诉讼代理（件）	849	352
非诉讼法律事务（件）	9257	10457
刑事辩护及代理（件）	3165	3381
公证工作		
公证处（个）	14	14
办结公证总数（件）	206715	192270
国内公证	122540	104025
涉外公证	84175	88245
基层司法工作		
法律服务所（个）	69	69
法律工作人员（人）	348	348
司法所工作人员（人）	731	744
年末人民调解委员会（个）	1764	1952
年末调解人员（人）	9592	11142
调解纠纷总数（件）	53441	64209
法律援助工作		
法律援助机构数（不含律师行）（个）	279	12
得到法律援助机构援助的妇女数（人）	3418	3092
得到法律援助机构援助的未成年人数（人）	541	429
基层法院建立少年法庭数（个）	11	8
# 审理案件数（件）	8675	5866

注：本表数据由市司法局、市法院提供。2015年律师工作数据统计口径发生变化，含省级在宁数，故与往年不可比。

表 15—2　民政事业费支出情况

计量单位：万元

指　标	2015年	2014年
总　计	417345	363908
抚恤费	36093	28723
安置	158628	123509
城镇居民最低生活保障费	33099	33106
农村及其他城镇社会救济	70949	66087
社会福利	45983	50895
民政管理事务	51852	47473
自然灾害生活救助	3963	33
地方离退休人员经费	3400	4058
其他款项用于民政支出	13478	9723

注：本表数据由市民政局提供。

表 15—3　收养性社会福利单位情况（2015 年）

计量单位：人

指　标	机构数（个）	从业人员（人）	年末床位数（张）	年末在院总人数（人）	#女性	康复和医疗门诊人次（人次数）
合计						
社会福利院	11	540	5892	2492	1116	18318
儿童福利院	2	235	859	814	307	1000
社会福利医院	1	430	1442	1290	362	2950
城镇老年福利机构	229	3445	31346	10499	3847	51712
农村老年福利机构	32	509	9404	3611	558	189

注：本表数据由市民政局提供。

表15—4 工会组织基本情况

指 标	2015年	2014年
基层工会数（个）	14380	14049
其中：企业合计	11769	10864
内资企业	10447	10127
港澳台商投资企业	213	224
外商投资企业	515	513
事业单位	1322	1265
机关	615	614
个体经济组织	282	349
工会会员数（人）	2406792	2287892
专职工会工作人员（人）	929	1022
兼职工会工作人员（人）	62992	61318
联合工会涵盖单位数（个）	44604	43039
联合工会会员人数（人）	652424	680762
职代会职工代表人数（人）	1452320	1745913
# 女性	68599	58954
建立董事会单位数（个）	1397	1504
职工董事人数（人）	576	540
# 女性	163	160

注：本表数据由市总工会提供。

主要统计指标解释

民政事业费支出 指报告期内本辖区各项民政事业费实际支出的总数额。包括抚恤事业费、军队移交地方安置的离退休人员费用、社会救济福利事业费、救灾支出以及其它民政事业费。

城镇居民最低生活保障人数 指在报告期末家庭平均收入在当地规定的最低生活保障线以下的城镇居民数。包括“三无”对象、失业人员和在职、下岗、退休人员等。

农村居民最低生活保障人数 指报告期末在建立农村最低生活保障制度的地区，得到当地政府或集体给予最低生活保障的农业人口数。

农村传统救济人数 指未开展最低生活保障制度的农村地区，仍沿用传统救济制度救济贫困人口数。

社会福利企业 指以集中安置有一定劳动能力的残疾人就业为目的（残疾职工占生产人员10%以上）、带有社会福利性质的特殊企业的总称。

律师 指受聘参加法律顾问处工作，担任法律顾问、刑（民）事代理人、刑事辩护人，办理非诉讼事件、解答法律询问，代写法律事务文书等主要从事律师业务的专职法律工作者和兼职律师。

公证人员 指在国家公证机关依法办理公证事务的司法人员，包括公证员、助理公证员和在公证处工作的其他人员。

办理公证文书 指公证处在一定时期内办结的公证文书件数。公证文书按司法部规定或批准的格式制作，包括国内公证和涉外公证两部分。国内公证分为经济合同公证和民事法律关系公证两大类。

调解人员 指在人民调解委员会担负调解民间一般民事纠纷和轻微违法行为引起纠纷的工作人员，包括调解委员会的委员和调解小组的调解员。

调解民间纠纷 指调解委员会依照法律规定，根据自愿原则，用说服教育的方法调解民间发生的有关民事权利和义务的争执，促成当事双方达到协议和谅解，解决纠纷。包括婚姻家庭纠纷，财产权益纠纷等，不包括法院受理调解的民事案件数。

(十六)
城市建设与环境保护

CHAPTER 16
URBAN CONSTRUCTION AND ENVIRONMENTAL PROTECTION

2016' NANJING STATISTICAL YEARBOOK 2016' NANJING STATISTICAL YEARBOOK 2016' NANJING STATISTICAL YEARBOOK 2016' NANJING STATISTICAL YEARBOOK

2016南京统计年鉴 2016南京统计年鉴 2016南京统计年鉴 2016南京统计年鉴 2016南京统计年鉴 2016南京统计年鉴

表 16—1 城市公共交通

指 标	2000年	2005年	2010年	2011年	2012年	2013年	2014年	2015年
运营车辆（辆）	3538	5158	6662	7023	7049	7426	9091	9515
#地铁		84	366	450	480	480	746	1120
标准运营车辆（标台）	3592	5914	8695	9078	9386	9769	12245	13027
#地铁		210	915	1125	1200	1200	1790	2746
运营线路网长度（公里）	1061	2656	3548.6	3904.7	7669.6	8225	9335.7	9885.4
#地铁		22	81.6	81.6	81.6	81.6	186.9	231.8
公交客运总量（万人次）	134705	96920	126887	139986.1	149571.2	151650.1	156541.5	174072
#地铁		357	21460	34370.1	40060.2	45216	50317.4	71712.1
出租汽车（辆）	8597	9055	10593	10644	10643	11612	14136	14239
运营船数（艘）	21	9	19	19	19	13	15	15
轮渡客运总量（万人次）	1797	1344	1201	1022.4	1004.4	630.1	509	485.6

注：本表由市交通局提供，从2012年开始市交通局调整了营运线路网长度口径。

表 16—2 城市煤气、液化石油气、天然气

指 标	2000年	2005年	2010年	2012年	2013年	2014年	2015年
液化石油气供气总量（吨）	107196	145509	146475.68	114672.94	119147.43	109277.98	88285.31
#家庭用量	80272	81903	76408.93	62231.29	74242.37	64487.68	50481.15
用气人口（万人）	158.76	295.86	236.97	219.32	221.50	195.00	149.30
天然气供气总量（万立方米）	—	14173.00	57890.70	82413.19	86127.66	95176.71	104381.95
#家庭用量	—	3886.00	15544.95	22007.10	24491.56	26195.62	31802.75
用气人口（万人）	—	132.00	253.30	345.95	373.50	409.70	464.70

表 16—3　城市设施水平

指　标	2000年	2005年	2010年	2012年	2013年	2014年	2015年
城市人口密度（人 / 平方公里）	2966	1084	1600	1417	1419	1440	1462
人均日生活用水量（升）	493.96	318.06	314.80	298.50	281.81	295.96	298.40
用水普及率（%）	100.00	92.06	100	100	99.98	99.98	100
每万人拥有公共交通车辆（标台）	14.04	11.52	17.57	14.72	—	—	—
气化率（%）	99.59	90.35	99.50	99.65	99.22	99.35	99.38
人均拥有道路面积（平方米）	8.54	14.47	19.35	20.14	21.28	22.17	23.06
建成区排水管道密度（公里 / 平方公里）	6.80	6.59	8.00	9.16	10.37	10.77	11.00
污水处理率（%）	63.63	81.21	88.82	94.60	94.22	95.32	95.67
人均公园绿地面积（平方米）	—	—	13.69	13.94	14.55	14.98	15.50
建成区绿化覆盖率（%）	40.96	44.94	44.38	44.02	44.06	44.14	44.47
生活垃圾粪便无害处理率（%）	85.76	87.46	78.74	90.42	90.83	92.10	100

表 16—4　城市供水和节约用水

指　标	2000年	2005年	2010年	2012年	2013年	2014年	2015年
综合生产能力（万立方米 / 日）	536.00	589.80	645.80	633.80	641.40	615.18	645.38
供水总量（万立方米）	135052	118875.0	112326	121401	126656.16	122404.08	125255.12
# 工业用量	81821	53208.3	40876	44083	47345.06	40914.76	42996.94
生活用量	52197	54868.72	56862	61806	36635.63	38215.93	39143.39
用水人口（万人）	289.51	472.62	494.87	567.27	599.54	608.53	617.79
节约用水量（万立方米）	1185	2513	4730	—	2074	3466	4217
生产用水重复利用量（万立方米）	119350	107934	183717	198131	266781	181735	188429

表 16—5　市政工程设施

指　标	2000年	2005年	2010年	2012年	2013年	2014年	2015年
道路长度（公里）	1802	6132	5599	6615	7142	7424.16	7770.71
道路面积（万平方米）	2185	7427	9576	11424	12761	13494.72	14247.94
路灯盏数（盏）	45914	172280	241712	264031	346408	443467	4721315
排水管道长度（公里）	1370	3380	4948	5982.38	7398.40	7910.25	8308.12
桥梁数（座）	464	1359	1498	1733	1899	2003	2055
污水年排放量（万吨）	121199	120628	80490	89638	93155	94134	95019
污水日处理能力（万吨）	226.77	384.82	428.60	437.30	458.80	463.4	464.80
污水年处理量（万吨）	77122	97964	71493	84802	87767	89733	90904
污水处理厂（座）	3	10	17	19	24	23	24
防洪堤长度（公里）	497	1454	1636	1673	—	—	—

注：本表由市住房和城乡建设委员会提供，下表同。

表 16—6　城市园林绿化

指　标	2000年	2005年	2010年	2012年	2013年	2014年	2015年
绿化覆盖面积（公顷）	11118	75226	84848	89850	93503	95554	96874
# 建成区	8250	23037	27456	28756	31425	32416	33588
园林绿地面积（公顷）	10587	71020	77087	82597	86117	88069	88910
公园绿地面积（公顷）	—	—	6773	7908	8725	9115	9328
公园个数（个）	40	59	62	83	110	120	127
公园面积（公顷）	1725	2605	2790	5941	6548	6861	7122
风景名胜区游人量（万人次）	—	—	1592	5272	5934	1823.9	6788.70

表 16—7 城市环境质量

指 标	2000年	2005年	2010年	2012年	2013年	2014年	2015年
集中式饮用水水源地水质达标率（%）	98.81	100	100	100	100	100	100
地表水功能区水质达标率（%）	86.11	97.2	100	100	100	50*	64.5
可吸入颗粒物浓度年均值（毫克/立方米）	—	0.109	0.114	0.102	0.137	0.123	0.096
二氧化硫浓度年均值（毫克/立方米）	0.029	0.052	0.036	0.033	0.037	0.025	0.019
二氧化氮浓度年均值（毫克/立方米）	—	0.054	0.046	0.051	0.055	0.054	0.050
环境空气质量良好以上天数（天）	293	304	302	317	202*	190	235
区域互不干涉噪声平均值（dB（A））	54.4	54	54.7	56.5	54	53.8	54.8
交通干线噪声平均值（dB（A））	69.2	69.4	68.5	68.4	68	67.2	67.8

注：*1、从2013年起，按国家环保部新颁布的空气质量标准（空气质量指数AQI）要求，来认定良好以上天数；
2、2014年地表水功能区水质达标率按全项评价，与往年不可比。

表 16—8 城市环境卫生

指 标	2000年	2005年	2010年	2012年	2013年	2014年	2015年
全年生活垃圾清运量（万吨）	99.24	169.00	184.78	224.54	250.40	260.8	238.68
粪便清运量（万吨）	126.4	193.90	10.64	12.11	15.73	17.76	17.62
环卫机械车辆总数（辆）	579	777	1134	1126	1327	1526	1630
公厕数量（座）	937	1559	1151	1166	1262	1258	1250

表16—9　工业污染排放与治理

指　标	2000年	2005年	2010年	2012年	2013年	2014年	2015年
废水排放量（亿吨）	6.49	4.7	3.38	2.33	2.53	2.16	2.32
废水中化学需氧量排放量（万吨）	3.61	3.03	2.02	2.24	2.15	2.16	2.09
重复用水率（%）	58.2	72.31	88.1	74.8	70.36	80.47	84.4
废气排放量（亿标立方米）	2155	3754	5738.23	6827.51	7930.21	8172.39	8782.13
二氧化硫排放量（万吨）	13.23	14.91	11.55	12.17	11.24	10.39	10.15
烟尘排放量（万吨）	5.15	4.76	3.38	4.37	6.53	9.62（含粉尘）	8.41
二氧化硫去除量（万吨）	7.76	31.56	60.66	8.54	39.71	40.37	20.11
烟尘去除量（万吨）	137.98	283.78	300.88	568.3	535.36	631.56（含粉尘）	527.31
工业固体废物产生量（万吨）	652.24	1159.1	1656.5	1648.47	1734.71	1795.65	1475.36
#危险废物	14.49	21.3	22.53	32.52	37.7	45.81	49.34
工业固体废物综合利用量（万吨）	530.95	1051.6	1471.36	1146.62	1568.52	1628.45	1321.19
#危险废物	13.49	17.37	10.2	19.95	22.59	26.19	30.61
工业固体废物综合利用率（%）	79.1	87.43	88.82	69.56	90.41	90.69	89.55
工业固体废物处置量（万吨）	23.04	17.88	37.86	373.88	36.74	62.74	135.2
#危险废物	1.00	3.11	12.51	11.45	15.75	18.76	18.12
重点污染治理项目数（个）	299	135	77	286	156	58	76
污染治理项目完成投资额（万元）	32331	20593	31637	264293	120993	90187	106043

注：本表由市环保局提供。从2011年起，烟尘排放量及去除量中均包括粉尘排放量及去除量。

主要统计指标解释

供水综合生产能力 指按供水设施取水、净化、送水、出厂输水干管等环节实际测定计算的综合生产能力。

供水总量 指报告期供水企业（单位）供出的全部水量。包括有效供水量和漏损水量。

生活用水量 指居民日常生活与公共福利设施的用水量，包括居民、饮食店、旅馆、医院、理发店、浴池、洗衣店、游泳池、商店、学校、机关、部队等单位的用水量。

城市人口用水普及率 指城市用水人口数与城市人口总数之比。

计算公式为： 用水普及率＝城市用水人口数/城市人口总数*100%

燃气供应总量 指报告期燃气企业（单位）向用户供应的燃气数量。包括销售量和损失量。

燃气普及率 指报告期末使用燃气的城市人口数与城市人口总数的比率。

计算公式：燃气普及率＝用气人口数/城市人口总数*100%

道路长度 指道路长度和与道路相通的桥梁、隧道的长度，按车行道中心线计算。

排水管道长度 指所有排水总管、干管、支管、检查井及连接井进出口等长度之和。计算时应按单管计算，即在同一条街道上如有两条或两条以上并排的排水管道时，应按每条排水管道的长度相加计算。

污水处理能力 指污水处理厂（或处理装置）每昼夜处理污水量的设计能力。

运营车数 指报告期末公交企业（单位）用于运营业务的全部车辆数。以企业（单位）固定资产台帐中已投入运营的车辆数为准；新购、新制和调入 的运营车辆，自投入之日起开始计算；调出、报废和调作他用的运营车辆，自上级主管机关批准之日起不再计入。

园林绿地面积 指报告期末用作园林和绿化的各种绿地面积。包括公共绿地、居住区绿地、单位附属绿地、防护绿地、生产绿地、道路绿地和风景林地面积。不包括：

1、屋顶绿化、垂直绿化、阳台绿化和室内绿化。

2、以物质生产为主的林地、耕地、牧草地、果园和竹园等。

3、城市总体规划中不列入绿地的水域。

公园绿地 指向公众开放的、以游憩为主要功能，有一定的游憩设施和服务设施，同时兼有健全生态、美化景观、防灾减灾等综合作用的绿化用地。

工业废水排放量 指经过企业厂区所有排放口排到企业外部的工业废水量。包括生产废水、外排的直接冷却水、超标排放的矿井地下水和与工业废水混排的厂区生活污水，不包括外排的间接冷却水（清污不分流的间接冷却水应计算在内）。

工业废水排放达标量 指各项指标都达到国家或地方排放标准的外排工业废水量，包括未经处理外排达标和经过处理后外排达标两部分。

工业废水处理量 指报告期内各种水治理设施实际处理的工业废水量，包括处理后外排和处理后回用的工业废水量和虽经处理但未达到国家或地方排放标准的废水量。如车间和厂排放口均有治理设施，并对同一废水分级处理时，不应重复计算工业废水处理量。

工业废气排放量 指企业厂区内燃料燃烧和生产工艺过程中产生的各种排入空气的含有污染物的气体总量，按标准状态〔273K，101325Pa〕计算。

工业二氧化硫排放量 指企业在燃料燃烧和生产工艺过程中排入大气的二氧化硫数量。

工业烟尘排放量 指企业厂区内燃料燃烧产生的烟气中夹带的颗粒物数量。

工业粉尘排放量 指企业在生产工艺过程中排放的颗粒物重量，如钢铁企业的耐火材料粉尘、焦化企业的筛焦系统粉尘、烧结机的粉尘、石灰窑的粉尘、建材企业的水泥粉尘等。不包括电厂排入大气的烟尘。

工业固体废物产生量 指企业在生产过程中产生的固体状、半固体状和高浓度液体状废弃物的总量，包括危险废物、冶炼废渣、粉煤灰、炉渣、煤矸石、尾矿、放射性废物和其他废物等；不包括矿山开采的剥离废石和掘进废石（煤矸石和呈酸性或碱性的废石除外）。酸性或碱性废石指采掘的废石其流经水、雨淋水的 pH 值小于 4 或 pH 值大于 10.5 者。

工业固体废物处置量 指将固体废物焚烧或者最终置于符合环境保护规定要求的场所，并不再回取的工业固体废物量（包括当年处置往年的工业固体废物累计贮存量）。处置方法有填埋（其中危险废物应安全填埋）、焚烧、专业贮存场（库）封场处理、深层灌注、回填矿井等。

工业固体废物排放量 指将所产生的固体废物排到固体废物污染防治设施、场所以外的数量，不包括矿山开采的剥离废石和掘进废石（煤矸石和呈酸性或碱性的废石除外）。

（十七）分区社会经济

CHAPTER 17
SOCIAL ECONOMY BY DISTRICT AND COUNTY

表 17—1　分区户籍人口及构成（2015 年末）

计量单位：人

地　区	总人口	按性别分		性别比例（以女性为100）
		男	女	
全　市	6534039	3267798	3266241	100.05
玄　武	486506	246136	240370	102.40
秦　淮	699114	344867	354247	97.35
建　邺	300696	149211	151485	98.50
鼓　楼	930524	464951	465573	99.87
浦　口	642787	321161	321626	99.86
栖　霞	450760	225251	225509	99.89
雨花台	258270	132329	125941	105.07
江　宁	993595	489947	503648	97.28
六　合	903399	452600	450799	100.40
溧　水	429553	217017	212536	102.11
高　淳	438835	224328	214507	104.58

注：本表户籍资料根据市公安局提供的数据编制。

表 17—2　分区年末户数（2015 年末）

计量单位：户

地　区	2015年	比上年增加
全　市	2251385	35366
玄　武	146515	1215
秦　淮	259377	-944
建　邺	107564	4557
鼓　楼	312772	1726
浦　口	217813	8170
栖　霞	155797	4419
雨花台	93585	3371
江　宁	355327	10072
六　合	296297	1833
溧　水	152495	413
高　淳	153843	534

注：本表户籍资料根据市公安局提供的数据编制。

表 17—3　分区年末常住人口

计量单位：万人

地　区	2015年	2014年	2015年为上年%
全　市	823.59	821.61	100.24
玄　武	65.24	66.14	98.64
秦　淮	102.24	103.58	98.71
建　邺	45.45	45.19	100.58
鼓　楼	127.56	129.32	98.64
浦　口	74.94	73.38	102.13
栖　霞	67.98	66.80	101.77
雨花台	42.69	41.95	101.76
江　宁	119.14	118.32	100.69
六　合	93.44	92.74	100.75
溧　水	42.44	42.05	100.93
高　淳	42.47	42.14	100.78

注：本表根据全市人口抽样调查数据推算。

表17—4　分区人口出生与死亡（2015年）

计量单位：人、‰

地　区	出生		死亡		自然增长	
	人数	出生率	人数	死亡率	人数	增长率
全　市	67406	10.35	40448	6.21	33598	4.14
玄　武	3731	7.60	2399	4.89	1839	2.71
秦　淮	5433	7.73	4970	7.07	1676	0.66
建　邺	3330	11.32	1478	5.02	2206	6.30
鼓　楼	6971	7.47	5369	5.75	2493	1.72
浦　口	8316	13.10	3622	5.71	5374	7.39
栖　霞	4554	10.18	2470	5.52	2740	4.66
雨花台	2968	11.64	1434	5.62	2057	6.02
江　宁	13068	13.29	5687	5.78	7765	7.51
六　合	8567	9.49	6242	6.91	3423	2.58
溧　水	5942	13.87	3182	7.43	2392	6.44
高　淳	4526	10.32	3595	8.20	1633	2.12

注：本表户籍资料根据市公安局提供的数据编制。

表 17—5　分区计划生育情况（2015 年）

计量单位：人

地　区	出生人数				计划内生育
		一孩	二孩	三孩及三孩以上	
全　市	47936	37651	10170	115	47836
玄　武	2493	2150	342	1	2493
秦　淮	5291	4589	697	5	5285
建　邺	2134	1695	434	5	2133
鼓　楼	5367	4195	1165	7	5362
浦　口	6583	5416	1161	6	6582
栖　霞	3791	3206	582	3	3786
雨花台	2401	1875	525	1	2400
江　宁	8581	6498	2043	40	8528
六　合	5689	4515	1152	22	5676
溧　水	2764	1843	913	8	2749
高　淳	2842	1669	1156	17	2842

注：本表数据由市人口和计划生育委员会提供。

表 17—6 分区婚姻登记情况（2015 年）

地 区	内地居民登记结婚对数（对）	内地居民再婚人数（对）	内地居民准予登记离婚对数（对）
全 市	80597	40675	33796
玄 武	8168	4205	2943
秦 淮	7761	5668	4327
建 邺	4358	3425	2357
鼓 楼	12259	8349	5935
浦 口	8741	5403	3670
栖 霞	5062	3310	2361
雨花台	3575	2176	1635
江 宁	11249	1735	4540
六 合	10492	2701	3427
溧 水	4775	1964	1421
高 淳	4157	1739	1135

注：本表数据由市民政局提供。

表 17—7 分区地区生产总值（在地口径）（2015 年）

计量单位：亿元

地 区	地区生产总值	第一产业增加值	第二产业增加值	第三产业增加值
玄 武	708.36		40.97	667.39
秦 淮	805.49		63.00	742.49
建 邺	522.86		246.27	276.59
鼓 楼	1178.65		97.23	1081.42
浦 口	822.30	37.75	427.70	356.85
栖 霞	1286.57	7.12	871.63	407.82
雨花台	491.57	0.89	130.39	360.29
江 宁	1652.52	56.08	862.42	734.02
六 合	951.04	56.16	554.98	339.90
溧 水	603.94	36.24	311.29	256.41
高 淳	564.50	38.05	281.82	244.63

表 17—8 分区地区生产总值（评价口径）（2015 年）

计量单位：亿元

地 区	地区生产总值	第一产业增加值	第二产业增加值	#工业增加值	第三产业增加值
玄 武	539.84		22.13	11.59	517.71
秦 淮	627.71		61.20	53.65	566.51
建 邺	290.54		51.14	2.51	239.40
鼓 楼	1011.81		85.88	41.59	925.93
浦 口	713.69	37.75	354.61	314.61	321.33
栖 霞	855.59	7.12	543.21	495.50	305.26
雨花台	406.58	0.89	80.36	51.56	325.33
江 宁	1523.76	56.10	823.18	705.02	644.48
六 合	752.06	56.16	411.00	355.77	284.90
溧 水	572.58	36.24	306.49	259.08	229.85
高 淳	530.52	38.30	269.89	211.20	222.33

表 17—9　分区地区生产总值发展速度（评价口径）（2015 年）

计量单位：%

地　区	地区生产总值	第一产业增加值	第二产业增加值	#工业增加值	第三产业增加值
玄　武	109.9		75.2	101.4	111.7
秦　淮	109.9		95.1	102.1	111.9
建　邺	110.1		105.0	101.6	111.6
鼓　楼	110.0		95.5	104.0	111.7
浦　口	110.5	104.6	110.6	110.7	111.1
栖　霞	110.2	99.8	109.5	109.5	112.0
雨花台	110.0	92.5	105.5	103.6	111.8
江　宁	110.3	104.6	109.4	110.3	112.2
六　合	109.6	103.4	109.4	109.2	111.2
溧　水	110.0	104.6	109.7	110.0	111.3
高　淳	109.8	103.9	109.4	109.2	111.4

注：本表发展速度按可比价计算。

表17—10　分区私营和个体从业人员（2015年）

计量单位：人

地　区	私营企业从业人员	个体从业人员
全　市	2634326	832271
玄　武	141595	50405
秦　淮	257370	116387
建　邺	118643	46648
鼓　楼	218544	88412
浦　口	147801	93910
栖　霞	180208	65336
雨花台	96336	60385
江　宁	317265	159638
六　合	211799	82983
溧　水	132357	38241
高　淳	163170	29924

注：本表数据来自市工商局。

表 17—11 分区一般公共预算收入（2015 年）

计量单位：亿元

地 区	2015年	2015年为上年%
全 市	1020.03	109.3
玄 武	45.40	105.7
秦 淮	65.72	106.1
建 邺	81.91	111.1
鼓 楼	87.91	108.5
浦 口	93.68	110.7
栖 霞	90.26	111.1
雨花台	61.29	115.3
江 宁	191.73	111.0
六 合	82.92	120.9
溧 水	46.40	110.9
高 淳	30.04	99.9

注：本表数据由市财政局提供。

表 17—12 分区城镇居民人均可支配收入（2015 年）

计量单位：元

地 区	2015年	2015年为上年%
玄 武	51277	108.2
秦 淮	46901	108.3
建 邺	44980	108.4
鼓 楼	50527	108.4
浦 口	43687	108.4
栖 霞	44612	108.3
雨花台	44486	108.4
江 宁	44735	108.2
六 合	42591	108.2
溧 水	40685	108.0
高 淳	41588	107.9

注：城乡居民收入调查一体化改革后，统计口径有所调整，本表中绝对数及增幅均为新口径数据。

表 17—13　农村经济概况（2015 年）

指　标	全　市	其中		
		浦口	栖霞	雨花台
一、基本情况				
镇数（个）	13			
村民委员会数（个）	287	31	30	
总人口（万人）	653.40	64.28	45.08	25.83
# 乡村人口（万人）	201.22	22.91	7.76	2.41
乡村总户数（万户）	64.03	7.07	2.81	0.97
年末乡村从业人员（万人）	117.84	11.99	4.92	1.64
# 农林牧渔业从业人员（万人）	24.11	2.06	1.40	0.15
工业从业人数（万人）	37.03	4.20	1.83	0.67
二、农业				
1. 生产条件				
有效灌溉面积（千公顷）	218.81	26.53	6.48	0.40
旱涝保收面积（千公顷）	194.23	25.07	7.00	
受灾面积（千公顷）	12.95		2.34	0.15
绝收面积（千公顷）	2.851			
农业机械总动力（万千瓦）	224.55	25.54	5.74	0.73
# 排灌机械动力（万千瓦）	66.46	6.76	2.15	
机耕地面积（千公顷）	208.64	20.88	8.02	0.35
化肥施用量（折纯量）（吨）	74480	4023	5196	1785
农药使用量（吨）	1698	30	238	27
地膜使用量（吨）	2634	265	299	19
农村用电量（万千瓦小时）	320084	27952	8659	12930

注：本表受灾面积和绝收面积数据来源于市民政局。

表 17—13 续表 1

指标	江宁	六合	溧水	高淳
一、基本情况				
镇数（个）		1	6	6
村民委员会数（个）	72	55	39	60
总人口（万人）	99.36	90.34	42.96	43.88
#乡村人口（万人）	47.97	49.87	32.32	37.09
乡村总户数（万户）	15.86	14.46	10.95	11.59
年末乡村从业人员（万人）	29.27	28.91	18.50	22.24
#农林牧渔业从业人员（万人）	5.47	6.24	3.92	4.74
工业从业人数（万人）	11.22	7.57	5.87	5.61
二、农业				
1. 生产条件				
有效灌溉面积（千公顷）	51.45	59.40	37.89	36.66
旱涝保收面积（千公顷）	50.00	56.18	37.13	18.85
受灾面积（千公顷）	6.67	0.02	3.75	0.02
绝收面积（千公顷）	2.527		0.324	
农业机械总动力（万千瓦）	50.76	57.08	32.12	52.58
#排灌机械动力（万千瓦）	21.79	8.49	16.97	10.29
机耕地面积（千公顷）	36.97	65.97	36.56	39.89
化肥施用量（折纯量）（吨）	9896	28850	9945	14785
农药使用量（吨）	392	318	353	340
地膜使用量（吨）	534	541	506	470
农村用电量（万千瓦小时）	105598	57848	70166	36931

表 17—13　续表 2

指　标	全　市	其中		
		浦　口	栖　霞	雨花台
2、农作物总播种面积（千公顷）	316.88	37.57	13.05	0.46
粮食	156.21	16.53	5.61	0.14
小麦	45.91	5.32	2.46	
稻谷	91.33	8.43	1.55	0.14
玉米	8.9	1.12	0.89	
大豆	4.85	0.8	0.64	
油菜籽	39.69	3.42	0.52	0.06
棉花	2.48	0.2		
苎麻	0.35			
糖料	0.25	0.03		
蔬菜（含菜用瓜）	86.19	13.57	6.67	0.26
3、农林牧渔业产品产量（吨）				
粮食	1140617	113862	33107	992
小麦	241337	27122	12435	
稻谷	797561	72142	13441	992
玉米	56734	7308	5271	
大豆	12880	2268	1560	
油菜籽	99743	9134	1224	110
棉花	3837	336		
苎麻	857			
糖料	9682	511		
蔬菜（含菜用瓜）	3048126	487022	140847	5369
茶叶	1599	162	2	42
园林水果	154459	38104	580	1274
猪牛羊肉总产量	60218	14069	280	490
#猪肉产量	56052	13622	263	489
牛奶产量	79668	12630	4790	96
水产品产量	228662	42596	4858	1640

表 17—13　续表 3

指　标	江宁	六合	溧水	高淳
2、农作物总播种面积（千公顷）	62.22	99.42	58.34	45.82
粮食	30.03	48.94	35.18	19.78
小麦	7.24	15.27	11.77	3.85
稻谷	20.54	26.11	20.31	14.25
玉米	0.46	4.83	0.93	0.67
大豆	0.81	1.2	0.82	0.58
油菜籽	7.78	11.92	6.72	9.27
棉花	0.95	0.38	0.53	0.42
苎麻			0.35	
糖料	0.08		0.11	0.03
蔬菜（含菜用瓜）	17.1	30.92	11.8	5.87
3、农林牧渔业产品产量（吨）				
粮食	234166	348211	254297	155982
小麦	36527	82887	62086	20280
稻谷	185476	222563	176147	126800
玉米	3205	30429	5772	4749
大豆	2192	3150	2147	1563
油菜籽	17731	29660	16821	25063
棉花	1354	552	856	739
苎麻			857	
糖料	4102		4176	893
蔬菜（含菜用瓜）	613072	1072218	442028	287570
茶叶	505	81	428	380
园林水果	16000	32133	36803	11300
猪牛羊肉总产量	11024	15952	9554	8849
#猪肉产量	10381	14177	8674	8446
牛奶产量	44198	17954		
水产品产量	53867	47300	30937	47044

表 17—13　续表 4

指　标	全 市	其中		
		浦口	栖霞	雨花台
4、农林牧渔及服务业总产值（现价）（万元）	4152664	703759	126436	15834
农业	2399141	374193	104390	2380
林业	219509	59992	1034	11196
牧业	461894	104085	8559	1330
渔业	872752	124963	8455	928
农林牧渔服务业	199368	40526	3998	
农林牧渔及服务业增加值（现价）（万元）	2437345	401491	73341	8930
三、农村居民人均收入和支出情况				
（一）农村居民人均可支配收入（元）	19483	19733	20862	20783
1、工资性收入	13517	11055	14640	18651
2、经营净收入	3139	5869	3279	
3、财产净收入	925	1188	1997	371
4、转移净收入	1902	1621	946	1761
（二）农村居民人均消费支出（元）	14041	14821	17602	13975

表 17—13 续表 5

指 标	江宁	六合	溧水	高淳
4.、农林牧渔及服务业总产值（现价）（万元）	980885	967997	661620	692707
农业	587454	646288	408000	276436
林业	32195	45747	37930	31415
牧业	106292	102945	69090	66167
渔业	221787	139267	99540	277812
农林牧渔服务业	33157	33750	47060	40877
农林牧渔及服务业增加值（现价）（万元）	580137	580191	389200	402954
三、农民人均收入和支出情况				
（一）农村居民人均可支配收入（元）	20001	19008	19025	19469
1、工资性收入	14530	15399	10433	9734
2、经营净收入	2981	1415	5338	7541
3、财产净收入	879	489	1610	820
4、转移净收入	1611	1705	1644	1374
（二）农村居民人均消费支出（元）	15888	14387	13283	14173

表 17—14　分区规模以上工业企业主要经济指标（2015 年）

计量单位：千元

地　区	企业单位数（个）	#亏损企业	工业总产值
全　市	2714	422	1290513386
玄　武	11	3	3849637
秦　淮	40	10	17999697
建　邺	7	4	390016
鼓　楼	28	5	13537911
浦　口	343	25	141965601
栖　霞	217	57	238994934
雨花台	72	20	13041688
江　宁	669	166	291606724
六　合	502	84	146368952
溧　水	489	36	100478804
高　淳	323	10	86886576

表 17—14 续表 1

指 标	资产总计	流动资产	固定资产原价	累计折旧	负债	流动负债
全 市	1045540647	553106424	572918741	243279948	574292033	484508686
玄 武	5223334	1652293	3643952	1028117	2501877	2373518
秦 淮	27313180	14034704	10585391	2523892	14451780	11405470
建 邺	871576	508049	291800	154655	681211	571366
鼓 楼	27951962	20864463	5741577	2395309	18431637	17547731
浦 口	112406447	68398494	48686158	18303688	58822574	51489397
栖 霞	168134594	79920075	85063637	31075932	89595278	61509484
雨花台	18360873	12508596	8077771	3668271	11217617	10805630
江 宁	232707211	157081871	83295723	33292933	129910955	117155899
六 合	127207121	49734165	112399976	48179119	69790239	55014587
溧 水	62283701	31893525	29796402	11454223	34509379	31855369
高 淳	44391075	22368918	22761177	9830759	24199232	22050888

表 17—14　续表 2

地　区	主营业务收入	主营业务税金及附加	利税总额	盈亏相抵后利润总额	从业人员平均人数（人）
全　市	1218069564	44920561	169586097	83739314	784157
玄　武	3394831	11724	457482	359213	3152
秦　淮	18988551	60672	1169920	705534	13532
建　邺	403886	2960	-50892	-67981	1189
鼓　楼	15110755	85519	2131052	1434900	14013
浦　口	137145276	627032	18555905	12678414	78134
栖　霞	220667209	469059	10087795	6776896	105511
雨花台	13153578	68226	1243870	737855	15131
江　宁	236203379	4684606	43008241	29499382	202477
六　合	140955863	693268	12391743	7155879	119307
溧　水	98845765	731715	17255064	11765895	77687
高　淳	85636745	306622	9902674	6293116	84322

表 17—15　分区全社会固定资产投资（2015 年）

计量单位：亿元

地　区	全社会固定资产投资	# 工业投资	#房地产开发投资
全　市	5484.47	2071.66	1429.02
玄　武	123.43	0.86	78.08
秦　淮	205.27	10.80	88.91
建　邺	296.62	1.10	176.97
鼓　楼	278.07	2.93	129.1
浦　口	930.17	413.59	188.45
栖　霞	550.65	210.49	261.78
雨花台	260.52	7.90	133.89
江　宁	913.49	453.23	175.32
六　合	619.36	360.96	90.9
溧　水	506.02	306.03	38.57
高　淳	434.12	255.63	39.51

表 17—16　分区社会消费品零售总额（2015 年）

计量单位：亿元

地　区	2015年	2015年为上年%
全　市	4590.17	110.2
玄　武	430.89	110.3
秦　淮	837.47	110.2
建　邺	178.92	113.1
鼓　楼	797.60	111.5
浦　口	269.16	113.1
栖　霞	218.64	111.4
雨花台	335.50	113.0
江　宁	418.43	110.2
六　合	346.43	112.0
溧　水	174.82	112.1
高　淳	170.58	110.2

表 17—17 分区出口总额（按经营单位口径）（2015 年）

计量单位：万美元

地 区	2015年	2015年为上年%
全 市	3150897	96.6
玄 武	280200	98.6
秦 淮	640079	93.5
建 邺	67160	96.6
鼓 楼	310464	79.4
浦 口	134214	95.9
栖 霞	569583	98.0
雨花台	191293	87.7
江 宁	761425	113.5
六 合	97179	84.1
溧 水	54444	97.3
高 淳	42200	86.5

注：本表数据由市商务局提供。

表 17—18　分区新批三资企业数（2015 年）

计量单位：个

地　区	2015年	2015年为上年%
全　市	250	79.6
玄　武	19	67.9
秦　淮	26	96.3
建　邺	22	73.3
鼓　楼	16	69.6
浦　口	26	92.9
栖　霞	30	83.3
雨花台	16	69.6
江　宁	60	77.9
六　合	13	100.0
溧　水	9	64.3
高　淳	9	75.0

注：本表数据由市投资促进委员会提供。

表 17—19 分区实际使用外资（2015 年）

计量单位：万美元

地　区	2015年	2015年为上年%
全　市	333459	101.3
玄　武	19142	111.6
秦　淮	12044	193.5
建　邺	25563	101.7
鼓　楼	37071	75.3
浦　口	26477	97.3
栖　霞	56755	111.8
雨花台	17107	103.7
江　宁	70472	95.2
六　合	20720	53.8
溧　水	18206	125.4
高　淳	12085	100.3

注：本表数据由市投资促进委员会提供。

表 17—20　分区对外承包劳务实际完成营业额（2015 年）

计量单位：万美元

地　区	2015年	2015年为上年%
玄　武	10331	122.5
秦　淮	11000	109.2
建　邺	18538	142.4
鼓　楼	141654	116.2
浦　口	44721	162.8
栖　霞	32682	134.6
雨花台	2500	107.8
江　宁	59896	117.1
六　合	8100	105.8
溧　水	3580	119.3
高　淳	397	110.9

注：本表数据由市商务局提供。

表 17—21　中小学、幼儿园分区学校数（2015 年）

计量单位：所

地　区	普通中学		小　学	幼儿园
	完中及高中	初　中		
全　市	52	171	350	828
玄　武	5	10	21	45
秦　淮	7	11	41	72
建　邺	3	9	16	43
鼓　楼	8	14	45	86
浦　口	3	23	39	84
栖　霞	4	14	32	71
雨花台	4	7	18	53
江　宁	7	28	35	147
六　合	5	29	48	87
溧　水	3	15	25	77
高　淳	3	11	30	63

注：本表数据由市教育局提供。

表 17—22　中小学、幼儿园分区在校学生数（2015 年）

计量单位：人

地　区	普通中学		小学	幼儿园
	完中及高中	初中		
全　市	75506	144386	357997	207414
玄　武	8353	12266	22651	12811
秦　淮	8306	13637	34991	19226
建　邺	4257	8133	17610	12151
鼓　楼	12429	19018	52379	23300
浦　口	4719	13095	36200	21093
栖　霞	3378	9971	27894	19521
雨花台	3621	8785	19173	15723
江　宁	11318	23241	63881	38991
六　合	8292	18938	41745	20616
溧　水	5379	8767	21439	13093
高　淳	5454	8535	20034	10889

注：本表数据由市教育局提供，其中浦口区、六合区数据含小学附设幼儿班。

表17—23　中小学、幼儿园分区专任教师数（2015年）

计量单位：人

地　区	普通中学	小学	幼儿园
全　市	22549	22474	14080
玄　武	1781	1487	995
秦　淮	2359	2243	1485
建　邺	1329	1321	943
鼓　楼	3081	3262	1775
浦　口	1904	2240	1407
栖　霞	1583	1869	1329
雨花台	1111	1180	1093
江　宁	3616	3808	2557
六　合	2907	2699	1230
溧　水	1514	1106	683
高　淳	1364	1259	583

注：本表数据由市教育局提供。

表 17—24　分区公共文化设施数（2015 年）

计量单位：个

地　区	图书馆	艺术表演场所	群艺馆和文化馆	文化站	博物馆	艺术展览（美术馆）
全　市	15	14	100	56	3	3
玄　武	2	3	7	16	1	1
秦　淮	1	1	12	9	2	2
建　邺	2	1	6	3		
鼓　楼	1	1	13	9		
浦　口	1	1	9	1		
栖　霞	1	1	9	1		
雨花台	1	1	6	5		
江　宁	1	1	10	7		
六　合	2	2	12	3		
溧　水	2	1	8	1		
高　淳	1	1	8	1		

注：本表数据由市文广新局提供。

表 17—25　分区卫生机构情况（2015 年）

计量单位：个

地 区	机构数	医 院	疾病预防控制中心（防疫站）	社区卫生服务中心、卫生院	妇幼保健所（站）
全 市	2337	197	17	139	14
玄 武	164	16	2	11	1
秦 淮	276	39	1	14	1
建 邺	95	8	1	7	1
鼓 楼	316	38	5	17	2
浦 口	211	16	1	12	1
栖 霞	186	15	1	10	2
雨花台	89	9	1	7	1
江 宁	403	24	1	23	1
六 合	295	11	2	22	2
溧 水	128	6	1	8	1
高 淳	174	15	1	8	1

注：本表数据由市卫计委提供。

表 17—26　分区卫生机构床位和人员情况（2015 年）

地 区	床位数（张）	卫生人员（人）	执业医师和助理医师（人）	注册护士（人）
总 计	46643	78882	22307	28850
玄 武	3223	6732	2034	2143
秦 淮	7756	13175	3763	5099
建 邺	2245	3953	1080	1203
鼓 楼	15355	25618	6799	10499
浦 口	2266	3977	1247	1394
栖 霞	2122	4170	1271	1465
雨花台	1195	2069	630	677
江 宁	5663	7690	2221	2458
六 合	3572	6221	1790	2113
溧 水	1531	2490	701	856
高 淳	1715	2787	771	943

注：本表数据由市卫计委提供。

表 17—27　分区参加农村合作医疗情况

计量单位：万人

地区	参加农村合作医疗的人数	
	2015年	2014年
全　市	173.39	175.31
玄　武	—	—
秦　淮	—	—
建　邺	—	—
鼓　楼	—	—
浦　口	22.93	22.44
栖　霞	3.20	3.76
雨花台	1.61	1.75
江　宁	41.23	41.55
六　合	45.38	46.35
溧　水	25.62	25.98
高　淳	33.43	33.48

注：本表数据由市卫计委提供。2014年数据以此为准。

表 17—28　分区社会福利单位、床位和社区服务设施基本情况（2015 年）

地　区	社会福利收养性单位数（个）	社会福利收养性单位床位数（张）	社区服务设施数（个）
全　市	307	53531	4807
市本级	5	4339	25
玄　武	34	5127	444
秦　淮	61	6850	437
建　邺	15	2539	266
鼓　楼	50	8808	702
浦　口	23	3488	263
栖　霞	20	2779	637
雨花台	16	2249	756
江　宁	32	6074	748
六　合	29	3922	153
溧　水	10	3421	118
高　淳	12	3935	258

注：本表数据由市民政局提供。

（十八）附录

CHAPTER 18
APPENDIX

表18—1　2015年度（第十五届）郊区综合实力“二十强镇街”排名

序　号	单位名称
01	江宁区东山街道
02	浦口区泰山街道
03	江宁区秣陵街道
04	浦口区江浦街道
05	江宁区汤山街道
06	江宁区禄口街道
07	六合区雄州街道
08	高淳区淳溪镇
09	溧水区永阳镇
10	栖霞区迈皋桥街道
11	江宁区横溪街道
12	浦口区沿江街道
13	栖霞区栖霞街道
14	江宁区江宁街道
15	栖霞区尧化街道
16	江宁区麒麟街道
17	江宁区湖熟街道
18	江宁区淳化街道
19	江宁区谷里街道
20	栖霞区燕子矶街道

表18—2　2015年度（第二十一届）郊区综合实力“百强村”排名

序　号	单位名称	序　号	单位名称
001	高淳区古柏镇武家嘴村村委会	026	江宁区汤山街道高庄村委会
002	江宁区麒麟街道锁石村委会	027	江宁区麒麟街道麒麟铺村委会
003	江宁区东山街道中前村委会	028	江宁区横溪街道西阳村委会
004	高淳区淳溪镇西舍社区居委会	029	江宁区江宁街道南山湖村委会
005	江宁区禄口街道彭福村委会	030	浦口区泰山街道花旗村委会
006	江宁区横溪街道西岗村委会	031	栖霞区栖霞街道新合村委会
007	江宁区汤山街道古泉村委会	032	高淳区东坝镇红松村村委会
008	江宁区东山街道章村委会社区	033	江宁区麒麟街道泉水村委会
009	浦口区泰山街道桥北社区居委会	034	六合区葛塘街道工农社区居委会
010	江宁区麒麟街道麒麟门村委会	035	六合区雄州街道钱仓社区村委会
011	江宁区汤山街道上峰村委会	036	江宁区淳化街道青龙村委会
012	高淳区淳溪镇八字角社区居委会	037	江宁区横溪街道石塘村委会
013	浦口区沿江街道冯墙社区居委会	038	溧水区和凤镇张家村委会
014	高淳区阳江镇东湖社区居委会	039	江宁区横溪街道甘泉湖村委会
015	江宁区禄口街道石埝村委会	040	江宁区麒麟街道建南村委会
016	溧水区白马镇石头寨村委会	041	江宁区湖熟街道湖熟村委会
017	江宁区汤山街道孟墓村委会	042	江宁区秣陵街道祖堂社区居委会
018	六合区葛塘街道中山社区居委会	043	溧水区洪蓝镇西旺社区居委会
019	浦口区泰山街道天景社区居委会	044	江宁区横溪街道横溪村委会
020	江宁区汤山街道作厂村委会	045	江宁区汤山街道建设村委会
021	高淳区淳溪镇宝塔社区居委会	046	高淳区漆桥镇茅山村村委会
022	江宁区东山街道高桥村委会	047	江宁区麒麟街道袁家边村委会
023	六合区雄州街道冶浦社区居委会	048	六合区雄州街道高余社区居委会
024	溧水区晶桥镇芝山村委会	049	江宁区谷里街道谷里村委会
025	栖霞区尧化街道尧胜村委会	050	江宁区湖熟街道和进村委会

表 18—2 续表

序 号	单位名称	序 号	单位名称
051	江宁区淳化街道青山村委会	076	溧水区洪蓝镇天生桥社区居委会
052	栖霞区栖霞街道石埠桥村委会	077	江宁区江宁街道朱门村委会
053	江宁区禄口街道尚洪村委会	078	高淳区东坝镇傅家坛社区居委会
054	江宁区汤山街道汤山村委会	079	浦口区江浦街道八里社区居委会
055	溧水区洪蓝镇傅家边社区居委会	080	高淳区古柏镇双红村村委会
056	浦口区盘城街道盘城社区居委会	081	江宁区淳化街道索墅村委会
057	江宁区汤山街道鹤龄村委会	082	江宁区湖熟街道金桥村委会
058	高淳区固城镇蒋山社区居委会	083	江宁区禄口街道成功村委会
059	江宁区秣陵街道东旺社区居委会	084	江宁区麒麟街道晨光村委会
060	浦口区沿江街道京新社区居委会	085	高淳区砖墙镇四园社区居委会
061	溧水区石湫镇光明社区居委会	086	江宁区横溪街道宁光村委会
062	浦口区沿江街道复兴社区居委会	087	江宁区汤山街道青林村委会
063	高淳区东坝镇和睦涧村村委会	088	江宁区湖熟街道三界村委会
064	江宁区淳化街道周郎村委会	089	江宁区淳化街道田园村委会
065	江宁区汤山街道阜庄村委会	090	浦口区永宁街道侯冲居委会
066	溧水区和凤镇沙塘庵社区居委会	091	浦口区泰山街道锦城社区居委会
067	高淳区东坝镇沛桥社区居委会	092	浦口区盘城街道江北社区居委会
068	江宁区麒麟街道东流村委会	093	浦口区盘城街道落桥村委会
069	溧水区石湫镇明觉寺社区居委会	094	六合区龙袍街道长江社区居委会
070	浦口区沿江街道新化社区居委会	095	浦口区江浦街道团结社区居委会
071	高淳区桠溪镇桥李社区居委会	096	江宁区秣陵街道牛首社区居委会
072	栖霞区尧化街道王子楼村委会	097	江宁区秣陵街道胜家桥社区居委会
073	浦口区江浦街道华光社区居委会	098	浦口区盘城街道永丰社区居委会
074	高淳区桠溪镇蓝溪社区居委会	099	浦口区江浦街道同心社区居委会
075	江宁区谷里街道周村村委会	100	浦口区永宁街道大堰社区居委会

表18—3 2015年大中型工业企业名单

企业名称	规模	企业名称	规模
中国石化股份有限公司金陵分公司	大型	江苏华瑞国际实业集团有限公司	大型
中国石化扬子石油化工有限公司	大型	长安福特马自达发动机有限公司	大型
南京夏普电子有限公司	大型	南京金龙客车制造有限公司	大型
南京钢铁集团有限公司	大型	南京红宝丽股份有限公司	大型
乐金显示（南京）有限公司	大型	中国石化集团金陵石油化工有限责任公司	大型
江苏中烟工业有限责任公司南京卷烟厂	大型	南京港华燃气有限公司	大型
上海梅山钢铁股份有限公司	大型	南京奥特佳新能源科技有限公司	大型
长安马自达汽车有限公司	大型	南京汽轮电机（集团）有限责任公司	大型
扬子石化-巴斯夫有限责任公司	大型	中国石化集团资产经营管理有限公司扬子石化分公司	大型
南京中电熊猫液晶显示科技有限公司	大型	瑞仪光电（南京）有限公司	大型
红太阳集团有限公司	大型	南京南瑞继保电气有限公司	大型
吉宝通讯（南京）有限公司	大型	南京奥托立夫汽车安全系统有限公司	大型
南京汽车集团有限公司	大型	南京顶益食品有限公司	大型
南京爱立信熊猫通信有限公司	大型	南京德朔实业有限公司	大型
喜星电子（南京）有限公司	大型	江苏正屿船舶重工有限公司	大型
乐金化学（南京）信息电子材料有限公司	大型	南京锦湖轮胎有限公司	大型
南京瀚宇彩欣科技有限责任公司	大型	国电南瑞南京控制系统有限公司	大型
国电南瑞科技股份有限公司	大型	南京卫岗乳业有限公司	大型
南京群志光电有限公司	大型	南京化纤股份有限公司	大型
南京高速齿轮制造有限公司	大型	南京创维电器科技有限公司	大型
国睿集团有限公司	大型	南京永华船业有限公司	大型
南京大吉铁塔制造有限公司	大型	南京正大天晴制药有限公司	大型
南京乐金熊猫电器有限公司	大型	南京喜之郎食品有限公司	大型
东华汽车实业有限公司	大型	江苏太古可口可乐饮料有限公司	大型
南京南瑞集团公司	大型	中电电气（南京）光伏有限公司	大型
仕达利恩（南京）光电有限公司	大型	南京造币有限公司	大型
艾欧史密斯（中国）热水器有限公司	大型	南京康尼机电股份有限公司	大型
博西华电器（江苏）有限公司	大型	汉佰（南京）纺织品有限公司	大型
南京长安汽车有限公司	大型	南京景鹰制衣有限公司	大型
中国石化集团南京化学工业有限公司	大型	英华达（南京）科技有限公司	大型
国电南京自动化股份有限公司	大型	代傲电子控制（南京）有限公司	大型
南车南京浦镇车辆有限公司	大型	可隆（南京）特种纺织品有限公司	大型
南京云海特种金属股份有限公司	大型	南京圣和药业有限公司	大型
中国长江航运集团金陵船厂	大型	南京阳江龙程船业有限公司	大型
熊猫电子集团有限公司	大型	中材科技股份有限公司	大型
南京中联混凝土有限公司	大型	南京华东电子信息科技股份有限公司	大型
南京南车浦镇城轨车辆有限责任公司	大型	舍弗勒（南京）有限公司	大型
江苏奕淳武家嘴船舶重工有限公司	大型	南京金石磊交通工程材料有限公司	大型

表 18—3　续表 1

企业名称	规模	企业名称	规模
金城集团有限公司	大型	南京创维平面显示科技有限公司	中型
南京圣迪奥时装有限公司	大型	大唐南京发电厂	中型
南京法伯耳纺织有限公司	大型	南京沙塘庵粮油实业有限公司	中型
南京昊天制衣有限公司	大型	南京化学工业园热电有限公司	中型
南京莱斯康电子有限公司	大型	蓝星安迪苏南京有限公司	中型
金陵药业股份有限公司	大型	南京炼油厂有限责任公司	中型
博世汽车部件（南京）有限公司	大型	南京国电南自电网自动化有限公司	中型
南京京滨化油器有限公司	大型	德纳（南京）化工有限公司	中型
南京尼玛克铸铝有限公司	大型	南京普天通信股份有限公司	中型
南京水务集团有限公司	大型	南京溧水精诚电工材料有限公司	中型
南京金箔集团有限责任公司	大型	兰精（南京）钎维有限公司	中型
江苏高淳陶瓷股份有限公司	大型	南京徐工汽车制造有限公司	中型
南京苏美达动力产品有限公司	大型	南京创维家用电器有限公司	中型
南京劳伦斯制衣有限公司	大型	南京金榜麒麟床具有限公司	中型
溢泰（南京）环保科技有限公司	大型	南京威迩德汽车零部件有限公司	中型
南京中建化工设备制造有限公司	大型	西门子数控（南京）有限公司	中型
南京泉峰汽车精密技术有限公司	大型	南京浦镇海泰制动设备有限公司	中型
南京鹏力塑料科技有限公司	大型	南京江标集团有限责任公司	中型
伟创力（南京）科技有限公司	大型	南京小洋人生物科技发展有限公司	中型
南京 LG 新港新技术有限公司	中型	江苏长龙汽车配件制造有限公司	中型
南京先声东元制药有限公司	中型	江苏苏博特新材料股份有限公司	中型
南京南瑞继保工程技术有限公司	中型	南京绿叶制药有限公司	中型
南京立业电力变压器有限公司	中型	江苏精诚电工有限公司	中型
南京帝斯曼东方化工有限公司	中型	南京金浦锦湖化工有限公司	中型
东爵有机硅（南京）有限公司	中型	江苏南瑞帕威尔电气有限公司	中型
惠生（南京）清洁能源股份有限公司	中型	南京天加空调设备有限公司	中型
华能南京金陵发电有限公司	中型	南京大全新能源有限公司	中型
南京长江给排水管道有限责任公司	中型	南京西普水泥工程集团有限公司	中型
江苏辉伦太阳能科技有限公司	中型	南京三兄羽绒服装有限公司	中型
南京邦奇自动变速箱有限公司	中型	南京龙源环保有限公司	中型
南京天嘉服装有限公司	中型	南京宝庆首饰总公司	中型
南京延锋江森座椅有限公司	中型	午和（南京）塑业有限公司	中型
江苏奥赛康药业股份有限公司	中型	中国水泥厂有限公司	中型
塞拉尼斯（南京）多元化工有限公司	中型	南京聚隆科技股份有限公司	中型
江苏南热发电有限责任公司	中型	南京老山药业股份有限公司	中型
南京汇众汽车底盘系统有限公司	中型	江苏钟山化工有限公司	中型
南京健友生物化学制药有限公司	中型	华能国际电力股份有限公司南京电厂	中型
南京中脉科技发展有限公司	中型	南京胜捷电机制造有限公司	中型

表18—3 续表2

企业名称	规模	企业名称	规模
江苏欧兰特新材料股份有限公司	中型	南京惠宇农化有限公司	中型
江苏华瑞服装有限公司	中型	小原（南京）机电有限公司	中型
江苏双龙集团有限公司	中型	南京飞瑞服装有限公司	中型
江苏金陵机械制造总厂	中型	南京淳达科技发展有限公司	中型
艾欧史密斯（中国）水系统有限公司	中型	南京航塔旅游用品股份有限公司	中型
环宇集团（南京）有限公司	中型	南京东润特种橡塑有限公司	中型
南京兰叶建设集团有限公司	中型	高淳县东艺制衣有限公司	中型
南京金腾橡塑有限公司	中型	江苏苏美达制衣有限公司	中型
江苏敖广日化集团股份有限公司	中型	南京多伦科技股份有限公司	中型
精博电子（南京）有限公司	中型	南京高精齿轮集团有限公司	中型
南京卓成电工材料有限公司	中型	江苏金智科技股份有限公司	中型
南京华润燃气有限公司	中型	南京联塑科技实业有限公司	中型
南京金永泰电器有限公司	中型	南京钛白化工有限责任公司	中型
南京大全电气有限公司	中型	南京星乔威泰克汽车零部件有限公司	中型
南京华润热电有限公司	中型	南京中电熊猫照明有限公司	中型
南京菲时特实业有限公司	中型	江苏盛南服装有限公司	中型
中铁十五局集团南京混凝土制品有限公司	中型	南京固柏橡塑制品有限公司	中型
南京烽火藤仓光通信有限公司	中型	江苏龙蟠科技股份有限公司	中型
南京古都电工材料有限公司	中型	南京百事可乐饮料有限公司	中型
赛莱默（南京）有限公司	中型	江苏无线电厂有限公司	中型
南京高宁锻造法兰厂	中型	江苏中旗作物保护股份有限公司	中型
南京协众汽车空调集团有限公司	中型	南京江宁水务集团有限公司	中型
江苏开元食品科技有限公司	中型	南京际华三五二一特种装备有限公司	中型
南京远望富硒农产品有限公司	中型	南京鑫鼎服装有限公司	中型
南京中燃城市燃气发展有限公司	中型	南京汽轮电机长风新能源股份有限公司	中型
扬子江药业集团南京海陵药业有限公司	中型	南京金牛机械制造股份有限公司	中型
南京汽车变速箱有限公司	中型	南京金露服装有限公司	中型
南京华脉科技有限公司	中型	江苏中圣压力容器装备制造有限公司	中型
南京佳和日化有限公司	中型	航天晨光股份有限公司化工机械公司	中型
南京宇能仪表有限公司	中型	南京神柏远东化工有限公司	中型
南京乐康工艺品有限公司	中型	布雷博（南京）制动系统有限公司	中型
阿特拉斯科普柯（南京）建筑矿山设备有限公司	中型	翰林泰科电子（南京）有限公司	中型
南京三信防务装备股份有限公司	中型	南京德维鑫服装有限公司	中型
南京红太阳生物化学有限责任公司	中型	弓箭玻璃器皿（南京）有限公司	中型
菲尼克斯亚太电气（南京）有限公司	中型	南京盛宇羽绒制品有限公司	中型
南京帅丰饲料有限公司	中型	南京嘉雅精细化工有限公司	中型
南京承佑树脂有限公司	中型	南京市第一精细化工公司精细化工厂	中型
江苏东大集成电路系统工程技术有限公司	中型	南京力聚精密锻造有限公司	中型
法雷奥汽车自动传动系统（南京）有限公司	中型	江苏方天电力技术有限公司	中型

表 18—3 续表 3

企业名称	规模	企业名称	规模
南京上马工艺品有限公司	中型	南京恩瑞特实业有限公司	中型
南京尊龙化工有限公司	中型	南京华晨玩具有限公司	中型
南京控特电机有限公司	中型	南京市扬子粮油食品机械有限公司	中型
南京坚泰泡沫塑料包装有限公司	中型	南京键特服饰有限公司	中型
霍尼韦尔传感控制（中国）有限公司	中型	南京高乐玩具有限公司	中型
南京涵远服装有限公司	中型	维格娜丝时装股份有限公司	中型
南京麒麟分析仪器有限公司	中型	南京电气（集团）有限责任公司	中型
立丰家庭用品（南京）有限公司	中型	高淳县正兴丝织厂	中型
南京消防器材股份有限公司	中型	南京国电南自美卓控制系统有限公司	中型
南京我乐家居制造有限公司	中型	江苏长江涂料有限公司	中型
南京诺奥新材料有限公司	中型	高淳县第二机油泵制造有限公司	中型
江苏隆达机械设备有限公司	中型	南京荣诚化工有限公司	中型
南京三业纺织服饰有限公司	中型	南京斯凯福脚手架有限公司	中型
江苏苏美达家纺实业有限公司	中型	南京金岛服装有限公司	中型
南京恒翔保温材料制造有限公司	中型	南京科远自动化集团股份有限公司	中型
南京美华羽绒制品有限公司羽绒制品厂	中型	南京港口机械厂	中型
南京中超新材料有限公司	中型	南京日立产机有限公司	中型
南京福斯特牧业科技有限公司	中型	南京高捷轻工设备有限公司	中型
南京深宁磁电有限公司	中型	南京乐盛玩具礼品有限公司	中型
南京胜利体育用品实业有限公司	中型	南京东亚纺织印染有限公司	中型
南京洛普股份有限公司	中型	南京南微电机有限公司	中型
南京顶正包材有限公司	中型	南京栖霞化工有限公司	中型
南京中联水泥有限公司	中型	南京聪龙制衣有限公司	中型
中国能源建设集团南京线路器材有限公司	中型	南京华脉健康保健制品厂	中型
南京宝色股份公司	中型	南京音飞储存设备股份有限公司	中型
南京白敬宇制药有限责任公司	中型	南京桂花鸭（集团）有限公司	中型
南京奥特多旅游用品有限公司	中型	南京华睿川电子科技有限公司	中型
南京威尔化工有限公司	中型	南京胜茂纺织品有限公司	中型
南京新时利制衣有限公司	中型	南京冠盛汽配有限公司	中型
李尔长安（重庆）汽车系统有限责任公司南京公司	中型	南京太极宠物用品有限公司	中型
南京永弘制衣有限公司	中型	南京天翔机电有限公司	中型
南京德邦金属装备工程股份有限公司	中型	上美塑胶（南京）有限公司	中型
金城化学（江苏）有限公司	中型	南京超州机电制造有限公司	中型
南京莱斯信息技术股份有限公司	中型	南京秦川汽车电器有限公司	中型
南京博臣农化有限公司	中型	南京七四二五橡塑有限责任公司	中型
南京锦源铸造有限公司	中型	南京双惠服饰有限公司	中型
南京忠信交通设施有限公司	中型	南京优仁有色金属有限公司	中型
南京扬子石化金浦橡胶有限公司	中型	南京光明乳品有限公司	中型
艾默生过程控制流量技术有限公司	中型	蓝深集团股份有限公司	中型

表 18—3　续表 4

企业名称	规模	企业名称	规模
苏斯帕（南京）减震系统有限公司	中型	南京小红花礼品有限公司	中型
南京大全变压器有限公司	中型	南京辉恒服饰有限公司	中型
南京禄秋制衣有限公司	中型	中电电气（南京）新能源有限公司	中型
南京长安玉华机械有限公司	中型	南京富士通计算机设备有限公司	中型
南京国泰消防设备制造集团有限公司	中型	南京天之骄制衣有限公司	中型
南京迈瑞生物医疗电子有限公司	中型	南京大地树脂有限公司	中型
华润雪花啤酒（南京）有限公司	中型	江苏卡思迪莱服饰有限公司	中型
南京搏峰电动工具有限公司	中型	美埃（中国）环境净化有限公司	中型
江南一小野田水泥有限公司	中型	大协西川开阳汽车部件（南京）有限公司	中型
南京佳力图空调机电有限公司	中型	南京腾源机械制造有限公司	中型
南京金峰汽车零部件制造有限公司	中型	高淳县三联机械有限公司	中型
南京大东玩具有限公司	中型	南京振先轻工机械有限公司	中型
南京同仁堂药业有限责任公司	中型	南京天意公路材料有限公司	中型
南京慈溪精密铸造有限公司	中型	艾志工业技术集团有限公司	中型
南京梦丽偲纺织品有限公司	中型	南京金三力橡塑有限公司	中型
南京永兴铁路配件有限公司	中型	南京白象食品有限公司	中型
南京爱德印刷有限公司	中型	南京新一棉纺织印染有限公司	中型
南京苏泉工贸有限公司	中型	南京宇盛羽绒制品有限公司	中型
南京拓马制衣有限公司	中型	赛科利（南京）汽车模具技术应用有限公司	中型
南京长城服装有限责任公司	中型	南京宝泰特种材料股份有限公司	中型
南京创新机油泵制造有限公司	中型	南京泽雷金属材料厂	中型
南京高精船用设备有限公司	中型	南京康正制衣有限责任公司	中型
南京大桥机器有限公司	中型	南京全信传输科技股份有限公司	中型
南京申迪焊接技术有限公司	中型	南京威孚金宁有限公司	中型
南京苏美达创元制衣有限公司	中型	南京六和普什机械有限公司	中型
南京际华三五0三服装有限公司	中型	南京奥联汽车电子电器有限公司	中型
南京马波斯自动化设备有限公司	中型	南京一兒服饰有限公司	中型
南京恒发服饰有限公司	中型	南京飞燕活塞环股份有限公司	中型
南京永卓无纺制品有限公司	中型	南京微创医学科技有限公司	中型
南京凯莱服装有限公司	中型	江苏康缘阳光药业有限公司	中型
南京迪威尔高端制造股份有限公司	中型	南京南方联成汽车零部件有限公司	中型
南京奥特佳长恒铸造有限公司	中型	汉桑（南京）科技有限公司	中型
江苏六维物流设备实业有限公司	中型	南京大旺食品有限公司	中型
江苏雨润肉食品有限公司	中型	南京金斯服装有限公司	中型
南京苏铁经济技术发展公司	中型	南京际华五三零二服饰装具有限责任公司	中型
采埃孚转向泵金城（南京）有限公司	中型	南京埃斯顿自动化股份有限公司	中型
金佰利（南京）个人卫生用品有限公司	中型	南京万里集团有限公司	中型
南京紫江有线电视器件厂	中型	南京新洲印刷有限公司	中型
南京基蛋生物科技有限公司	中型	南京奥威服装有限公司	中型

表 18—3 续表 5

企业名称	规模	企业名称	规模
南京群力运动器材有限公司	中型	南京扬子塑料化工有限责任公司	中型
南京昊天君临制衣有限公司	中型	南京联璧制衣有限公司	中型
南京海华混凝土集团有限公司	中型	南京中盛铁路车辆配件有限公司	中型
胡连电子（南京）有限公司	中型	南京恩梯恩精密机电有限公司	中型
南京海辰药业股份有限公司	中型	南京吉姆服饰有限公司	中型
江苏久吾高科技股份有限公司	中型	江苏惠浦机械集团有限公司	中型
帕艾斯电子技术（南京）有限公司	中型	江苏舒逸纺织有限公司	中型
南京磐能电力科技股份有限公司	中型	南京海尔曼斯集团服装有限公司	中型
南京六合金牛门窗有限公司	中型	南京桃园制衣有限公司	中型
南京足雅鞋业有限公司	中型	南京元泰服装有限公司	中型
通用磨坊食品（南京）有限公司	中型	南京克莉丝汀食品有限公司	中型
南京市罗奇泰克电子有限公司	中型	高淳县恒惠丝绸有限公司	中型
南京华脉光纤技术有限公司	中型	南京奥特佳祥云冷机有限公司	中型
南京东陶有限公司	中型	南京扬子动力工程有限责任公司	中型
南京康尼新能源汽车零部件有限公司	中型	南京佳盛机电器材制造有限公司	中型
南京美洁轻工机械有限公司	中型	南京华舜轮毂有限公司	中型
中国人民解放军第三三０四工厂	中型	南京创盛服饰有限公司	中型
江苏新蓝天钢结构有限公司	中型	南京钰佳特针织服饰有限公司	中型
南京众海电池电子有限公司	中型	南京润秋服装有限公司	中型
南京臣功制药股份有限公司	中型	南京海尔曼斯集团有限公司	中型
南京五洲制冷集团有限公司	中型	南京氟源化工管道设备有限公司	中型
南京圣诺热管有限公司	中型	南京森鼎帐篷有限公司	中型
南京舒服特服饰鞋业有限公司	中型	南京市溧水中山铸造有限公司	中型
南京旭建新型建材股份有限公司	中型	瑞元股特（南京）电子有限公司	中型
丸仁电子（南京）有限公司	中型	南京海欣丽宁长毛绒有限公司	中型
南京百江液化气有限公司	中型	江苏正桥影像科技股份有限公司	中型
南京盛溪印刷包装有限公司	中型	东洋电子（南京）有限公司	中型
南京银茂铅锌矿业有限公司	中型	南京尼康江南光学仪器有限公司	中型
南京嘉浩科技有限公司	中型	南京巨鲨显示科技有限公司	中型
中国轻工业机械总公司南京轻工业机械厂	中型	南京钢铁集团冶山矿业有限公司	中型
南京东润带业有限公司	中型	南京特种电机厂有限公司	中型
南京普爱射线影像设备有限公司	中型	南京华鼎电子有限公司	中型
南京京晶光电科技有限公司	中型	南京哈恩达斯体育用品有限公司	中型
南京扬子检维修有限责任公司	中型	江苏东航食品有限公司	中型
南京扬子检修安装有限责任公司	中型	泰艺电子（南京）有限公司	中型
南京驰力汽车传动装置有限公司	中型	光一科技股份有限公司	中型
南京天上龙服饰公司	中型	南京江南永新光学有限公司	中型
南京润超铁路配件有限公司	中型	美钻石油钻采系统（南京）有限公司	中型
南京爱沁缘服饰有限公司	中型	南京大地水刀有限公司	中型

表18—3 续表6

企业名称	规模	企业名称	规模
南京龙海服饰有限公司	中型	南京二机齿轮机床有限公司	中型
南京迪菲诺制衣有限公司	中型	德昌电机（南京）有限公司	中型
南京冠佳科技有限公司	中型	南京长澳制药有限公司	中型
立维腾电子（南京）有限公司	中型	东佳精密光电（南京）有限公司	中型
南京圣可尼服饰实业有限公司	中型	江苏庞源机械工程有限公司	中型
南京东翔制衣有限公司	中型	南京艾欧史密斯燃气器具有限公司	中型
南京亚狮龙体育用品有限公司	中型	南京市海太家具有限公司	中型
南京康尼精密机械有限公司	中型	南京钢铁集团江苏冶金机械有限公司	中型
南京通孚玩具有限责任公司	中型	南京双峰油泵油嘴有限公司	中型
南京鑫业电动工具制造有限公司	中型	江苏花山集团有限公司	中型
南化集团研究院	中型	南京达盈新型材料有限公司	中型
南京梅山工程技术新产业开发有限公司	中型	南京同方制衣有限责任公司	中型
南京海欣丽宁服饰有限公司	中型	南京国轩电池有限公司	中型
南京工艺装备制造有限公司	中型	侨伟运动器材（南京）有限公司	中型
南京康奇乐服装有限公司	中型	南京测绘仪器厂	中型
江苏凤凰新华印务有限公司	中型	江苏三鸿食品有限公司	中型
江苏龙瑞服饰有限公司	中型	南京新仑服装有限公司	中型
南京陈唱交通器材有限公司	中型	南京民光油管有限公司	中型
南京瑞祥服装有限公司	中型	江苏紫金电子集团有限公司	中型
南京制药厂有限公司	中型	南京钢铁集团盛达实业有限公司	中型
南京鸿祺服饰有限公司	中型	南京润京乳胶制品有限公司	中型
江苏先特能源装备有限公司	中型	南京弘景时装实业有限公司	中型
南京秣陵铸造总厂有限公司	中型	南京东泽船舶制造有限公司	中型
南京第一机床厂有限公司	中型	南京轻机包装机械有限公司	中型
南京特能电子有限公司	中型	南京奥能锅炉有限公司	中型
江苏金丝服装有限公司	中型		
南京禾诚石化装备工程有限公司	中型		
南京特美克光电有限公司	中型		
南京轴承有限公司	中型		
江苏苏美达创星纺织品有限公司	中型		
江苏英诺华医疗技术有限公司	中型		
南京嘉展精密电子有限公司	中型		
格满林（南京）新型建材科技有限公司	中型		
南京景轩制衣有限公司	中型		
南京永兴服饰有限公司	中型		
倚天（南京）金属制品有限公司	中型		
南京天邦生物科技有限公司	中型		

中国统计出版社最新图书简目

（仅供参考，以实际出版为准）